●186～199ページの生徒作品について

ここに掲載した生徒作品は理科と社会科のレポートで、もともと横書きで書かれたものです。本書もそのままのイメージで、左ページから右ページへの順で掲載しています。以下の順序でお読みください。

・理科のレポート：p. 187 → 186 → 189 → 188 → 191 → 190 → 193 → 192 → 195

・社会科のレポート：p. 194 → 197 → 196 → 199 → 198

「聞き書き」の力
表現指導の理論と実践

中井浩一・古宇田栄子［編著］

大修館書店

程塚英雄に捧ぐ

読者に

本書のタイトルには「聞き書き」とありますが、広く一般的に、調査・取材したことをまとめた文章と理解してください。理科や社会科のレポートまでを範囲として考えています。対象は主として高校生を意識していますが、中学生や大学生、社会人の方々にも十分に有効だと考えています。

では、本書の構成を踏まえて、本書を読む上でのアドバイスをします。

まずは序章をざっとお読みください。聞き書きが今の教育現場や若者たちの問題とどう関係しているか、そこにどのような課題があるのかを説明しています。現行の学習指導要領や「ＰＩＳＡ型学力」「問題解決型の学習」「アクティブ・ラーニング」などとの関係も説明しました。

そして何よりもまず、実際の生徒作品を読んでほしいと思います。論より証拠！　聞き書きの凄さを実感するには、難しい理屈は抜きです。「ここまで書ける！　生徒作品実例集」の生徒作品の中から何編かを丁寧に読んでみてください。こんなにも生き生きとし、感動的で、かつ面白い文章群はめったにないでしょう。

こうした作品が生まれるのなら、私もやってみたい。そう思われた方は、すぐに第二章を読んでください。そして、みなさんの生徒や学生を相手に、やれそうなところから、まずは実践してみることです。「やってよかった！」。きっとそう思われるでしょう。第二章は具体的な指導方法を、初めての方にもわかるように丁寧に説明したものですが、単なるマニュアルではありません。表現指導や聞き書きの指導過程の全体をあますず説明しました。また、今の教育現場の抱えている厳しい環境（例えばプライバシー保護の問題など）を踏まえた極めて実践的な内容になっています。

実際に指導した後で、または並行して第一章を読まれれば、聞き書き指導の全般的な意味や取り上げるテーマや題材について理解が深まるでしょう。

なお、第一章、第二章では、「ここまで書ける！　生徒作品実例集」の生徒作品を具体例にして説明しています。

第三章以降は、やや専門的、または本質的な問題を取り上げています。これは聞き書きをすでに実践されたことのある方や、学校や学年、教科指導全体の運営に関わる方々に読んでいただきたいと思っています。

第三章では、表現指導全体のカリキュラムと聞き書きとの関係を論じました。これは今の若者の抱えている課題をどう考えるか、人間の本質やその学習過程をどうとらえるかに関わる大きな問題です。

第四章では、進路・進学上で避けて通れない大学入試や就職試験での志望理由書や作文・小論文を取り上げ、聞き書き指導がいかに有効かを説明しました。

第五章は、国語科の表現指導と理科・社会科のレポートとの関係を論じました。世間では一般に、心情を主観的に書くのが国語科の作文、事実を客観的に書くのが理科・社会のレポートと分けて考えているようです。しかし、それは正しいでしょうか。そのような棲み分けをしていて、教科を超えた連携ができるのでしょうか。

第六章は、聞き書きにおける「文体」について深く、根源的に考えてみました。聞き書きでは、どう書くかを考える時に「文体」が必ず問題になりますが、ここには実はかなり難しい問題が隠れています。聞き書きは、対立と総合の構造を持っています。聞くことと書くこと、話し手と聞き手、事実とその解釈や願望、事実と空想や創作。その中には、未知の様々な問題が横たわっています。それらは表現の本質に深く関わっている問題ですが、まだまだ未開拓の分野で研究も十分にはおこなわれていません。しかし、そうした根本的な諸問題について、せめて問題のあり方だけでも示したかったのです。すでに聞き書き指導を実践されてきて、様々な疑問を抱えている方々に読んでいただければ、何らかのヒントが得られると思います。

なお、後半の第四章から第六章まででは、生徒作品はそれぞれの章の冒頭に掲載しました。その章の議論は、その生徒作品を具体例としています。先に読んでいただいても、例示の個所で読んでいただいても結構です。第五章の作品は理科と社会科のレポートです。最初から横書きで書かれたものですから、そのままに掲載しました。

本書の前半と後半の間に、「立花隆氏インタビュー」「対談　塩野米松氏×中井浩一」を置きました。著名な評論家や作家が、教育における聞き書きを熱心に実践しているという事実は、聞き書きの有効性を示すものだと思います。また、二人の指導方法からも学べるものがたくさんあります。

本書の執筆は序章と第三章から第六章までを中井が、第一章と第二章を古宇田栄子が担当しました。文体などの統一はしていません。本書が生まれた経緯についてはあとがきをお読みください。

最後ですが、聞き書きはまずはやってみることです。そこから生まれた生徒作品の凄さに圧倒され、そこから本気になっていく。それが普通です。その時に、あなたにしっかりと寄り添える本でありたい。そう思って本書を執筆しました。

中井浩一

「聞き書き」の力——表現指導の理論と実践　目次

序章　なぜ今、「聞き書き」なのか

一　「聞き書き」とは何か

今ではオーラル・ヒストリーという言葉が広く世間に流布したようだが、以前は「聞き書き」と呼ばれていた。では、そもそも聞き書きとは何なのか。

聞き書きとは、普通は「一人語り」の文体で本人の語り口を生かした自伝や体験談を指す。たとえばロック界のスーパースター・矢沢永吉の『成りあがり』（角川文庫）は、若き日の糸井重里が長時間のインタビューをまとめたものだ。矢沢の熱くシャウトとする語りは、彼のロックやブルースそのものだ。『マルカムX自伝』（河出書房）は、アメリカの黒人解放運動史に残る古典的作品になっている。後に『ルーツ』（社会思想社）の著者として有名になる作家アレックス・ヘイリーが無名時代に編集したもの。問題意識を共通する語り手と書き手のハートが熱くシンクロして、深い感動を与える読み物になっていると言えよう。これらは聞き書きが感動的な文学作品にまで昇華している例だろう。

著名な人物の人生記録は、ただその人物の自分史であるだけではなく、時代の証言であり、音楽業界や、黒人社会やその社会的解放運動の歴史的記録、政治や経済の裏面史などの記録としても重要だ。しかし聞き書きの対象は必ずしも著名人である必要はない。もう少し一般的に生活者、労働者を対象とした聞き書きも広く存在している。柳田国男や宮本常一などの民俗学では「名もなき庶民」「村の古老」などの語りが、基礎資料として多数編集されてきた。その中には、柳田の『遠野物語』、宮本の『忘れられた日本人』（特に「土佐源氏」や「梶田富五郎翁」）（ともに、岩波文庫）など、文学作品として高い評価を得ているものも多い。作家・塩野米松は、「一人語り」の文体を駆使して仕事をしてきた。『木のいのち木のこころ―天・地・人』は宮大工の棟梁・西岡常一の仕事の聞き書きだ。宮大工の西岡は有名だが、「名もなき庶民」への聞き書きも多数、塩野は世に送り出している。

以上は「一人語り」の文体による聞き書きの紹介であった。しかし本書では聞き書きをもっと広く考え、人に取材、インタビューをし、その内容を文章にまとめたもの一般を考える。それは民族学、文化人類学、歴史学のフィールドワークでも駆使される技術であり、ジャーナリストにとっては必須のものだ。

近年では政治学者の御厨貴が、政治家への聞き書きを「現代史のための口述記録」と位置づけ、「オーラル・ヒストリー」という言葉を流行らせた。彼がまとめたものに『宮澤喜一回顧録』『武村正義回顧録』（ともに、岩波書店）などがある（これらは「一人語り」ではなく、「問い」と「答え」が並ぶインタビュー形式）。

本多勝一はこの手法をもっぱらたよりとして『中国の旅』（朝日新聞社）を刊行し、大きな問題提起をしたし、立花隆の『宇宙からの帰還』（中央公論）は、宇宙飛行士たちが宇宙で体験した不思議な経験の詳細な口述筆記だが、そこには宇宙での経験だけでなく、その後の人生（宗教的伝道者になった人もいる）と絡めて、科学と宗教や人生の深遠な関係が感動的に語られている。

聞き書きの対象が著名人である必要がないのと同様、本来、この手法では、書き手や記録者も、ジャーナリストや研究者などの専門家に限定されない。普通の人による、普通の人の聞き書きも多数編集され刊行されてきた。戦後の戦争体験の聞き書き集、地域の生活史、会社の社史なども多数出版されている。

以上で、読者には聞き書きが何かを理解していただけただろう。社会的に大きな影響を与えたものもあり、すぐれた文学作品とされているものも多い。

二　教育手法としての聞き書き

さて、以上は聞き書きについての一般的説明であった。しかし、私たちが本書で問題にしたいのは、聞き書き一般ではない。この聞き書きを、あくまでも、教育手法として取り上げたいのである。教育と言っても、学術界やジャーナリズムの世界で行っている専門家養成のためではない。ここでは、義務教育課程や高校や大学で行われるべき教育として、すべての人が人生を生きるための基礎的能力の養成としての聞き書きを問題にしているのである。

実は、この教育手法としての聞き書きにも、すでに長い歴史がある。生活綴方運動においては戦前から、調査、観察、実験が重視され、調査の一環として聞いて確認して書くということが行われた。また、民俗学者の宮本常一は小学校教師時代に郷土教育の一環として、自分たちの村の暮らしや歴史を聞き取って書くという指導を試みている。戦後は、父母や祖父母の戦争体験の聞き書き、父母の仕事の聞き書きなどが、広く全国の小、中、高校で行われてきた。近年では、立花隆が東大の教養学部の学生を指導した、七十人近くの様々な分野のトップランナーたちへの聞き書き集『二十歳のころ』（ランダムハウス講談社文庫）が有名だ。作家の塩野米松が高校生の「聞き書き甲子園」を組織して十年以上になる。高校生が森や海・川の名人を訪ねて「聞き書き」をして文集にまとめるものだ。

そして今、その聞き書きがまた注目をあびている。現代の若者たちについては、ニートやフリーターの急増、他者や社会問題への無関心、コミュニケーション能力の低下などのさまざまな問題点が指摘されている。そうした彼らに、現実社会や仕事の話題を通して、大人たちの生き方に向き合わせ、自分の生き方を見つめ直させる方法として脚光をあびているのだ。

現行の学習指導要領（高等学校では二〇一三年から実施）でも、この手法が大きく取り上げられている。事実、この方法で、子どもたちの学習の目的が明確になり、進路・進学の意識が高まり成績も大きく伸びた例が多数報告されている。また、この聞き書きは大学受験の志望理由書や小論文対策としても威力を発揮している。

なお本書では、特に高校生を対象として、この聞き書きの指導法を検討する。それには高校生特有の問題も含まれるが、そこには聞き書きに本質的で一般的な問題が出ていると考えている。従って、本書の方法は、そのまま中学生や大学生にも使っていただけるし、小学生や一般社会人にも応用していただけると思う。

三　若者たちの課題とその解決策

今の高校生に広く見られる問題とは、将来像がなく、進路・進学意識があいまいなことだろう。それは人生の目標や方針がないことを意味する。それはまた、親からの精神的な「自立」が進んでいないことを意味する。「自分」が確立されていないのだ。それゆえに彼らは自信がなく、他人に評価されていないと不安になる。また、彼らの人間関係の問題も深刻だ。現代の高校生はメル友などは多くいても、その内面はきわめて孤独である。友人、親や教師たちとの関係は表面的で、激しい対立や深い相互理解の経験は少ない。

それは彼らの文章が自閉的であることとも関係する。ある国語教師はそれを「内的モノローグ」と表現した。何を対象に書いていても、独白のような文章で、そこに他者は存在せず、他者や対象世界に開かれていない。

こうした原因としては、「豊かな社会」が実現し、社会自体が目標を見失っていること、体験の貧弱さ、現実社会の問題の見えにくさ、親子の一体化などが挙げられよう。

そこで、根本的な対策が問われるのだが、高校生一人一人が問題意識を持ち、自分固有の「問い」、テーマを育てることが対策の核心ではないだろうか。それが大学で学ぶことや社会で働くことを方向付けていく。高校時代だけでそれを確立することは不可能だが、将来大きな大木に育つための「芽」だけは作りたい。そしてこうして生まれた問題意識やテーマこそがその人の「自分」であり、「個性」なのだと私は考える。

これを、私は「自分づくり」と呼びたい。今、世間では「自分探し」なる言葉がはやっているが、「自分」は「探し」て見つかるようなものではあるまい。

では、そのためにはどうしたらよいのか。対策としては次の三点を挙げることができる。

①個人的な体験を掘り起こし、個人的な体験の意味を考えさせること。

②現実社会（自然も）の問題にぶつからせ、その問題の本質を考えさせること。
③その社会的問題と、自分の生き方を関係させて考えさせること。

以前は①だけでも自分のテーマを見いだすことができたが、現在はそれは難しい。だから現実や社会の現場に連れ出し、そこで現実と格闘している人々と「出会う」経験をさせることが必須になっている。自分には問題意識がなくても、相手の問題意識を受け止めることで、自分の問題意識を作っていくことができる。また、他者と「出会う」ことで、自分自身やこれまでの人間関係のあり方を見直すことにもなっていく。他者を理解することと自分を理解することは相互関係だからだ。ここらに聞き書きが果たす大きな役割がありそうだと、読者の方々も理解していただけるだろう。

こうしたことを考えるとき、現行の学習指導要領の意味が理解されるだろう。それは、もちろん現在の教育課題の大きさ、深刻さ、緊迫度に対応するものだろう。そして、こうした課題に取り組んでいる方々にとって、今回の学習指導要領は「追い風」であることがわかるだろう。

四　学習指導要領が私たちに問いかける問題

現行の学習指導要領には画期的な点がある。①全教科での言語活動を求め、②その中心に国語科を位置付け、③高校生の体験、現場調査（フィールドワーク）を重視したことだ。

その中心的活動の一つとして「関係者にインタビューしたりして調べた内容を整理」（これが「聞き書き」である）することが強調され、社会科や理科、保健体育などのすべての教科でそうした活動が求められた。またその中心的役割を国語科が担うことが求められ、新しい国語科の教科書では聞き書き・インタビューが教材として取り上げられている。

これを正面から受け止めるならば、その衝撃力は、前回「総合学習」が入った以上のものになる。なぜなら、この本当の意味は、①全教科に、体験学習や現場調査（フィールドワーク）の指導を求め、②全教科に、教科学習と現場学習の統一的指導が求められ、③全教科が同じ課題を共有することで従来の教科の壁を壊した横の連携を求め、④「国語科」がそれを指導することを求めることで、国語科とは何か、他教科と何が違うのかを初めて真っ正面から問題にしたからだ。

これらは高校生の進路・進学意識を高めるためのキャリア教育とも連動できる。そのためには学校全体での取り組みが必要になり、従来の縦の壁を壊すことを促す。

これは、現状を何とか変えて、より良い教育を実行しようとしている管理職や一般の先生方には、大きなチャンスであろう。

しかし、同時にまた、課題も大きい。「関係者にインタビューしたりして調べた内容を整理」することの意味や可能性は、的確にかつ深く理解されなければならない。また、インタビューの内容をまとめる書き方は、その可能性を実現できるようなものでなければならない。そうでなければ、それは高校生の考え方、生き方に深く働きかけることはできないだろう。そして、それは結局は「遊び」になってしまい、大きな学習効果をもたらさないだろう。「総合学習」の導入時と同じだ。

たとえば、レポートの書き方ひとつ取っても、問題があるのではないか。

従来からすでに、理科や社会科の一部の教師たちによって、体験学習や現場調査は行われ、すぐれたレポートは書かれてきたし、国語科の一部の教師たちによって聞き書きも指導されてきた。しかし、それらの大半はバラバラに、互いに無関係に行われてきたようだ。理科や社会のレポートと国語科の表現とはどう関係しているのか、関係すべきなのか。これに明確に答えられる人がどれだけいるのだろうか。

ある国語科の先生は祖父母の戦争体験の聞き書きを、叙事詩の形式で書かせた。「調査結果をレポートすることが目的ならば、調査の方法や、調査内容の客観性・資料的価値といったことが重要になる。それでは社会科になってしまう。ところが、詩という文学の形式ならば、その人がこう語ったということがあればいい、事実でなくとも思いが表現されていればいい。さらに、生徒の主観的な思いを書き込むことも許される」。つまり、事実や客観性重視が社会科、「思い」や生徒の主体性重視が国語科だ、というのだ。読者のみなさんはどう考えるだろうか。

私は、こうした棲み分け、分業制は間違いであると考えている。従来の理科や社会科の指導してきたレポートには不十分な点があり、国語科の聞き書きは文学的傾向に大きな偏りを持つ。両者は総合されるべきだし、そうした指導こそが求められるのではないか。しかし全体を見渡したそうした指導はどの教科に可能で、誰ができるのだろうか。「国語科が中心的な役割を果たす」というが、そうしたことが現在の国語科の教師たちに可能とは思えない。今は、それを学校全体で担っていくしかないだろう。それができる人はどの教科であろうが関係なく、それに取り組み、それを学校全体で支援していくことが必要だ。

本書ではいくつかの核心的な論点を取り上げて、その具体的な解決策を提示したいと思う。まずは小手調べから。そもそも国語科とは何を教育する教科なのか。他教科とは何が違うのか。次節では私見を率直に述べることにする。世間の常識とはかなりちがうので反発される方もいると思う。しかし、一つの問題提起と受け止めていただき、読者の皆様には、ぜひご自身の「答え」を出していただきたい。

五　「国語科」とは何か

私自身は長らく、高校生を対象とする国語専門塾で国語を指導してきた。そして世間で行われている国語教育への疑問を感じ、それに代わる教育方法を模索してきた。そうした私には、現行の学習指導要領は深く頷けるものがある。

私の国語科への疑問とは、それが事実上心情重視の「文学」教育や、「結論」を外部注入するような「道徳」的な教育に堕していて、本来の使命を果たしていないのではないかということだ。

本来は、一人ひとりの高校生が自分のテーマや問題意識をつくり、そのテーマの答えを追求していく生き方を支援するのが国語科だと思う。各人が自分の思想を持って生きることを準備するのだ。つまり「自立」した人間になるための手立てと能力。そのためには自発的に「問い」を出し、その「答え」を出すための過程と「答え」の出し方を指導するべきだ。

ところが、現在の国語教育では、それができていないどころか、その反対のことが行われているのではないか。「答え」が教師から押し付けられ、生徒自らが「問い」を立てることが軽視されていないか（「道徳主義」）。感性・感情（共同体の空気を読む＝集団と一体）を学習させられ、論理＝思考（集団との一体感を壊すことも恐れず、異論をぶつけ合い、本質理解を深める）が指導されていないのではないか。そこで学ぶ一般的な知識が、自分自身や現実社会と十分には関係づけられていないのではないか。内容を教えこもうとして、形式（「型」の重視）の指導が弱すぎるのではないか。

以上国語科の問題として述べたが、実はこうした問題は他教科でも同じであり、そうした矛盾が国語科の特殊性故に、国語科に集約して現れるのだと思う。もちろん、国語科と他教科との違いも大きいのだが、実はほとんど同じ欠陥がそこにある。

それにしても、どうしてこうなってしまっているのか。そもそも国語科とは何を教育する教科なのか。

国語科の目標とは「ことばの学習」だとされる。「ことば」や「文章」を学習し、言語活動の能力を身につける教科だとされる。したがって文法や語彙や漢字、文章の構文、構成や文体を学習し、あらゆるジャンルの文章や韻文の読解や、表現を学習する。

ここまではほとんどの人が一致できる点だろう。しかしこうした理解では不十分だったから、変なことが起きているのだ。問題は、国語科と他教科との関係の曖昧さである。

●従来の考え方

	対象	認識・表現の方法
国語科	人間の内面や心情	感性的に主観的にとらえ、感性に訴える表現をする
他教科	現実や事実	客観的に合理的、論理的に考え、論理的に書く

多くの人は、国語科と他教科との関係を表のように考えているのではないか。他教科は現実を事実に即して合理的、論理的に考えるもので、国語科は人間の内面や心情を、感性的にとらえるものである。だから国語科は現実や事実の表現でも、読者の心に訴えるような文学的な表現をめざす。ここにあるのは、事実と心情との分裂、論理と感性との分裂である。本当にそうした理解でよいのだろうか。

「国語科はすべての教科の基礎である」。すべては「ことば」や「文章」からなっているのだから、その学習がすべての基礎になってくる。これもまた多くの人が一致できる命題だろう。しかし、多くの場合はこの理解のレベルで終わりなのだ。本来は、それは始まりでしかない。国語科はそこから始まるが、さらに各教科での成果を踏まえて、全教科を総合することをゴールとするべきではないか。

●本書で目指す考え方

	対象（役割）	認識・表現の方法
国語科	各専門分野の総合	全教科で学んだことを総合的にとらえる思考力と言語力
他教科	専門分野	それぞれの分野における基礎知識と考え方

各教科では、それぞれの分野における基本的知識や考え方を学ぶ。しかしそれだけではバラバラの知識に終わりかねない。それらを総合するのが国語科ではないか。各教科で学んだことを材料として、高校生一人一人の問題意識やテーマを作る、そのための方法と能力を学ぶのが国語科だろう。

私のようにとらえないと、国語科を他教科と横並びで考えることになり、他教科と張り合うことになる。そして、国語科は「ことば」や「文章」という、すべての教科の基本ではあるが、「形式」的な学習とされる。それに対して、他教科はすべて立派な内容を持っており、「内容」上のすべての分野が他教科に占められているから、国語科に内容上で残されたものは何かが問題になる。その結果、他教科の内容を事実や客観性ととらえ、それに対して主観的な「心情」と「文学教育」を国語科の特殊領域としたのではないか。それが現在の哀れな国語科の姿なのではないか。

本来の国語科は、これまで切り離して考えられてきた事実と心情、論理と感性、主観と客観、自己と他者とを総合してまとめ上げることを役割とすべきである。国語科が読解や表現を担当するということは、すべての教科の前提となる能力を担うというだけではなく、それと同時に、それらを総合して一人の自立した人間を作るところまでが使命だという意味である。それは最初から最後まで総合的なものであるべきなのだ（第三章で高校三年間のカリキュラムを提案する際に、この問題を詳述する）。

先に問題提起したレポートの書き方でも、これまでの理科や社会科と国語科の分裂といった状況を超えて、レポートのあり方の全体像を示すのが、本来の国語科の使命である（これは第五章で取り上げる）。

最後に一言。国語科の教師の中には「では感性や心情、文学の教育はどこにいくのか」と心配する方々がいるだろう。それに答えておく。そうした「せまい意味」での文学や心情的な教育は、「芸術」という選択科目として位置付けるのが妥当ではないか。音楽や美術と同じである。誤解のないように断わっておくが、私は文学教育を軽視しているのではない。それが重要であることは論をまたない。ただし、それは「必修科目」ではないといっているだけだ。「文学教育」が「道徳」教育になり下がっているのは大問題だが、その解決は「正しい文学教育」を担当する方々に任せたい。

六　ＰＩＳＡ型学力

ＰＩＳＡ型の学力が問題になっている。また「問題解決型の学習」が言われるようになってからかなりの年数が経過した。これらに簡単に触れておく。

ＰＩＳＡ型学力は、従来の詰め込み式への代案としては意味がある。「答え」を暗記させるのに対して、「答え」を考えさせ、文章としてまとめることははるかに高い能力である。しかし、それはまだまだ能力としては低いものであることも、わきまえておかなければならない。その低さとは、「問い」を出すのは依然として教師や大人であるということだ。

自立していく上で重要なのは、自分の問題意識、自分のテーマを作ることだ。その際の「問い」は自分が出すもので、他人から与えられるようなものではない。自分自身の「問い」だからこそ、本気でその「答え」を出す気になれるのだ。大切なことは「答え」を出すことではなく、自ら「問い」を出すことなのである。

「答え」を求めると、教師の用意した「答え」があることを暗示することになり、それを見つけさせるだけの指導になりやすい。むしろ、容易には「答え」がないような「問い」を投げかけるべきなのだ。それがディベートなどで優れた教師がやっていることだ。

そもそも現実の社会問題は、どれをとっても複雑に入り組んでおり、簡単に解答が見つけられるようなものではない。その複雑な込み入った状況の中で、答えが容易には出せないことに耐えて、ねばりづよく考え続けること。そのタフさこそ、教育すべきなのだ。

「問題解決型の学習」でも同じである。大人の場合とは違い、高校生にとって重要なことは「解決」ではない。

解決すべき「問題」に気付き、その問題を定式化（疑問文にすること）するところに核心がある。

そして、問題意識を作る上で、ねばりづよく現実に立ち向かっていくタフさを養成する上で、聞き書きがいかに有効かを本書は述べたいのだ。多くの高校生の問題は「答え」を出せないことではない。その答えが通り一遍のキレイごとであり、安易な決意表明になりやすいことだ。それを突き崩すことからすべては始まる。

七　温故知新――教育改革と「聞き書き」

二〇一四年一二月に文部科学省の中央教育審議会が新たな答申「新しい時代にふさわしい高大接続の実現に向けた高等学校教育、大学教育、大学入学者選抜の一体的改革について」を発表した。これをめぐって高校現場が大騒ぎになっている。二〇二〇年度から大学入試ががらっと変わる。それと一体の形で高校現場の教育にも大きな変革が求められている。

答申は目標として次のような能力の獲得を掲げる。「十分な知識と技能を身に付け、十分な思考力・判断力・表現力を磨き、主体性を持って多様な人々と協働する」。これが「学力の三要素」と称されるナカミだ。

より具体的には、課題の発見と解決に向けた主体的・協働的な学習・指導方法である「アクティブ・ラーニング」の充実を図ることとしている。これだけなら、従来の繰り返しでしかないと思うが、今回の違いは、その達成のために大学入試改革を断行することが明記されたことだ。これが現場に大きなインパクトを与えている。

これまでも高校段階の教育改革はさんざん提言されてきた。しかし大学入試がネックとなって改革が進まない。今回はその大学入試改革と一体の形で進んでいる。「本気だ！」と現場に伝わっているのだ。

二〇二〇年度から現在の大学入試センター試験が廃止され、「大学入学希望者学力評価テスト（仮称）」と「高等学校基礎学力テスト（仮称）」が導入される。また、各大学が個別に行う入学者選抜（個別選抜）でも、各大学がそれぞれの入学者受け入れ方針＝アドミッション・ポリシーを策定することを義務づけ、それにしたがった選抜を求めた。

これら全体の改革を通して、答申が目標として掲げる「学力の三要素」の獲得が求められた。

しかし、これによって現場の先生方がまたまた混乱している。「学力の三要素」とは何か。「アクティブ・ラーニング」とは何か。これまでの教育、現行の学習指導要領が求める学力や指導法と何が違うのか。


温故知新。大切なことは表面的な言葉の違いにごまかされることなく、変わることのない教育の本質と、時代の変化の両面をしっかりと見極めることだ。

今回の答申で、従来の方向と大きな変化は何もない。求められていることはこれまでの延長上のことでしかない。本来の教育の目標を、さまざまに流行の言葉で言い換えているだけだ。

私はこの序章の四節以下で現行の学習指導要領の掲げる目標の意義とその目標達成のための課題を説明した。そのまさに延長上に、この答申がある。今回の答申の内容は、実は二〇年前の学力低下論争の際に議論されていたことであり、その際に議論されていた回答の遅すぎる実現なのである。それは「ゆとり教育」が課題にしていたことの、一周遅れの繰り返しでしかない。だから、いつものように、私たちは教育の本質、教育の根本に、いま一度立ち返って考える必要がある。眼前の生徒や学生の課題こそ、私たちが解決しなければならない課題なのだ。彼らの抱える課題をどう解決できるか。それにどういう考えと方法で立ち向かえば良いのか。

本書全体がその回答になっていると思う。「学力の三要素」や「アクティブ・ラーニング」という言葉に振り回されるぐらいバカげたことはない。いつも変わらない本当の教育があり、その実行が求められているだけだ。

そして、本書の立場からは、今回の答申も、現行の学習指導要領がそうであるように、大いに追い風である。これを生かして、本来の教育活動に邁進していただきたいと思う。

ここまで書ける！　生徒作品実例集

生徒作品①「言語聴覚士の姉」

医療・福祉関係に関心はあるものの、進路を決めかねていた作者は、言語聴覚士として働く姉に話を聞かせてもらうことにしました。言語聴覚士という仕事はまだあまり知られていませんが、話し手の説明は具体的でわかりやすく、その仕事の重要性がよく理解できるものとなっています。話し手は、パンフレットによくあるような機械的な説明ではなく、自身の日頃の経験をもとに説明してくれています。その説明があるからこそ、そのあとに話される仕事上の苦労や喜びがよく理解できるものとなっています。作者が、身近な存在であるはずの姉の話を聞いて驚き、感動しているのがとてもいいです。取材の面でも、文章化の面でも、聞き書きの基本をふまえた作品となっています。高校二年の夏休みの作品です。

（79頁参照）

言語聴覚士の姉

茨城　高校二年　**沼田美由紀**

私はこの課題を出された時すぐに姉に聞こうと思いました。なぜかというと、うちは従姉妹の姉妹二人とも病院の事務や老人ホームでの介護をやっていて、私の姉は言語聴覚士として病院で働いています。自分の身近な人たちが今現在医療・福祉関係をやっているためもあり、まだはっきりとは決まっていませんが私自身も将来そういう関係の道に進んで、人の役に立ちたいと思っています。なので病院で働いている一番身近な姉に聞こうと思いました。それに私は前々から姉はどうして数少ない言語聴覚士という仕事を選んで、その仕事に就いたのか気になっていたので、迷わず話を聞かせてもらうことにしました。姉はちょっと恥ずかしがりながらもいろいろなことを話してくれました。

私はまず最初に選んだきっかけを質問しました。

「選んだきっかけかぁ。最初はね、保母さんになりたかったんだよね。子供が好きだったからさ。でもお姉ちゃんが中学のときお父さん水道局で働いてたでしょ。夜も電話で緊急の仕事が入ったり、火事のときは現場まで行ってどこの消火栓を使うとか、最後まで火事の様子確認したりとか。やっぱり大変そうだけど、そういう人の役に立つ仕事をしているお父さんに憧れて公務員になりたかったんだけどまぁ高校に入って職業について真剣に考え始めて、教室に職業についての本結構置いてあるよね？　あれを見ていろいろな職種があることに気づいて読んでいって、理学療法士になりたいって思い始めたの。でも、高校の時にやっていたバイト中にほとんど目も見えない、耳も聞こえない、話すこともできない、わかりやすく言えばヘレン・ケラーみたいなおばあちゃんがお客さんで来たんだけど、値段を伝えても耳がよく聞こえなかったりでなかなか伝えられなくて。おばあちゃんも身振り手振りで必死に私に伝えようとしている姿を見て、すごいコミュニケーションがとれないもどかしさを感じたの。それでリハビリに言語聴覚士があるのを見つけてなろう！　って思ったんだ。」

初めて姉が言語聴覚士になろうとしたきっかけを聞いて、おばあちゃんのことで決めたと知って偶然の出会いから自分のやりたいものを決めて驚きを感じました。同時に仕事に就きたいと思うほどのもどかしさはどれほどだったのだろうと思いました。

二つ目に言語聴覚士になる課程の専門学校での経験を聞きました。

「言語聴覚士科のある大学ってほんとに数個しかないんだよね。結局東京にある専門学校に行くことにしたんだ。専門学校入ってからは実習とかいっぱいあってね。一ヶ月聾学校に行って耳が聞こえないんだけど口の動きで読み取れる子がいたりして、もうそんなことが出来るなんてびっくりしたり、あと一年半ぐらい先生の指導の下で自閉症の子の訓練したり、専門学校の時は小さい子と触れ合うことが結構あったんだけど、みんなすごい心がきれいなんだよ。一回保育所にも行ってそこに一人障害児の子がいて、周りにいる子よりやっぱり心がきれいで。一番最初保母さんになりたいって言ったけど、今はならなくて良かったと思う。障害児の心のきれいさを知っちゃったからね。それから就職先について調べたんだけど、子供の就職先がなかったんだよね。やっぱ子供好きだから出来るなら子供がいるとこが良かったけど。まぁただでさえ就職先そんな多いわけじゃないから仕方ないんだけどね。それに今おじいちゃんおばあちゃんのこと診てるけど、これはこれでいいとこもあるし。てか言語聴覚士になれたことが嬉しかったから、今も仕事が出来て嬉しいよ。」

姉は大学を受ける時推薦を蹴ってまで専門学校を選びました。その時私はまだ小学校六年生だったので推薦を蹴ることの意味をわかっていませんでしたが、今ではもったいないと思う気持ちも少しはありますが、推薦を蹴るほど姉の意志が固く決意してあったんだと思います。私はまだこれがやりたい！　と強く思えるものが見つかっていません。なのでこの話を聞いてとてもうらやましく思いました。

三つ目に就職してからの仕事内容について聞いてみま

した。

「うちの病院は一般病棟と療養棟とわかれていて、わたしはだいたい療養棟にいて、療養棟の利用者を対象に働いているんだ。一応患者じゃなくて利用者って言っているんだけど、利用者って言うのは医療的な措置が必要な人のことを言ってね、それがよくなれば老人保健施設や老人ホーム、家に帰ったりするんだよ。

よく私の仕事とかは老人が多いって思われるけど、五十才から九十八才まで幅広い人を診てるんだ。具体的な仕事内容は三つに分かれていて、一つ目は失語症の人とのコミュニケーション。あいうえおとか使って言葉を引き出したり、字を書いてコミュニケーションとったり、五十音表を使って指で指して言いたいことを伝えるとかしているよ。あとは利き手交換って言って、だいたい麻痺したりする人は左脳に異常が見られて、左脳は右手と神経が繋がってるから右手が使えなくなっちゃって、ほとんど右利きでしょ。利き手が使えなくなるわけだから、それを左利きにする仕事もしてるよ。

二つ目は呂律が回らない人って言うのかな？　うまくは言えないけど声は出せる人。構音障害の人達が多いね。どんなのかって言うと、麻痺があるから口がよく動かない人達で、口を動かしたり、舌を動かしたり、舌も麻痺してるからよだれを飲み込むことも出来ないからよだれが出たりするのを抑えたりして、最後には言葉がうまく出るように頑張って訓練してるんだ。

三つ目は一番利用者が多いんだけど、さっき言った一つ目のやつとこの三つ目のやつは一緒になることが多いんだよね。この三つ目のやつは嚥下障害って言って、二つ目のは言葉、三つ目のは食事って言ったほうが区別しやすいかな？　嚥下障害も麻痺によるものなんだけど、二つ目と同じように口の体操とかするけど、食事の時やっぱり喉も麻痺しちゃってるわけだから、食べさせるとその食べたものが肺に入ったりしちゃってたべることが出来ないのね。それでもその家族の人達は「これを食べさせてやりたい。」とか要望があって。もちろん気持ちはわかるけど、やっぱり無理だからね。だから少しずつ麻痺したところが動くようにつとめてる。そんな仕事だよ。」

私は言語聴覚士自体姉が仕事に就くまでよく知りませんでした。名前の通り言葉がうまく話せない人のリハビリとかそんなことをする仕事なのかな？　と思っていました。実際その通りの部分もありましたが、初めて聞く障害ばかりで、麻痺も手足や口のことぐらいしか考えがいきませんでしたが、半身麻痺、全身麻痺、ほんとに細かい舌や喉まで麻痺を起こし、食事もままならない。自分では気づかない部分がどれほど大事で、自分の体にこれほどまで影響を及ぼすなんて怖いとも思いました。

このように障害がひどい人はほんとにひどいと思います。その分姉にかかる負担、苦労も大きいと思い、そのことについて聞くことにしました。

「苦労はね、さっきも言ったけど、家族の要望が高くてそれに添えないことがたまにあることだね。例えば体中が麻痺を起こしていてまったく声が出せない人がいたんだけど、家族の人は『声を出させてください』ってお願いして来たり、あと痰が多くて肺炎のリスクが高い人がいて、肺炎のリスクが高いわけだから食事はさせることが出来なかったの。でもやっぱり家族の人は『食べさせてください』って頼んできて結局はどれも無理なお願いなわけだから言われてもどうしようも出来ないんだよね。

あとは一人職場ってとこだね。言語聴覚士は少ないからよくあることなんだけど、やっぱ一人で全部やるわけだから、全部に手が回らないからすごい大変だよ。最初は嫌に思う時も何回もあったりしたけど、それでも重い人が目に見えて回復していってすごいやりがいを感じてね。だから今もこの仕事を続けているんだよ。」

言語聴覚士が少ないのは知っていましたが、姉が一人で仕事をしているなんて知りませんでした。あんな大変そうな仕事を一人で出来るのか、どれほど大変なのか、私には考えもつきません。そんな中家族の無理な要望を加えられ、家族側の気持ちはわかるけど、やはり自分の姉の立場を考えると、ただでさえ利用者の訓練などを一人で背負い込んでるのに…少し、ほんの少しだけでも姉の大変さをわかって欲しいと思いました。

そんな苦労の中でもやっぱり喜びはあると思います。なので最後にこの仕事をやっていての喜びを聞きました。

「嬉しいことはやっぱりいっぱいあるよ。発症の間もない人は回復が早いから嬉しいね。あと理学療法士や作業療法士と違って痛いこともしないし、その人と話す機会が多くて患者さんに楽しいって言ってもらえるのも嬉しい。でもやっぱ障害部分が回復してくれるのが一番嬉しいなぁ。失語症の人が自分の意志で言葉を言えるようになった時、脳梗塞の間もない人が最初まったく声が出なかったのに声が出たこと。その中でも印象深いのは嚥下障害の人の回復振りだね。六十歳代のおじいちゃんが、半年くらい全く食べられなくて、鼻から栄養をとっていて、だんだんプリンを食べ始めて、今ではおかゆを食べれるまでになれたり、七十歳代のまたおじいちゃんなんだけど、胃に穴を開けて管を通してそこから栄養をとっていたのね。でもゼリーやプリンを食べれるほど回復して、その奥さんも泣いて喜んでくれた時は自分もほんとに嬉しかった。仕事選び最初はいろいろ迷ってたけど、今はこの仕事に就いてほんとに良かったよ。」

姉の話を最後まで聞き終わった時、ほんとに心からこの仕事をやりたい！　と思わないと長く続かないし、辛くなったらすぐ辞めたり、仕事をしても何も感じないと思いました。私はまだあいまいな気持ちのまま大学探しをしています。でもこの姉の話を聞いて、少し興味のある医療系の仕事にさらに興味が湧きました。人ととても関わることが多いこの仕事。辛さはもちろんあります。でもさっき姉に話してもらったことを聞くと、自分も誰かの役に立ちたい。役に立って喜んでもらいたい、と思いました。でも自分にそんなことが出来るのか自信がありません。それに私に合う、やりたいと本気で思える仕事が他にあるんじゃないかって思うとなかなか決めることが出来ません。でも人の役に立ちたい気持ちは変わらないので、本気でやりたいと思える仕事を見つけ、それに向けて全力を尽くして頑張れるようになりたいと思います。今回姉の話を聞けて、これからのことをもっとよく考えられるようになれてほんとうに良かったです。これからも姉にはいろいろな人を助け、役に立ってもらいたいです。

二〇〇四年度作（指導　古宇田栄子）

生徒作品②「ヒューマン・アニマル・ボンドのチカラⅡ」

アニマル・セラピーに強い関心を持った作者は、特別養護老人ホーム「さくら苑」の苑長の話を聞きました。「さくら苑」は、日本で初めて、動物を連れての訪問活動を受け入れたり、動物との共同生活を実現させたりした、高齢者福祉施設です。作者はそこで、①命は引き継がれていくものであること。②人は誰でも、介護されるだけでなく、他者の役に立つことが喜びであり、それが癒しとなること。③癒してくれる動物たちもまた命ある存在として大事にされなければならないことを学びます。題名の「ヒューマン・アニマル・ボンド」とは「人間と動物の絆」という意味です。典型的な一問一答型の文体で、動物と触れ合うお年寄りたちの生活の様子が、具体的に生き生きと描かれています。

（82頁参照）

ヒューマン・アニマル・ボンドのチカラⅡ

東京　高校三年　**宮本　奈津子**

赤とピンクの大きなさくらの花に飾られた建物の中に入ると、すぐ目に付いたのは玄関のすぐ近くに置かれている、水の入った浅いステンレスの容器。どう見ても犬用の飲料水である。こんな目立つところに置かれていることに少し驚いたが、今回聞き書きをさせていただく、桜井理事長の苑長室に案内されてドアを開けた瞬間、尻尾を振りまくって出迎えてくれた、大きなラブラドール・レトリバーのアリスちゃんには、もっとびっくりさせられた。さくら苑さんは、日本で初めてＣＡＰＰ活動（注・人と動物のふれあい活動）を受け入れた老人ホームであり、現在は日本で唯一、動物との共同生活を実現させている施設だ。その理事長（注・当時）であり、苑長（注・当時）である桜井里二さんにお話を伺った。

――それでは、初めてＣＡＰＰ活動を受け入れた時のエピソードをお聞かせください。

「えぇーとですね…（活動を受け入れた）最初の日は、昭和六十一年五月三日、祭りの日だったんですね。さくら苑の春祭りの日です。以前から動物たちが人間に与える、良い影響については注目していまして、是非ともうち（さくら苑）に、彼らを招きたいとは思っていたんです。あ、それでその祭りの日にですね、ＪＡＨＡ（注・日本動物病院福祉協会、現在は日本動物病院協会に改称）さんの方に、犬の訪問活動をお願いしたんですよ。そうしたら、その連れてきたワンちゃんの周りに、あ、名前はマリィちゃんって言って、ラブラドールだったんですけど、お年寄りも、地域の人も、祭りに来た子供たちもみぃんなそこに集まってきて、大きな輪ができてですね、これは…と、そこで一気に関心が高まりまして。で、僕の方から、ＪＡＨＡさんの方に、訪問の受け入れととともに、ここで動物と一緒に生活する、という事についての相談をいたしましたところ…えぇ、マリィをプレゼントしてくださったんです。もっとも、当時ラブラドール・レトリバーというのは人気が非常にありまして、確か…二十万だか三十万だかするというのを…後から聞きましてね。びっくりしたんですけど。まぁ、その子を非常にみんなが温かく迎え入れてくれた、というのが今の共同生活に至るまでのスタートとなりました。」

――という事は、ＣＡＰＰ活動の受け入れと、動物との共同生活の開始はほぼ同時、ということですか？

「そうですね。でも初めはやはり大変なことも多かったです。突然来たもんですから、あの…職員の中には戸惑う人もいて。ただでさえ忙しいですからね、介護の仕事に。どうやって手を回すんだ、とモメました。それに、マリィもまだ子犬でしたからね、トイレのしつけがうまくできてなかったんです。トイレ場じゃないところでしてしまったり、つないでいたリードに便をくっつけて、そのまま廊下を走り回ったりしたこともありました。恐ろしい光景でしたよ…ご想像にお任せします。その始末はかなり大変でした。だから…すごくかわいい、というのは間違いないのですけど、実際に施設で育てるとなると、そういったきちんとしたしつけなり、ケアなりをしないと、成り立ちませんよね。今はないですけど、誰もいないベッドの上に飛び乗って、上で用を足してしまった子もいましたね。」

――動物たちは、自由にお年寄りたちの部屋を出入りできるのですね。

「はい。もちろん彼ら用の小屋も設けてありますが、夜寝るとき以外は、基本的に自由にやらせています。その方がお年寄りのみなさんが喜びますからね。」

――現在もCAPP訪問活動の受け入れはしていらっしゃるのですか?

「はい、それも毎月、第二日曜日に行なっていますよ。それもずっとやってきているので…動物との同居と訪問の受け入れを、両方並行して行なっている、といった形ですね。」

――現在の同居による成果や、ちょっとうまくいかないことについてのエピソードについてお聞かせください。

「マリィが五月に来て、その後、その年の八月に、ヘレンというラブラドールが来て、犬二匹になりました。で、その翌年ですかね、猫の家族が四匹、いっぺんに来るということがありました。そうして犬も子供を産んで…現在までに、六度のお産に立ち会いました。十八年経ちますからね。動物たちにも、そうした変化がありました。現在は、犬が三匹、猫が一匹、あとは小鳥などの小動物と同居しているのですけど、まず成果として、ひとつは、地域の犬好きの子供たちが遊びに来てくれるようになりました。みなさんとても喜んでいます。自分のお孫さんのように可愛がりますね。おかげで、内部の雰囲気が非常に明るくなりました。あとはそうですね、一日中部屋にこもっている方や、ベッドで寝たきりの方たちが、うんと減った、というのが一番ですかね。犬たちと散歩をしたり、ブラッシングをしたり、餌をあげたり、中には一緒にお風呂に入れてくれた方もいらっしゃいました。みなさんでお世話してる感じですね。あ、そうそう…（資料を見せてくれながら）この写真はですね…（おじいさんと犬がベッドで）一緒に昼寝をしているところです。これは猫と犬がじゃれあって、皆さんが笑っていますね。猫と犬も仲がいいんです。で、この写真の（犬）三匹は、山川さんという人が出勤してくるのを、玄関で待っているんですね。お掃除のおばさんなんですけど、よく遊んでくれる人ですね。もう本当にいろいろなことがありますね。こういうことを通して、苑内は活気を帯びてきてですね、笑い声があふれるようになりました。和やかになりますしね、コミュニケーションが活発になったりね。あぁ、あとこの写真は…おばあちゃんが亡くなってしまって、みんなでお棺に花を添えてた時なんですけど…ほら、お棺にぴったり寄り添って、ずっとおばあちゃんの顔を眺めている犬がいるでしょう。この子はおばあちゃんと一番仲がよかった子です。わかるんでしょうね。ずっと黙っていましたよ。人間の場合も、動物たちの場合も、みんなで最後は見送るんです。みんなで喜びも悲しみも分け合う、ということですね。そしてこれは犬の子供が生まれた写真。こうして家族は引き継がれてゆくんです。そうですね…そういった命に対する意識についても、動物たちは、苑内に大きな変化をもたらしてくれましたね。

うまくいかないことはですね…やっぱりしつけですね。犬たちが若いころの。（アリスちゃんを見て）この子はもう十歳でしてね、もう走らなくなりましたけど、若いころは元気だから、走るでしょう。廊下を。幸い、人にぶつかって怪我をさせることはなかったですけど、なんにせようるさいから、静かにしてくれという苦情がくることがありましたね。あとはですね…皆さんから餌をもらうもんですから、どんどん太ってしまうんですね。超肥満になっちゃったりして。寿命を縮めますから…これは悩んでます。あげたものだけじゃなくて、置いてある物をね、猫の餌なんかも失敬しちゃうこともありますからね。これも困るし…もちろん人間の食堂に動物を入れてしまうのは、衛生上問題がありますので、別の場所にいますけど。あとはオスだと、たまにマーキング（自分のテリトリーを示すためにおしっこをひっかけること）します。このミニチュアダックスのチャーリーくんはね、オスだったんで、よくマーキングしたんですよ。あとこのチャーリーはですね、住んでいる方にはないんですが、二回、ボランティアさんと小学生の子に噛み付いてしまったことがありましてねぇ。どっちとも彼の食事中に手をヒョイと出したんですね。たいした傷にはならなかったんですけど、やはり噛み付いてしまうのは良くない、ということで、獣医の先生に戻されてしまって…あ、今も元気ですし、月一回の訪問の時に必ず来てくれます。僕のことも覚えてるし、さくら苑にもたくさんの楽しい思い出を残してくれました。

そうですね…大林さんという方で、リウマチをもった方がいらしたんです。その病気のために、十何回も金属を腕などの関節に埋め込む手術をしたんですけれど、これは痛いんですね、それで一ヶ月単位の入院を繰り返していたんですよ。彼女はチャーリーと親しくてですね、彼女が退院して戻ってくると、その物音でわかるんですね、チャーリーがものすごい勢いで駆けつけるんですよ。尻尾も振りまくって、おかえりなさーい！って、飛びまくるんです。で、そのオーバーな愛情表現が、大林さんは本当に嬉しい。『待っててくれたの…！』って言ってね。『チャーリーが自分を待っていてくれているんだ、と思うと、手術が痛いとか、入院生活がつらいとか、そんなことは全然耐えられちゃうんだよ。』とも言ってらしたんです。ただひたすら、早く治って、早くあの子の所に帰ろう、という気持ちだけが、大林さんを強く支えていたんです。これは、チャーリーのうそ偽りのない気持ちが、彼女の心を動かしたんでしょうね。犬は純粋に嬉しいことは嬉しい、楽しいときは楽しい、という気分を、全身を使って表現してくれますからね。それが別に彼らが意識しているわけではなくても、結果的に人間を元気づける、癒しの力とされる訳です。」

——皆さん動物はお好きな人ばかりなのですか？

「好きくない方もいますけど、そういった方はほんのわずかですね。猫なんかは犬と逆に、あまりかまってこない人の部屋を好んだりしますからね。静かに寝たいときとか。いろいろな種類の動物がいることのメリットは、そういった点にあると思います。だから犬より猫のほうが好き、とかその逆はあっても、全く動物はダメって人はいませんね。」

——これからの動物による福祉を、どうしていくべきだとお考えですか？

「動物がとってもいいもんだ、ということは十分に感じていますから…在宅のお年寄りの方たちにも是非、犬や猫を飼って頂きたいんですね。施設での動物との同居も、訪問活動も、もっと規模を広げて、もっとポピュラーなものにしていきたいと思っています。注目されている癒しの効果の方も、僕たちの方でもしっかり実証されているわけだし。ただ、人間に対する福祉はそれでいいかもしれないけど、動物も歳をとって、ボケてしまったとき…排泄がちゃんとできなくなったり、歩けなくなったり、白内障になったり…そんな（すでに話したような）役目を果たしてくれた彼らに対して、今度は僕たちが最後までしっかり面倒を見てあげること、これが彼らに対するお返しであり、礼儀であると思うんだよね。チャーリーが噛み付いてしまったことだって、彼のしつけのことばかり責めるというのは、あまりに理不尽です。食事中に手を出せば、取られると思って噛み付くのは、どの犬でも同じですから。僕らも彼らの中でのルールを守って、彼らを思いやってあげることで、初めてお互いに認め合って、信頼し合える関係を築ける、というわけです。

そういった関係が築ければ、なんていうか…一方的でない福祉が成り立つと思います。人間の癒しを求めるのであれば、同時に癒してくれる相手にとっても過ごしやすく、安心した老後を保障して上げられる余裕を持つことこそ、これからの福祉には不可欠である要素なんですよね。えぇと…こんなところでしょうか。」

――桜井苑長さん、今日は本当に有難うございました。

ＪＡＨＡのＳさんの聞き書きから、ちょうど一週間後にお話を伺った。介護をする側と受け入れる側、それぞれの視点から動物介在福祉に対する貴重なご意見と、様々なエピソードを聞かせていただいた。共通の意見であった、人間の癒しばかりを追い求めるのではなく、協力してくれる動物たちへの感謝の気持ち、礼儀をしっかりわきまえることが非常に大切である、という言葉がとても印象に残っている。そして動物との共同生活を実現させたという画期的なシステム。ラブラドールのアリスちゃんを撫でながら、楽しそうにおしゃべりしていたおばあさんたちや、犬を見に来た地元の子供たちとスイカの早食い競争をして、大笑いしていたおじいちゃんの表情を見たとき、「こんな笑顔がみられちゃうんだもんなぁ…」と、なんだかすごく嬉しかった。

帰り際に桜井苑長が言ってくれた、「きれい事のようだけど、本当にね、苦労することがあってもそれ以上の幸せをたくさんくれるんだよね。犬も猫も。逆にちっとも苦労話がないなんておかしいし、つまらないじゃない。生きてるんだからさ。人間からだけの視点で完璧さを求めるなんて、するべきじゃないよね。」という言葉には、納得、の一言であった。

二〇〇四年度作（指導　中井浩一）

生徒作品③「ＯＬとは言え、企業戦士」

ＯＬ三年目になる先輩に、大企業の財務本部での仕事を聞いた話です。仕事の内容だけでなく職場の裏話や失敗談などを生き生きと語ってもらったユーモラスな作品です。語り手が、後輩のために、自分が働き始めて気づいたことは何でも話してあげようという気迫が伝わってきます。内容は、①財務本部としての仕事の内容、②会社を選んだ理由、③女子にもある人事異動、④結婚と仕事について、⑤ＯＬにとって更衣室は「涙と花束とおかしのクズ」に分けられます。後半に行くほど、予測できない話題に展開していくおもしろさと聞き書きの醍醐味が感じられる作品です。一人語り特有の語り手の口調（語り口）を生かすことで、語り手の人柄やその場の雰囲気を表現することができています。題名の付け方にもインパクトがあり参考にしたいところです。高校三年女子の作。（84頁参照）

ＯＬとは言え、企業戦士

兵庫　高校三年　**永瀬ひとみ**

伊丹明子さんは短大卒業後、A社の財務本部に勤めている。現在二十三歳。

財務本部って言っても経理とはまた別なんだけど、財務本部の中の入金、お金が入ってくる方ばっかり。一応大きい会社やから入ってくる方ばっかりで手がいっぱいやねんね。だからその課は別にあって、出納二課。一課はお金が出る方ばっかりやねんけど、うちは二課。売掛金の担当をやってるねんね。その中でも私は集金をやってたのと、今は集金からはずれてるんだけども、手形と小切手と現金を動かしてるねん。小切手って言うのはその日にすぐ銀行に持って行ったらお金にかわるねん。だから一億でも二億でも一枚の小切手を渡したらその場でお金がもらえる、そういうもんやね。

で、手形って言うのは何十億、何千億っていったらそんな大きなお金持って歩けないでしょ。会社に置いとくのはもったいないねんね、何に使う。常に動かしてるもんやねんね。それで先方さんが来たらそんなにいっぱいの現金を渡すわけにはいかないから一枚の紙にしました。それで振り出し日って言うのがあって、その日に持っていったら現金にかわります。手形には期日があるねん、その日に支払います。もし十二月一日ってあったら、その日にだけしかかわらないねん。十二月二日に持っていったら百億だろうが、二百億だろうがパーになるねん。それで一万、二万ならいいけど大きい金額やからこわいよね。そんなのを私は、これだけの金額があって、それを動かしますってことで本部の中の資金課に動かしたりします。私のやってることは事務やね、一般事務。

この会社を選んだ理由は、大学の先生に、繊維会社にしたいんですって言ってんね。そしたらこれだけいいのがあるって言ってくれた中の一つにA社があってん。大きい会社はコネもいるし、私はコネがないからちょっときついからってことでA社にしてん。場所も良かったし、実際に安定してるし、希望してた繊維会社っていうこともあるんで。小さい頃からどうしてもって言うわけじゃないけど、条件に恵まれてって感じやね。

それで試験を受けて受かってんけど、部署は会社の人事本部が決めてしまう。あなたはどこの課へ行きたいですかって聞かれて、できたら情報処理関係で機械的なことがしたいんですけどって言ったら、紙にメモしてる様子やねんね、うなずいて。これはイケるなって思ってたら、財務やってん。最初は落ち込んだよ、えらいとこに来てしまったなぁと思って。

人事本部の人が内定して辞令発表した時ね、今回暗い部署には明るい人を入れましたって言ってんね。これやね、その時はめられた！　て思った。友達と私だけにぎやかでね、私たちが入ったから財務が明るくなったって噂になってんね、おもしろい子が入ったってね。それで今、三年目やねんけど同期の子にまだ浮いてるなぁって言われる。財務は雰囲気がすごいねんよ。女の人は電卓ガーッてやってるし、おっちゃんはそろばんガーッてやって。すごい静かやし。営業事務とかやったらすごい楽しそうやねん、若い人多いし。うちはおっちゃんばっかりですごく落ち込んでん。

ＯＬって言ったら、お茶汲みとかコピーさせられるとか想像するけど、うちはそういうのないね。各ブロックに自動販売機があります。お茶はタダで出るねん。だから飲みたくなったら勝手に飲んで下さいって。私も入った時びっくりしてん。どうしてもやらないとだめなのが来客の時。やっぱりお客さんが見えられた時は、ちゃんとしたおぼんとお茶っ葉で、おもてなしをしましょってことでお出しします。コピーもね、各自でします。女の人は仕事をしてるんだからやらなくていい、自分の仕事だけをしてればいい。

先方さんがね、倒産したり傾きかけてるっていう情報が流れたら、うちの会社は一手に引き受けてるから、先方の持ってた資料とかはコピーします。大量にあって、自分の手があいてる時に頼まれたりした時は当然やからね。でも稀やね、ほとんどない。それよりは自分の仕事を忙しくやってるから、女の子やのにがんばってるって気を遣ってくれる。自由やね。女性が結構多いから好きなこと言ってるねん。女性委員会っていうのがあるねん、組合とかね。でね、ちょっとおかしいんちゃうのとか、これはやめようって言うことを話し合ったりするねんね。

女の人でも、うちの会社は厳しくって、他の部署にとばされることがあるんよね。いろんな部署によって違うんだけども、うちの部署は、～さんって付けて呼ぶねんね。それで課長さんに～さんって呼ばれたら、「はい」って立って行くよね。これができないねんね、緊張してしまう人は。そしたらいつも返事がはっきりしない、サッサと動かないって。それとかある程度、仕事に慣れたら早くできるようにならないといけないよね。でもできない人がいるねん。またその部署の動きがとっても早かったら、ついていけない。自分自身にあってなかったら、人事に言って動かされる。それはそういう意味なんだけども、「とばされたなぁ」ってなる。あと社外文書を出してる部署でね、字が汚い人もとばされる。汚くってもね、ちゃんと行にあてはまってるとか、間隔をあけてきっちり書いてるんだったらいいけど小さい字や丸字ははっきりと課長に気を付けなさいって言われる。それでも直せない人は、もうちょっと字を重視しない部署に動かされる。だから、OLなんだけども、おっちゃんみたいな気分。動かされるし、お茶汲みないしね。OLとは言え、企業戦士やなぁって。

結婚に関して言うとね、今ね私の周りがみんな結婚しだしてんね。私の第一次結婚ブームやねん。私もね、高校の時は二十三歳で結婚して、二十五歳ぐらいで男の子産んで、とかずっと思ってて、短大卒業した時も思っててん。でも会社入って実際に二十三になってみたら結婚したくないねん。今がおもしろいねん。お金は自由に入る、自分の好きな服も買える。家はあるでしょ、だから食事とか洗濯とかアイロンとかは全部やってくれる。夜帰ったらご飯できてるし、居心地いいねんやんか。会社の先輩が子供連れて遊びに来るねん。それで話聞いたらお弁当作らなあかんとか私も働かなやっていかれへんし、早く帰って晩ご飯作らなあかんとか言ってて、……捨てたくないわ、まだ遊んどこって思うねん。

そういうのを言うねんけども、会社はやめたいって思うことがある。これだけおったらどれだけ気つよくなるかわからへん。会社はおもしろい面もあるねん、自分で金額あわせたりしたらさすがやねって言われるし、でもいやな事も多いよね。仕事の改善案なんかで意志の相違で対決することもあるよね。AでもBでもどっちでも良かったのに自分がAって言ったら、相手に絶対Bって言われて、そしたらどっちでも良かったのがプッツンてきて、自分の心の中でAしかだめになるねん。そしたらもう最後の方ケンカやね、AもBも関係ない。そしたら、一つ得るものがあっても、なんとなく二つ失うものがあるなって感じるねん。時々淋しくなるねん、元の私に戻りたいってよく言う。ほんまの私じゃないねん。

お金もらってて仕方ないけど会社行くのもいらんパワー使うでしょ。今の会社でボーナスもあがってきてるし、地位もあがってきてるし。また他の会社行ったら一から覚え直して下からはじまってしんどいでしょ。円満退社って言って、やめる三ヵ月前に言わないと円満になれへんねん。次の人員確保とか引き継ぎがあるから。一番円満なのは結婚です、やっぱり。みんなに良かったねって言われてやめていくのが。

あとね、OLって言うと「更衣室」。これはどこの会社でも言ってるけど、OLにとって更衣室は、「涙と花束とおかしのクズ」。涙はやっぱり泣きに行く場所かな。私の部署は財務でしょ。だからお金、お金、とにかくお金で、売ってるんだからとにかくお金をもらうってかんじやねん。それで入った当初、先方から、「お支払いなんですけども、一ヵ月遅らせて下さいってお伝え下さい」っていう電話があってん。それでお伝え下さいって言われたから、聞いてメモしておいといてん。そしたらその担当の人が帰ってきて、「これは何やっ」てみんなの前でおこるねん。「遅らされてどうするんや。理由聞かなあかんやろ」って。以後気を付けますって言ってんけど、「以後じゃあかんねん」って。その担当者にしたら、今月はこれだけ入るんやったらこれだけ支払いまわそうとか出納の方に連絡してたかもしれんねんね。だからお伝え下さいって言われたら、「今、担当者がいないので、○時に帰ってくるのでお待ちねがえますか」って言わなあかんねんけども、教えられてなかってんね。おこられてる時もウルウルってきてて、席帰ってももう下の字がにじんできてんやんか。もうあかんと思ってスッと席立って、ちょっと席はずしますって言って、更衣室入ったらもうダーッて涙がきて。同期の子も見ててくれて、私もこんなんあってんとか言ってダーッと泣いて。これが涙やね。

それと心に残ったつらい言葉っていうのがね、「伊丹さんがおらんかっても会社は動くねん。ぼくだっていっしょや、おらんかっても動く。でも会社ってそうじゃないとあかんねん。伊丹さんがおって細やかな事はできた、でもおらんかっても会社は止まることはない、ただちょっと雑務がおかしくなるだけや」って言われてん。ほんでまたダーッて涙。

それと花束って言うのは、会社は何かあったら花束やねん。やめるっていったら花束、全快祝いも花束。会社のクラブに華道部があってね、受け付けとかにお花おいたりして、みんなお花好きになっていくね。やめていく子おったら更衣室に花束おいてあるねんね。そしたらそれ見て、誰かやめるねんなぁとか結婚するねんなぁっていってみんなでいいねーって言ってるねん。

で、おかしのクズ。なんだかんだ言っておかし食べてるねんね。モロゾフのプリンとかワッフルとか。イラッときた時も、泣いてしゃべって、それでも気が晴れへん時は、もうお茶しようって。ええやん、みんな働かしといたらって。それで一時間くらい更衣室でしゃべってるねん。きっと向こうでは一時間もしゃべってボロカス言われてると思うねん。でもいいねん、リフレッシュタイムやから。神経ずぶとくなっていくねんやんか、でもそれがOLかなぁって。化粧とか髪直しに更衣室にいったら誰かおかし食べてるねん。見られたぁって言いながらもシャーシャーと食べてるねん。これがOLやねん。OLってずぶとくもあり、笑いもあり、涙もあるねん。

一九九二年度作（指導　藤本英二）

生徒作品④「心に寄り添った介護を」

介護福祉士として働いている母親の話です。介護保険のスタートとともに新設された特別養護老人ホームで、素人ばかりの職員たちが試行錯誤しながら介護のあるべき姿を模索します。

語り手である母親の歴史と、特別養護老人ホームとして三年目を迎えた施設の歴史とが重なって、読み応えがあります。作者は看護専門学校の二年生。母親への取材をとおして、家庭では見ることのできない職業人としての母親、仕事に誇りと生きがいを感じて楽しく働いている母親を発見したところがとてもいいと思います。また、作品の構成の仕方、特に冒頭に語り手のプロフィールを付けたり、節ごとに小見出しを付けたり、末尾に感想や参考文献を付けたりした書き方は参考にしたいところです。タイトルの付け方も内容がイメージできていいと思います。一人語りの文体で書かれています。

（95頁参照）

心に寄り添った介護を

北海道　看護専門学校二年　青葉さやか

S・Aさん：介護福祉士、介護支援専門員。一九五二年（昭和二十七年）、四人兄弟の三番目として生まれる。四十九歳。商業高等学校を卒業後、町役場に勤務（福祉行政に携わる）。農業後継者の夫と結婚し、四人の子供を出産した。昭和五十八年、農外所得を得るためゴルフ場に十三年間勤務した後、平成七年から特別養護老人ホームで寮母として働いている。趣味は民謡。性格は意志が強く、前向きな頑張り屋さん。

1 仕事の魅力

これまで高齢な人相手の仕事だから、たくさんの人を見送ってきたよ。毎日毎日身の回りのお世話をしながら、どうしたら心に寄り添えるかを考え、やっと心開いて打ち解けてくれるようになったら、亡くなってしまう…。初めはすごく寂しいと思った。

九十八歳、頑固で突然、気に入らないと怒り出したりする気むずかしいB夫さん。前立腺ガンの末期だった。病院へ入院を医師が勧めても、ここがいいと言い張って、痛みをこらえているのを見るのが辛かったな。歌が好きでね。私が、得意の民謡を唄ってあげると、痛みで歪んだ顔も笑顔になってたっけ。それでも最後は、自分から病院へ行くと言い出した。亡くなる三日前に病院まで見舞いに行くと、やっと目を開けて私の手を何度も何度も握るんだよね。耳元で民謡を唄うと、うなずいてありがとうと…。別れは悲しいけれど、満足感で心いっぱいになって、B夫さんからたくさんの生きる力をもらえたような気がするんだ。仕事に対して日々誠実に取り組み続けることは、生易しいことではないよね。自分が体調が悪かったり、心だって安定してなかったら、人に優しくできないもんだよ。人に優しくできるのは、自分も大切にできる人だと思う。

仕事は、楽しいと感じられなきゃ悲しいでしょ。利用者と話をしたり、新聞を読んで聞かせたり、そんな時が一番楽しい。農家だった人が多いから、田んぼのこと、畑のこと、作物の出来具合、漬物の漬け方、子育ての中の苦労話もあれば、嫁としての辛い経験話やら、私も五十年近く生きてきたから共感できることばかり。盆踊り会では、男子職員の太鼓に合わせて北海盆唄を唄う。不自由な手を動かし、楽しそうに踊っている。家族の顔を忘れた痴呆の人も不思議と踊りは覚えていたりして、皆が笑っている。嬉しくて嬉しくて泣いている人もいる。一緒に笑ったり泣いたりしながら、これからも寄り添って生き生きと仕事を続けたいね。

2　福祉行政の仕事を思い出して

お父さんと頑張って農業をやっていこうと嫁いたんだけど、減反、減反でね。米の価格も下がる一方でさあ。これではやっていけないと思ったんだ。じいちゃん、ばあちゃんも元気でいてくれたから、それで、ゴルフ場で夏も冬も働いた。その合い間に農業を手伝ったり、子育てしたりと、今振り返れば良く体が持ったと思うほど夢中だったね。

そのうち四人の子供も大きくなって、やれやれと思ったときに、高校出て初めて就いた福祉行政の仕事を思い出してね。貧しくて生活保護を受けていた人々との出会い、あの頃は、深い考えもなく、まだまだ未熟でこんなに困っている人もいるんだなあぐらいにしか思わなかったね。

何かやり残したような、忘れ物をしてきたような思いに駆られていた矢先、町で特養が新設されることになって、介護職を募集していたんだ。この仕事しかないと飛び込んだ。これが今の仕事のきっかけだね。

3　素人ばっかりのスタート

なんたって新設で、歴史や先輩がいない状態でしょう。経験者もいない、素人ばっかりのスタートだったの。専門知識もなくて、次々と問題が持ち上がってね。縦の序列がないので、何度も全員で自由に意見を述べ合って取り組んだけれど、仕事に対する責任の自覚がなかなか育たなくてね。それで職員を三つのグループに分けることにしたの。排泄面、処遇面、食接面にね。それぞれに委員長を置いてまとめる。それからは、責任と自覚が徐々に生まれてきたように思うんだ。

また、職員同士で利用者の日常を体験することもやってみた。車椅子は、一時間も座っていると背中や腰が痛くなる。食事だって食べさせてもらうと、スプーンがこわかったり、口に入れる量も多いと、飲み込むのに大変だった。寝たままの排泄は、とても気持ちが悪かった。そんな学習を通して、利用者の気持ちを少し理解できるようになったかな。

素人ばっかりでも、やる気はあったから職員同士で励ましあってね。介護福祉士の資格を得るため、夜に勉強会を開いたりして、本当に一生懸命勉強したね。それで、現在は、ほとんどの職員が有資格者なんだよ。私も若い人に勉強がついていけるか不安だったけど、専門知識を吸収できることにむしろ楽しみを感じ、興味が次々とわいてきたんだよね。職場で働いているから、これはAさんのことを言っているんだなあと、飲み込みやすかった。

勉強って年なんかに関係なく、知りたいと思う時が一番なんだなあってつくづく思ったね。

4 最近思うこと

ご主人の介護を続け、看取って、さあ、これから旅行にでもと出かけた先で倒れてね、失語症で会話不能になり、右上下肢マヒで施設入所したC子さん。七十九歳。先日の夜勤のとき、突然急変して救急車で搬送したけれど、亡くなってしまったんだよね。本当に元気だったのに、あっけなくさあ。いつも家族の面会が楽しみでね。ちょっと来ない日が続くと、機嫌が悪くなるんだ。皆でバスハイクに出掛けたときなんか、まだ帰らないと、子供のように泣いたりしてね。出掛けることが大好きだったから、特別にC子さんをもうすぐ、ホテルに連れて行こうと計画していて、本人もすっごく楽しみにしていたの。着て行く服を選んだりして…。

自分の意志で施設で暮らしている人は本当に少なくて、ほとんどの人は家族の事情とかで仕方なく施設で生活しているから、いつも家に帰りたい、家族に逢いたいと思っているんだよ。約束が果たせなかったのは悔しいけど、せめてもの救いは、臨終に家族が間に合ったことかな。最後ぐらい家族に見守られて死なせてあげたいもんね。今日が大切で、明日はないかもしれないことをつくづく思い知らされたよ。

5 自分が入りたい施設を目指して

在宅サービス向上、在宅重視を掲げ、介護保険がスタートして三年目に入ったけどね、現実は施設の待機者はうなぎのぼりで、ショートステイ利用も満床状態。施設利用は大繁盛ってところかな。でもね、じゃあ自分が今の施設に入りたい？　って聞かれたら、正直ノー。自分が入りたい施設を目指したい。それが目標かな。

今、実現させようとしているのは、その人に合ったテーブルと椅子で食事を取ってもらうことなんだ。そんな当然のことをやってないの？　って言われそうだけど、男と女に関係なく、体格だって皆違うのに、同じ高さのテーブルと椅子が用意されている。画一的なことって、他にもたくさんあるんだよね。利用者が少しでも暮らしやすい施設を目指して行きたいねえ。

聞き書きを終えて

語り手は私の母である。母は、私が物心つくころにはすでに仕事に就いており、仕事と家事の両立、そして子育てと頑張っている。介護福祉士やケアマネージャーの資格を取る時も、仕事や家事に追われながらも、暇を見つけては勉強に励んでいた。そんな何事にも一生懸命に取り組む母を見て、仕事の魅力や仕事と家事との両立で苦労したこと、また仕事を始めるきっかけは何だったのかを、もっと詳しく聞きたいと思っていたので、母にインタビューをお願いした。

インタビューは、母の仕事が休みの時に行い、昼食を食べた後、少し落ち着いてから始めた。質問を用意していたが、何から質問したらよいのかわからなくなって、変な質問をしてしまったり、話を急に戻してしまったりした。インタビューをする前の下調べや大まかな文の構成を考えておくことが、いかに大切かわかった。また、話を録音していなかったので、聞いたことを文章にするときに、母の言葉遣いや語り口調を読み手に伝わるように書くのが、なかなかうまくできず本当に難しかった。テレビやお客さんが来たりなど、途中中断することもあったが、そのままそれずに実施できてよかった。

この聞き書きレポートを通して、家庭では見ることのできない、介護福祉士としての母の一面を知ることができてよかったと思う。本当に仕事を楽しく、誇りを持って働いているのが伝わってきて、私もそういう仕事ができるように頑張りたいと思った。将来看護師として働くことになったとき、この聞き書きレポートでの母の話を忘れずにいたいと思う。本当に母からいろんなことを学ばせてもらったレポートでした。

二〇〇二年度作（指導　本間徹夫）

参考文献　『介護支援専門員ケアマネージャーハンドブック』高良麻子・長谷憲明著（一九九九年　ブックマン社）
『「老人福祉」とは何か』一番ヶ瀬康子・古林佐知子著（一九八八年　ミネルヴァ書房）

生徒作品⑤「ああ、僕は今生きているぞ——筋ジストロフィーの青年に聞く」

作者は、ボランティア活動をしている福祉施設で知り合った二十六歳の青年に話を聞くことにしました。青年は、筋ジストロフィーを発症し、車イスの生活をしています。二十歳を過ぎてから発症し、大学は卒業できましたが就職はできませんでした。車イスの生活となって四、五年、身の回りの多くのことを母親に手伝ってもらっています。青年が語る、障害を持って辛かったことの話には共感せずにはいられません。なかでも、「僕って親不孝だね。」という言葉から始まる、青年が親を思い、親が息子を思う場面は、読んでいて胸がせつなくなります。

青年の語る話に、本当に大切なもの、真実のものを感じ、こういう話も聞き書きの対象になるのか、と目を開かれる思いがします。いや、聞き書きの対象は、無限にあるということでしょう。青年も作者に話を聞いてもらえたことは、幸せなことだったのではないかと思います。一人語りの文体で書かれています。高校一年女子の作品です。

（102頁参照）

ああ、僕は今生きているぞ——筋ジストロフィーの青年に聞く

茨城　高校一年　星野純子

「えぇ、本当に僕のことなんか書くの？　いいのかな。僕はさ、自分自身のことを話すのはイヤじゃないけどさ、やっぱり僕みたいなまだたったの二十六歳の若ぞうになんか話聞いて、先生に提出したらまずいんじゃないの？　僕、成績下がったって知らないよ。」と笑いながら話してくださったのは十歳も年上の友達です。先生は友達に話を聞いて、それを書くのはダメだとおっしゃられましたが、彼はごく普通の二十六歳の青年ではないのです。障害者なのです。しかも一番重い一級障害者です。彼はたしかに若いですが、同じ二十六歳の人とはまた別な生活をして、この年で、大変な苦労をされた方です。

「生まれた時は元気な赤ちゃんだったよ。ちゃんと幼稚園から大学まで行ったよ。幼稚園、小学校、中学校までは何の問題もなく、普通の学校行ってたよ。ちゃんと歩ってね。高校は地元のT高校に行ったよ。あぁ、高校、大学もちゃんと歩いてたよ。車イス使わないで。高校生か…。一、二年と遊びばっかりしてさ、中間、期末なんていっつも一夜づけ。成績？　聞かないでくれ。だからさ、もう三年の時は、すっごいつらかったよ。自分がさ、

そろそろ勉強しようかなぁなんて思い始めたころには一人ぼっちだよ。周りはもうすでに勉強してたもんなぁ。すっごいあせった。でも、なんとか仙台の方の大学に進んで、卒業するころまでは歩けたけど、やっぱり就職はできなかったよ。だって、そのころはもうすでに、自分の病気知ってたし、これからどうしようって思ってたよ。とりあえず卒業しなくちゃなぁ、って考えが多かったよ。それで車イスになったのはここ四、五年ってとこかな。まだ車イスの初心者だよ。

初めて病気知った時？　すっごく恐ろしくて、くやしかったよ。何で僕がこんな病気にならなくちゃいけないんだろう、生まれてこなければよかった、って思ったし、でもね、それ以上に死ぬってことが身近になって恐ろしかった。ほら、よく言うじゃない、人生八十、まだまだ先があるってさ。それにこの若さだとさ、死ぬってことがよく実感できないじゃない。それがさ、いきなりいつ死ぬかわからないって恐怖どうしていいか。しばらくの間ずい分おちこんだよ。本当、正直言うと死のうと思った。窓の外を見てはあぁ、とびおりちゃったららくだろうなぁとか思ったりさ、だんだんに弱っていく、自分のみにくい姿なんて見なくていいしさ。自分の手足がだんだん使えなくなって、ただ棒きれと同じで、ただ、ぶらさがってるだけで、朝も自分でおきられなくて、食事もおふろも、トイレだって、何もできない赤ちゃんと同じだと思うとね。しかも、そういう時に死にたいなぁって思っても、自分ではもう自殺もできなくなっているんだよ。まぁあんまり暗い話してもしょうがないよね。でも結局ね、僕って気が変わるというか、それならしょうがないかって感じになっちゃうタイプだったみたい。いくらグチ言ってもさ、僕の病気なおらないし、もう少しか、僕には時間がないと思えば毎日そんなことしてるのもったいないなあって思えてきちゃってさ。それに実際そう思えるようになってからは毎日全力投球って感じで一日一日が充実してるよ。あぁ僕は今、生きているぞ。この時間は二度と戻ってこないからって考えるといいよ。あっ、ちょっときめすぎちゃったね。言った本人が一番テレちゃうよ。でも本当、今も楽しいよ。

そうだねぇ。障害持ってつらかったことは本当にたくさんあったよ。車イスになってからは特にそう感じるよ。人目が初めはすっごく気になってね。乗らないと生活できないし、外に出たいけどイヤだなって思った。でも、もう最近はなれたかな。その他にも障害者だからって、人間じゃないようにされたりするのっていやだなぁって思う。赤ちゃん言葉で話しかけられたり、さわったら病気がうつるんじゃないかって思う人もいるんだよね。僕達は友達感覚で接してほしいよ。僕だって普通の人間だよ。だからだれだってイヤだなって思うことは僕だってイヤだし。って言ってもしょうがないか。僕も自分が障害者って側について初めて気が付いたもんなあ。うん。やっぱりこういう福祉ってことしてる人とかボランティア活動してくれてる人には感謝と尊敬だよ。僕はこういう人がいないと生きていけないよ。でも本当に人のやさしさっていうのを感じられる人間になってよかったって思ってる。せっかくこの世に生まれたのにね。僕は幸せだよ。

ここ二、三年でずい分社会もよくなったよ。そうつくづく感じるよ。施設もずいぶん増えたし、ボランティア活動とかする人も増えたしね。でもまだやっぱり、僕達障害者は生活しづらいよ。車イスじゃ通れないような所とか多いし、階段なんか全然ダメだしね。一番困るのは何といってもトイレだよ。ごく普通のトイレだと入れないし、そうそう、男女別になっていなかったりするとキツイよ。だから出かけたりする時は、まず車イスでも行ける所かどうかと、トイレがあるかどうかを調べてから出かけるよ。

僕は、毎週火・水曜日はデイ・サービスっていう所で、コンピューターとか油絵描いたり、あとH市のいろいろな施設から仕事もらってやってるよ。その他の日はだいたい家でゴロゴロしてる。病院に行ったりするけど。

僕の病名は筋ジストロフィーっていってだんだん筋肉がおとろえてしまう病気なんだ。今の医学じゃなおらないんだ。だけど、僕の場合はラッキーでね、成人してからこの病気になったから、病気の進行がおそいんだ。子供のうちにこの病気になると二十歳まではもたないっていわれている。僕は着替えにだいたい一時間ぐらいかかるけど、母親が手伝ってくれるし、おふろも母親が入れてくれるから、日常生活は困らないけど、もし母親が死んじゃったら大変だなぁって思うよ。だんだん親も僕も弱っていくし。本当なら、今ごろ僕は、バリバリ仕事して、結婚して親孝行しなくちゃいけないのにね。「僕って親不孝だね。」って両親に言ったことがあるんだ。そしたら僕の両親、大の大人だっていうのにボロボロ涙流して、「そんなことないんだよ。お前が生きてるってだけで、お父さんもお母さんも幸せだよ。」って言うんだ。そして反対に僕にあやまるんだよ。「こんな体に生んでごめんね。でもね、お母さんが代わってあげたいって、いくら思っても代わることができないんだよ。だからお前がこれからどんなつらい思いをするかもしれないけど、お母さん、お前のその気持ちの半分すら思えないよ。だから、お前ががんばるしかないからね。」って言うんだ。この時、本当に胸のしめつけられる思いがしたよ。

僕はあと何年生きられるかわからないけど、これから何ができるとかいうわけじゃないけど、僕は後悔しないように生きたいと思ってる。だって普通の人じゃ経験できないようなことしてきたし。それにね僕はこれから僕達のような障害をもった人でもいろいろなことができるような、一般の人達と対とうにつきあうことができるような社会にしていきたいんだ。僕一人の力じゃ何もできないけど、君達ボランティアの人達と一緒にね。それと、僕は君に、今のままの人を思いやる人でいてほしいと思う。」

私はこの人のお母さんのように、障害をもつ人の苦しみの半分も分かることも、その分、人にやさしくすることすらできません。いつも自分勝手で、人を思いやることのできる人ではないと思っています。もっと自分を顧みる必要があるのではと考えさせられました。そして、今まで以上に、ますます、このような方の力になりたいと思いました。

一九九四年度作（指導　程塚英雄）

生徒作品⑥「声なき号泣——中野トミさんの戦争体験」

中学生がグループで地域のお年寄りから戦争体験を聞いた話です。語り手の長男は志願兵として出征し、戦死しました。語り手が、息子の様子を、涙も流さずに淡々と語る様子に疑問を感じた作者たちは、語り手の真意を知ろうとその表情と言葉に注目します。その結果、語り手の心の中には、当時も、戦争の話をしている今も、「めそめそしたらあかん、しゃんとしとらなあかん。」と気張って生きようとする軍国の母としての心が根強く生きていることに気づきます。作者たちは、語り口表現を使い、語られる場面を詳しく再現するように書くことで追体験を深めるとともに、場面ごとに語り手の表情や言葉を分析したり、自分たちの感想を書き込むことで考察を深め、戦争が人の心をもあやつっていたという事実に思い至ります。戦争中の出来事がまるで目に見えるように詳しく描かれるとともに、聞いている中学生たちの思考過程が丁寧に記録されているのも見ごとです。

（105頁参照）

声なき号泣——中野トミさんの戦争体験

京都　中学三年　中野　亮子

中学二年　中野　幹生
中学一年　山崎　健司

(一)　はじめに

戦争が終わり、三十七年が経過した今、戦争で日本が受けたあの数々の苦しみは、苦労話や昔話になりかけようとしています。しかし、けっして戦争体験を風化させてはいけません。単なる昔話で終わらせてしまってはいけません。あの時の悲しさ、苦しさ、いたましさを、私たちが語部となり、次の世代に伝えていかなければ、また同じあやまちを繰り返すことになってしまいます。そういった意味で私たちが戦争体験の聞き書きに取り組んで三年目を迎えます。

私たち北班の七名は、各自がそれぞれの戦争への思いを胸に刻みこみ、太平洋戦争で、大切な息子である、長男の文吾さんを南の島で亡くされた、中野トミさん宅を訪れました。

七月も下旬のある暑い日のことでした。私たちは手に手に、メモ帳やテープをたずさえて坂の上にある大きなくず屋ぶき（注・茅葺屋根）の家に集まったのでした。トミさんは、今年八十六歳になられ、腰はくの字にまがってはいますが、いたって元気で、私たちをにこにこと迎えてくださいました。

「文吾のことどすか……。あれはもう、ほんの昔のことになりますでのう。私も年をとりましたさかい、よう覚えとるやろか。」

「けど、あの子が出ていったひー（日）のことは、今でもよう覚えとります。さむーいひー（日）どしたでなあ……。」

そういって、トミさんは次のように話してくださいました。

(二)　軍人は若者のあこがれ

もう、あの戦争が終わって何年になりますやろ。えー、もう三十七年にもなりますかいな。

文吾が、軍人になりましたんはな、昭和十二年ごろやったと思いますんや。その時分は猫もしゃくしも、軍人、軍人いいましてな。天皇さんのために戦争に行かへんもんは、ろくでなしか、かたわやといわれとりました。そやさかい、自分から進んで軍人にならはる人も、ようけおらはったんどす。文吾もそうどした。とにかく、その時分の軍人さんいうたら、若い男のあこがれどした。そらもう、軍人さんほど偉いもんは、おへんどしたんや。

ああ、食べるもんや着るもんどすか。その時分はまだ、食べるもんも、家でようけ作っとりましたし、着るもんも、別に不自由なことはおへんどした。

そう言って、私たちのたずねる一つ一つのことに、遠い昔を思いおこすような目で、トミさんは、丁寧にこたえてくださいました。その目からは、大切な息子を戦争でなくしてしまい、もうこの世にはいないんだという、悲しみが感じられました。トミさんは、つとめて、静かに語ろうとしておられるのではないかという、感じをうけました。トミさんの話はつづきました。

(三) 軍人への志願

文吾の子どもの頃どすか。そうどすな、子どもの頃は、ほんにおとなしい子どしたな。友だちにも親切な子どした。ほんで、なによりも勉強が好きでな、いっつも晩おそうまで、きばってやっとりました。

文吾は、この村の尋常小学校を出ると父親の牛かいの仕事、ばくろいいましたけどな、そのばくろを手つどうとりました。その合い間に、あの……何ちゅうもんやったかいな。そうそう、講義録とかいう本を通信でとっては、読んで独学しとりました。ほんで、青年学校にもせいだして行っとりました。そらな、文吾は人よりよけい勉強が好きやったいうこともありましたけんど、兵隊になってはよう出世するためには、勉強せんとあかんいいましてな。軍人になるちゅうことはな、ほれ、今の有名な大学をめざすのんと、おんなじようなもんどしたんや。軍人さんいうたら、その頃の若いもんのあこがれの的どしたんやで。出世して、えろうなるちゅうことはそれ、その軍人さんになって、大将になることどしたんや。

文吾も、軍人になりとうてな。あれは、昭和十一年頃の、ちょうど文吾が十八になった頃のことどしたやろか。夕食が終わると、

「お父はん、お母はん、ちょっとぼくの話を聞いてくれ。」

ちゅうて文吾が改まって、私らを呼びましたんや。私ら夫婦は、何やろう思いましてな、それまでしとった田の話をやめて、思いつめた文吾の方へすわり直しました。文吾は、

「なあ、ぼくは今度志願して、兵隊になろうと思うんやけど、どうやろう。」

いいましたんや。私は、文吾がいっつもきばって勉強している姿を見て、いつかは、こんなことを言うんやないかとは思とりました。けど、実際に文吾からこうして、改まって聞きますと、何や、不安な気持ちにもなりました。けんど、お父さんは覚悟しとったらしく、

「そら、お前が兵隊になりたいねやったら、志願せえ。志願したからには、天皇陛下のために、がんばってくるねど。」

と、きっぱりと言っとりました。私も別に、反対するこ

とはおへんどしたし、お父さんの言わはることを、だまって聞いとりました。文吾は父親の返事をもらうと喜びましてな、ほっとしているみたいどした。

　文吾は、青年学校で、「兵隊になるなら、志願して、職業軍人になれ。そうすれば出世も早い。」ということを、いっつも聞かされていましたんやろ。軍人になることに、大きな希望をもっとるようどした。それから、じきに文吾は、志願兵として合格したんどす。


　文吾さんの幼い頃のことを、語ってくださる時のトミさんの表情は、いかにもやさしそうで、そして心持ち誇らしげでもありました。トミさんの自慢の息子だったのでしょうか。しかし、お国のため、軍人になるためにがんばって勉強された文吾さん。そして、文吾さんが志願することを、止めなかったトミさんたち。いくら「天皇のため、お国のため。」と言われた時代であっても、命がなくなってしまうかも知れない戦争なのです。私たちは、それが本当に親の気持ちであったのか、少し疑問を感じていました。しかし、語っておられるトミさんの表情を見ていても、そんな心はつかめず、むしろ、「強さ」のようなものをどこかに、感じるのでした。

（四）雪の朝の出征

　昭和十二年の一月八日、私は、この日のことは、ようよう覚えとりますんや。十九になった文吾が、とうとう家を出て行った日どしてな。寒い日どしたけどカラッと晴れて、つもった雪がかがやいとりましたわ。

　文吾は、朝もまだ暗いうちから起きだして家を出るしたくをしとりました。ほして、夜があけて、出て行く時分になりますとな、仏壇の前に正座しましたんや。なんか思いつめた様子でした。ほして、文吾は家を出て行きましたんや。私らには、文吾の気持ちがようようわかっとりましたでな、なーんも、話さんかったんどす。そら、何か言うてやりたかったんどすけどな、文吾の気持ちを考えると、何も言えまへんどしたんや。

　近くの八幡さんに着きますとな、もう、ようけ人が集まっとりました。みんな、みんな、手に手に日の丸の小旗を、持ったはりました。その日、出ていくのは、この村からは三人どしてな、志願した文吾と、あとは召集された人らやったと思いますわ。

　文吾らは、参拝をすませますとな、村の人らや、家族のもんの「バンザーイ、バンザーイ。」という声と、日の丸の小旗に送ってもろて、村を後にしたんどす。私は、文吾が乗った車を、ほんに小そうなるまで見送りました。

ほして、（がんばって、天皇さんのために、手柄をたててこい）という思いで、手に持っとりました日の丸の小旗を、ぎゅっと、強う強う、にぎりしめとりました。

文吾さんの乗った車を見送りながら、なぜトミさんは、（手柄をたててこい）と思ったのでしょうか。人は、最後の別れになるかも知れない時には、自分の本心を、相手にさらけ出すのではないでしょうか。その時、日本は勝ち戦さばかりであったので、最後の別れになるかも知れないなどとは、トミさんも、考えてはおられなかったのかも知れませんが……。

そんな時、私たちの脳裏に、よみがえったのは、トミさんの、「あの子の出ていった日のことは、今でもよう覚えとります。」という言葉でした。やはり、文吾さんの志願出征は、当時の社会の様子からして、誇らしいものであったと同時に、トミさんにとっては、つらい悲しいものであったに違いないと思いました。しかし、トミさんは、そのことを一言も言われませんでした。

（五）支那事変参加（省略）

（六）文吾との別れ（省略）

（七）別辞

文吾が帰ってしもてじきどしたな。また戦争が始まったんは。あれは、十六年のいつ頃どしたやろ。ああ、十二月八日どすか。そうどしたかいな。その日に、大東亜戦争が始まったんどすな。始まった頃の日本いうたらな、そら、えらい馬力どした。あっちゃこっちゃで敵を負かして、勝ってばっかりやったんどす。

文吾から手紙が来ましたのは、その大東亜戦争が始まる前の、十六年の十月頃のことどした。夏に、文吾がこの家から、帰ってからまなしのことどした。

「あんた、あんた。文吾から手紙が来たで。」

言うて、外で仕事をしている、お父さんを呼んだんどすわ。私、はよう読みとうおしたんや。お父さんも、

「え、文吾から手紙が来たんか。」

言うてな、仕事の手を止めて、急いで家に入ってきましたわ。ほしてな。居間にどすっと腰をすえましてな、にこにこしもって、その手紙読まはったんどす。ほんならな、お父さんの顔が、ごっつうこわい顔に変わりましてな。ほんで、何べんも何べんも、読んどりますねや。私（何が書いてあるんやろう）思いましてな、心配になりましたんや。せんどましてから、お父さんがなにも言わんとな、私の目の前に、手紙をつき出しましたんや。ほして、大きいため息をひとつついて、私に背中を向けて、表へ出ていかはったんどす。私なあ、その後ろ姿がひど

お、さみしげに感じられましてな。（もしかして、文吾の身に何かあったんとちがうか……）とあわてて手紙を見て私、息のみましたわ。〝別辞〟いうてそんなことが書かれとったんどす。——別辞いうたら、別れの言葉どすがな。

別辞

今日よりは、顧り見なくて大君の醜の御楯と出立つ我は天皇陛下の命により、文吾勇んで外征の途につかんとす。一死もとより惜しまず。一度大命を拝受せんか、何時魂魄幽界にと旅立やは、はかり難し。然りと雖、男子の本懐之に過ぎざるはなし。
喜んで君国の為に死す。
茲に生前の御愛情を謝し併せて、不孝の罪を御詫びす。屍を戦野に曝すは、固より軍人の覚悟なり。況して近代戦に於ては、遺骨（品）の還らざることも亦なしとせず。如斯き場合に於ては立派に軍人の本分を全うせしものと、御思召ませ。然る場合は同封の髪爪を吾と思召され度、吾なき後何卒金平の指導を御願ひす。時候不順の折、御身御自愛の程、只管祈願し立派に奉公の誠を到さん事を、誓って御別れす。

昭和十六年十月

中野　文吾

御両親様

合掌

（原文のまま。ただし、読みやすいように句読点を付した。）

私はこの手紙、むつかしい字がいっぱいあって、ようわかりまへなんだけど、ほんまに何べんもくりかえして読みましたんや。そうしとるうちに、（何か重大なことが、おこるんとちがうか）という気がしましてな、じっとしてられんような気持ちになってきましたんや。わけものう、あせる心をきばっておさえて、
「文吾、天皇陛下につくしてこい。」
とひとりで言うとりました。これまでに、こんな手紙がきたことはおへんどしたもの。めそめそしたらあかん、しゃんとしとらなあかんと自分の胸に言いきかせたんどす。それが、その頃の、軍国の母としての、一番立派な態度やとずっと思とりました。今から思うと強がりどしたんやなあ。けど、文吾は、好きで好きでなった軍人どす。戦争に行くからには、手柄をたてて、天皇陛下につくしてこいよ、と思うとりましたんや。

私たちは聞いていて、今までのトミさんの言葉や態度が〝軍国の母〟という言葉からのものだったんだという

ことが、しだいにわかってきました。そして、それがその時だけでなく、今（注・話をしてくれている現在）も気丈なトミさんの表面を、ぬりかためているような気がしました。だから、トミさんは、悲しい思い出を落ち着いて、しっかりと語っておられるのだろうと思ったのです。少しだけ、本当の気持ちを聞かせてくださったけれど、まだまだ心の奥に、何かこらえておられるように感じてなりませんでした。

（八）お百度参り（省略）

（九）敗戦の叫びを耳にして

へえ、八月十五日どすか。その日はとうとう日本が、戦争で負けた日どしたなあ。

私はな、たしかにその日の昼ごろどしたか。近所の人らとお寺に参っとりました。お盆どすさかいな。その時の私は、終戦とか、日本が負けたとかいうことは、ほんまにちょっとでも考えとりまへんどしたわ。そんな私とか、村の人らに、思いもよらへんような知らせが届いたんどす。

「おうい、終戦やっ。日本が負けたんやっ。」

言うてな、男の人がひとり、お寺にかけこんできやはりましたんや。私はもう、びっくりしてしもてな、何が何か、ようわかりまへなんだ。周りにいた村の人らもな、信じられへんような顔して、立っとりましたわ。私、日本は神国でな、神様が見守っとってくれはって、ほれ、あの神風というのが吹いて、絶対負けへんもんやと聞いとりましたんや。そやさかい、「負けた」いうても、にわかには、信じられまへんどした。そやけど、だいぶんしてから、やっとそれがほんまのことなんやと、わかりましたんや。みんなの、すすり泣きの声が聞こえてきましてな。それと一緒に、私のまぶたもカッとあつうなって、目の前がかすんできました。くやしさとも、悲しさとも、何とも言えへんような、気持ちになって泣きましたわ。

息子を戦争に送った軍国の母として、敗戦を知った時のくやしさ、悲しさは言葉ではいえません。そやけど〝やっと戦争が終わった〟という、はりつめていた糸が、プツンと切れた時みたいな、そやのに、不思議にほっとした気持ちもわいてきました。ほして心のどっかでな〝なんで、負ける戦争のために、大事な息子を……〟と思いつづけとりましたんや。

〝なんで、負ける戦争のために、大事な息子を……〟この言葉は、トミさんの本当の心を表しているように思います。淡々と語っておられたトミさんの、母としての正直な心であると思いました。軍国の母をよそおっておられたトミさんですが、やはりその時（注・文吾さんを送り出された時）も、戦争はいやだと思っておられたに、違いないと思ったのでした。

（十） 二男金平の復員（省略）

（十一） 二十五歳の戦死公報

そして、一年がすぎていきましたんや。私の部落でも、もうほとんどの人が、帰ってきたり、戦死公報が届いたりして、何ぞ連絡はあったんどすわ。そやけど、文吾についての連絡は、なあんにもありまへんどした。そやさかい、私は〝帰ってくる〟いうことなんかもうちょっとも思とりまへんどした。

そして、あれは二十一年九月のことどした。せんどまきまへなんだ、文吾の戦死公報ちゅうもんを、役場の人が持ってきやはりましたんや。その時どすか……泣けまへんどした。あっちの家も、こっちの家も、息子さんやだんなさんを死なしたはりますやろ……。うちだけめそめそしとられしまへんどしたんや。覚悟しとりましたし……悲しいとは思いまへんどした。文吾の体は天皇陛下にささげたもんどしたし……。その時分は、みんなそうせんならんかったんどすねで。それからしばらくして、文吾の髪の毛やせんむすびが、小包で送られてきたんどす。そやけどいくら待っても、骨は一かけらさえも、戻ってはきまへなんだ。そのせんむすびは、今でも仏壇のひきだしに入れて、大事にしとります。

知らせが届いたのが、おそうおしたさかいな、文吾は、お国のために手柄をたてましたのに、村葬もなんも、してもらえまへんどした。早う知らせがあった人は、みんな村葬をしてもらわはったんどすけどな。しゃーおへんし、家で髪の毛を骨に見たてて、葬式をあげてやりました。ああ、戦死した所どすか。その紙には――中野文吾、大正八年二月六日生、陸軍准尉、昭和十九年十月二十日、比島レイテ島ドラクにて戦死――と書いてありましたんや。覚悟はしとりましたけど、この紙を見た時は……つろうおした。お国のためいうても、自分の子どもどすさかいな。それに、まだ二十五どしたさかいな……。今、生きとったらなんぼになりますんやろ……。そうどすか、六十すぎとりますんやなあ……。

そう語られた時のトミさんは、単なる昔話を語っておられるような、静かな、しっかりした口調でした。しかし、それゆえに、私たちにはなおさら、トミさんの言葉に出されない悲しみが、じわじわと伝わってくるような思いでした。そして、悲しみをぐっとこらえ、努めて平静を保っておられるトミさんの姿から、息子を殺されたくやしい叫びが、私たち一人ひとりの胸にひびいていました。

（十二）　終わりに

ここでトミさんの話は終わりました。

息子さんのことについて尋ねた時、

「覚悟しとりましたし、悲しいとは思いまへんどした。文吾の体は天皇陛下にささげたもんどしたし……。」

と、涙ひとつ流さずに淡々と語られたトミさんを私たちははじめ、不思議に思っていました。しかし当然のことながら、やはりトミさんにははかり知れない悲しみが、かくされていたのです。トミさんは戦争というものを、ずっと憎んでこられたのです。そして、これからも憎みながら生きていかれるにちがいないと思いました。けれど、こうして改めて、戦争のことを語る時になると、トミさんには今も、軍国の母としての心が、根強く残っているのでしょうか。正直な心をさらけ出すことに、抵抗を感じるのでしょうか。そうさせたのは、あの時の時代であり、人の心をあやつった、戦争のもうひとつの部分であると私たちは思いました。私たちはトミさんの、声のない号泣が聞こえてくるようでした。

過去二年間の聞き書きなどから、戦地で戦うことだけが、戦争の悲惨な部分だと思っていた私たち。しかし、トミさんの語りをとおして当時の戦争の戦うこと以外にもこうした人の心を変えていく、おそろしさを知りました。

こんな風に、人々の心まで変えてしまう戦争。こんな戦争を二度とおこしてはなりません。けれども、世の中では、戦争という過ちをごまかし、消しさっていく動きがあちこちで見られます。世界のいくつもの国で、作られ、実験がくりかえされている核兵器。日本では、軍事費の増大など、徐々に、戦争の渦にひきこまれていくような気配を感じます。

私たちは、三年間、戦争体験をあらゆる面から聞き、文章に残してきました。平和の危機が、ひしひしとおしせまっている今日、忘れられていく戦争の姿、人間を変えてゆく戦争の姿というものを、少しでも知り、戦争をおしとどめるひとつの材料にしていけたらと、思っています。

トミさんは今、仏壇をそうじし、せんこうや花などをそなえることを、毎日の日課とされていると家族の人が、言われていました。そうすることで、息子さんのめい福を、祈っておられるのでしょう。

一九八二年度作（指導　中田範子・中村惠子）

第一章　聞き書きの魅力と可能性

一　作文教育との出会い

1　作文教育との出会い

一九七二年、私（古宇田）は、高校の国語教師になりました。その年から定年で退職するまでの三十七年間、教育活動の中心にはいつでも作文がありました。

私が、生活綴方＝作文教育と出会ったのは、大学で、生活綴方の講座を受講したのがきっかけでした。生活綴方とは、子どもたちの書きつづる作文や詩をもとに、その生活のしかた、ものの見方、感じ方と結びつけながら文章表現力を伸ばしていこうとする、わが国独特の教育方法です。団塊の世代に生まれ、受験戦争をやむを得ないこととして受け止めてきた私には、生活綴方の理論と子どもたちの作文の世界は、とても新鮮で、衝撃的でした。それは、子どもの側に立った、子どもの発達を踏まえた教育理論との初めての出会いでした。私は、教師となってすぐに地元の作文サークルに参加しました。そこで出会った小・中学校の教師たちの、子どもを大切にした実践とそれを支えている深い理論、そうして生まれた子どもたちの生き生きとした日記や作文に再び感動しました。

それから三十七年間、小・中学校の実践に学びながら、高校においてはどのような作文指導が可能なのか、青年期の成長に役立つ表現指導とはどのようなものか、さまざまな試みをしてきました。その結果、成長著しく多感な高校生にとっても、いや、この年代の生徒たちだからこそ思いや考えをしっかり表現したり、認識力、思考力を高めたりしてくれる作文教育はきわめて有効な手段であると実感しました。同時に作文は、私が生徒を理解する上で大きな役割を果たしてくれました。

2 「自分史」と「聞き書き」

高校の三年間は、思春期後期から青年期にさしかかる年代で、心も身体も大人へと目覚ましく成長していく時期にあたります。この時期の生徒たちに、いろいろな表現指導を試みたなかで、どの子にも書かせたいと思ったのが、「自分史」と「聞き書き」です。

「自分史」というと、編年体で生い立ちからたどる方法があります。それはそれで有意義な方法ですが、私は、「今でも忘れられない出会いや出来事をくわしく思い出してありのままに書く」という方法を指導してきました。それは現在の自分に大きくかかわっている事件であり、その事件をくわしく思い出し、記述することを通して自分を見つめ直すことになります。過去の歴史を振り返るということは後ろ向きのように思われるかもしれませんが、決してそうではありません。生徒たちは、自分が出会った出来事を整理し、その意味を過去の視点と現在の視点の両方からとらえ直し、自己の成長・変化を確認します。この学習は、自己認識力を高め、自分を大事に思う気持ちを育みます。過去をとらえ直した目は、これからのあるべき自分の姿を考えるようになります。

一方、「聞き書き」というのは、話を聞きたい人を選んで、自分が聞きたいことを聞いて、それを書き留める、あるいは、自分の感想や意見を含めて、ひとまとまりの文章として仕上げることを言います。調べ学習や作文指導の一つの方法として、小学校や中学校では昔からよく行われているやり方です。私の場合は、祖父母や父母に戦争体験を含む人生の歴史を聞いたり、職業人に仕事の内容や苦労や喜びを聞いたりさせてきました。どちらの場合でもくわしく具体的に聞くことで、他者の人生と向き合うように指導しました。他者の生き方や職業と向き合うことで生徒は多くのことを発見します。なぜならそこには社会のしくみや歴史や語り手の価値観などがさまざまに反映しているからです。この学習は社会を見る目や自分自身を客観的に見る目を育ててくれます。

他者を知るということは自己を理解するのに役立ちます。同時に、自己を知ることは他者を理解するのに役立ちます。他者を見る目と自己を見る目を意識的に高めていくことによって、その力は相互に働き合うようになります。自分史と聞き書きはどの高校生にも書かせたい作文の課題です。

自分史の指導法はほかの機会に譲るとして、本稿では聞き書きの指導法を詳述することにします。

生徒たちは、他者の話を聞いて、どんなことに気づいたり驚いたり学んだりするのだろうか。ここでは、他者の歴史や生き方や仕事への思いに深く感動して書いた生徒たちの作品や指導事例を紹介します。

二　聞き書きの魅力

1　働く人に学ぶ

(1) 将来の生き方を考える

はじめに「働く人に学ぶ」という聞き書き指導の事例を紹介します。高校においては進路指導が大きな比重を占めています。卒業してすぐに就職するにしても、大学進学後に就職するにしても、将来自分はどのような仕事がしたいか、どのような生き方をしたいかを真剣に、具体的に考えなければならない時期にあるからです。ところが今日、進学校と呼ばれる高校では、受験のための学力向上を目指した学習指導が徹底して行われています。その指導は、生徒たちから、自分自身と向き合い、自分の将来をじっくり考えるための心の余裕を奪っています。本来、進路指導は、もっと生徒の内面に寄り添い、生徒たちがじっくりと将来を考え、自分の手で進路を切り開いていけるように支援していくべきであると思います。

私は、これまで、何度も、「働く人に学ぶ」というテーマで聞き書きを指導してきました。これは、働いている人または働いたことのある人に、仕事を選んだ理由や、仕事の内容、仕事の苦労や喜び、仕事をとおして学んだこと等をくわしく聞いて、これからの自分の生き方、進路を考えるうえでの参考にしようというものです。

誰に聞くか、つまり取材の対象は、自分がなりたい職業の人を探すか、父母などの身近な人から選ぶかは生徒に任せました。自分にとって誰に聞くのが一番いいか、または誰に何を聞きたいか、をよく考えたうえで決めさせました。

この課題はいつでも生徒に喜ばれました。あるとき、「これがほんとうの勉強だよね。」と言った生徒がいました。この取り組みは生徒が個々の問題意識にもとづいて多くのことを学んでくれるとともにクラスとしても実に豊かな収穫を得ることができます。次に紹介する作品を読んでいただければ、生徒たちが意欲的に取り組んでいるようすがわかると思います。

(2) 言語聴覚士の姉に聞く

「言語聴覚士の姉」（生徒作品① 16頁参照）を書いた作者は、この課題に取り組むことになったときに、すぐに姉に聞こうと思ったそうです。理由は、自分も姉と同じように医療・福祉関係に進みたいと思っていたことと以前から姉が選んだ言語聴覚士という仕事が気になっていたからです。作者は、姉に、職業を選んだきっかけや仕事の内容・苦労を聞きました。姉は、高校時代、職業について真剣に考え始めていたころ、バイト先で、目も見えない、耳も聞こえない、話すこともできない、まるでヘレン・ケラーのようなおばあさんに出会いました。おばあさんは身振り手振りで必死に何かをつたえようとしましたが、何を伝えたいのかわからない。その伝わらないもどかしさを強烈に体験したことが、言語聴覚士という職業を選んだきっかけだったそうです。そして、脳梗塞等の病気によって、失語症になってしまった人や呂律が回らない人、嚥下障害を起こしてしまった人などのリハビリをやっているが、一人職場と言って、職場には専門職としての言語聴覚士は一人しかいない場合が多く、全部の仕事には手が回らなくて大変であることなどを話してくれました。最後に、作者が、仕事をやっていての喜びを聞くと、姉は、次のように話してくれました。

「嬉しいことはやっぱりいっぱいあるよ。発症の間もない人は回復が早いから嬉しいね。あと理学療法士や作業療法士と違って痛いこともしないし、その人と話す機会が多くて患者さんに楽しいって言ってもらえるのもうれしい。でもやっぱ障害部分が回復してくれるのが一番うれしいなぁ。失語症の人が自分の意志で言葉を言えるようになった時、脳梗塞の間もない人が最初まったく声が出なかったのに声が出たこと。その中でも印象深いのは嚥下障害の人の回復振りだね。六十歳代のおじいちゃんが、半年くらい全く食べられなくて、鼻から栄養をとっていて、だんだんプリンを食べ始めて、今ではおかゆを食べれるまでになれたり、七十歳代のまたおじいちゃんなんだけど、胃に穴を開けて管を通してそこから栄養をとっていたのね。でもゼリーやプリンを食べれるほど回復して、その奥さんも泣いて喜んでくれた時は自分もほんとに嬉しかった。仕事選び最初はいろいろ迷ってたけど、今はこの仕事に就いてほんとに良かったよ。」

姉の話を聞き終えた作者は、次のように感想を書いています。

姉の話を最後まで聞き終わった時、ほんとに心からこの仕事をやりたい！ と思わないと長く続かないし、辛くなったらすぐ辞めたり、仕事をしても何も感じないと思いました。私はまだあいまいな気持ちのまま大学探しをしています。でもこの姉の話を聞いて、少し興味のある医療系の仕事にさらに興味が湧きました。人ととても関わることが多いこの仕事。辛さはもちろんあります。でもさっき姉に話してもらったことを聞くと、自分も誰かの役に立ちたい。役に立って喜んでもらいたい、と思いました。でも自分にそんなことが出来るのか自信がありません。それに私に合う、やりたいと本気で思える仕事が他にあるんじゃないかって思うとなかなか決めることが出来ません。でも人の役に立ちたい気持ちは変わらないので、本気でやりたいと思える仕事を見つけ、それに向けて全力を尽くして頑張れるようになりたいと思います。今回姉の話を聞…けて、これからのことをもっとよく考えられるようになれてほんとうに良かったです。

姉の話を聞いた作者は、姉もまた職業の選択で迷った時期があったこと、人の役に立つ仕事をしている父親に憧れていたこと、推薦してもらえる大学はあったが学びたい学科のある専門学校を選んだこと、好きで選んだ仕事でも苦労はあり、本当にやりたいと思う仕事でないと長続きしないし、仕事をしても何も感じないのではないか、などのところに特に深く感じたのでした。そして、これまでにも興味のあった医療系の仕事にさらに興味を持つようになったのです。

「私に合う、やりたいと本気で思える仕事が他にあるのではないかと思うとなかなか決めることができない。」と迷っていた作者にとって、今回、姉の話を具体的に聞けたことはほんとうにタイムリーな学習となったのでした。

(3) お母さんの経験を聞く

書き終えたあと、お互いの作品を読み合う授業で、一番生徒たちの共感を呼んだのが「お母さんの経験から」(高校二年女子)という作品でした。

作者は、自分のやりたい仕事が見つからないで苦しんでいました。そこで、母親のOL時代の話を聞いてみると、母親は求人票を見て会社を選んだこと、仕事は徐々に慣れて、こんな仕事でも誰かの役に立っているんだと思うと達成感があることを話してくれました。作者は母親の話を聞いて、自分を縛っていたプレッシャーが思いがけずほどけたのでした。次はその後半部分です。

…　私はここまでの話を聞いて、働くことや就職に対してのイメージがガラガラと音をたててくずれていく感じがしました。もちろん母が高校を卒業したころと今とでは状況がかなり違います。だから母の話を今のこの状況で聞くとびっくりすることもあるのはなんとなく分かります。

しかし、私は、これから仕事につくにはまず自分をみつめなおして、自分の本当にやりたいことや自分の天職を見つけ出して、その仕事につくために必要なことを学べる大学に入ってよく勉強したうえで、必要に応じては大学院にまで行かなくてはいけなくて、そして入社の際に行われる面接でその仕事に対する熱意や思いなどを伝えきるということをすべてクリアしたとき、はじめて仕事が出来るのかなぁと思っていました。そのときまず初めに必要なやりたいこと、天職決めは今の時期こそしなくてはいけないことで、それがまずクリアできないと仕事なんて無理というプレッシャーや、その決定が私のこれからの人生を左右するというプレッシャーがかなり重く自分にのしかかっていて、まったくいい仕事がみつからず、そのことを考えること自体もだんだん避けるようになっていきました。

そして高校二年の夏、先生方はもう、みんな進路を具体的に決めろと言っている段階になってきたにも関わらず、逆にあせって何もかも分からなくなってきていた矢先のこのインタビューでした。気が抜けて悪い方向へいくわけではなく、変に張っていた緊張の糸がほぐれたというか、私に悪く働きかけていたプレッシャーがいっきにおさまった感じがしました。

母の話の続きはこうでした。「やっぱり、やりたい仕事が出来るにこしたことはないけど、やりたい仕事ができなくっても、その仕事を一生懸命やってるうちに好きになっちゃうこととかあるしさ、それぞれの仕事の良さって分かってくるもんなんじゃない。特になりたい職業とかなかったらさ、とりあえず働いて、もちろん一生懸命働いてみて、あぁこの仕事好きかも…、とか、この仕事ってけっこうやりがいあるじゃん、とか働いてみて気付くっていうのもありじゃない。それでも全然問題ないし、すごい立派なことだと思うけどな…。まぁ、今は良く分かんなくても、働くようになれば絶対わかるよ。」(中略)

私は、母の話を聞いていて、素直に働きたいと思いました。そして、職業を探す際の重荷みたいなものもなくなり、これなら、正直に自分の気持ちに目を向けられるような気がします。働けるようになるまでの道のりは険しいと思いますが、やはり働くということは、社会に目を向けることにも、自分の人生の経験としてでも重要な役割を持っていると思うので、より多くの人が経験するべきだと思いました。そして何より、その仕事を一生懸命全うすることがとても大事だと思いました。

今回のインタビューで、私は仕事や仕事選びのイメージがガラリと変わり、何も見えなかった未来に光があたってきたような気がしました。とても良い体験をしたと思いました。これを機に、将来のことについて正面から考えていきたいと思います。

私は、この作文を読んで、私たちが発する、「二年生なんだからそろそろ具体的に進路を決めなさい。」という言葉や、よかれと思ってやっているキャリア教育が、教師の意図に反して想像以上に生徒を縛りつけていたこと、そしてそのプレッシャーが、母親の話を聞いて思いがけずほどけたことを知り、聞き書きの効用の深さを知りました。また、第一線で活躍している人の話も、OLだった母親の話も、聞き手である生徒にとっては同じように大切な話であることを痛感し、聞き書きをやって本当に良かったと思いました。この作品を授業で読み合った時には、多くの生徒が共感しました。次はその時の生徒の感想です。

■私もこの作品を読んでほっとした。まず、私と同じように悩んで、光が見えなくて、考えることすら避けていた、そういう人が私だけじゃなかったということに。

また、自分にとって天職の仕事を見つけることが難しくても、ある仕事を天職にする努力をすればいいんだ。そういうこともできるんだ、と考えが広がった。私も素直に働きたいと思えた。作者の感想にとても共感できた。

■同じ時代の、同じ学校に通って、同じクラスで生活している人の文章だから、とても共感するところが多かった。作者と同じように悩んだり、プレッシャーに押しつぶされそうになっている人はとても多いと思う。時代の流れであるのか、良い大学に行って、自分にあった、やりがいのある仕事を見つけなければならない、という考えを常識として私たちは聞かされてきたけれど、この文章のような考え方もあるのか、ということで、何だかある種のカルチャーショックだった。

なりたい職業や進みたい大学が決まっていて、それに合った人を選んでインタビューができた生徒もいましたが、作者のように進路を決められずに苦しんでいた生徒も多かったわけで、そういう意味で、「自分にとって誰に聞くことがいちばんいいのか、あるいは、誰に聞きたいか」と考えさせたことは、適切な事前指導であったと思います。誰に何を聞くか、という問題は、自己の内面を見つめる問題でもあったのです。

また、仕事の話を聞くということは、その人の人生を聞くということでもあります。質問を受けた父親が、いつもは無口なのに、たったひとつの質問をきっかけに、仕事の苦労や誇りを雄弁に語ってくれたというのがありました。また、看護師として働いている母親に、母親の職場で話を聞き、母親が同僚や後輩から慕われていることを知るとともに「私の母は看護師の仕事が大好きなんだ。天職なのだ。」と感じたというのがありました。父親、母親が職業人として社会人として見えてきたということは、生徒たちにとって新鮮な発見であったにちがいありません。

聞き書きは、はじめに教師や生徒たちが予想したこととは比較にならないほどの豊かな結果をもたらします。なぜなら、父母や祖父母あるいは職業人たちによって語られるものは、人生のダイジェストであり、エッセンスであるからです。どんな仕事にも意味があり、いろいろな物語があるのだと、生徒も私も教えられました。

（4）特別養護老人ホームで聞く

聞き書きでは、聞いて初めて予想もしなかった世界と出会って、聞いてよかったと思うことが多いものです。それだけでも十分大きな成果が得られますが、テーマ意識を持って計画的に聞くことによってさらに奥深い世界に出会うことができます。

ここでは、常日頃、関心がある事柄について詳しく知りたいというテーマ意識を持って、複数の人に取材をした生徒の作品を紹介します。本書の共著者である中井浩一さんの指導事例です。

「ヒューマン・アニマル・ボンドのチカラⅡ」（生徒作品② 20頁参照）という変わった題名の作品を書いた生徒がいました。「ヒューマン・アニマル・ボンド」とは「人間と動物の絆」という意味です。作者（高校三年女子）は、アニマルセラピーに関心があり、大学ではそれについて学びたいと考えていました。

本で調べてみると、アニマルセラピーには、動物介在福祉活動と動物介在療法がありました。動物介在福祉活動は、主に癒しを目的としてボランティアが高齢者福祉施設などを動物とともに訪問したりすることで、動物介在療法は、医療従事者が治療の補助として動物を用いることだとわかりました。

そこで、取材先として日本動物病院福祉協会と特別養護老人ホーム「さくら苑」を選びました。日本動物病院福祉協会ではボランティアの人が、犬などの動物を連れて訪問活動をしています。特別養護老人ホーム「さくら苑」は、その訪問活動を受け入れるとともに動物たちとの共同生活を実現させています。

作者は最初に、日本動物病院福祉協会に行き、そこで十年間、ボランティアとして高齢者や障害者の施設に訪問活動をしているSさんに、訪問活動の詳細と課題について聞きました。

Sさんは、連れて行く犬は家庭犬であること、犬を連れて施設を訪問すると自然に会話が生まれ、入居者に笑顔が生まれること、仕事が犬にとっても楽しい状態がいちばん大事で、それが入居者たちの癒しとなること、課題としては、長い間には動物たちも高齢になり引退の時期が来ること、最近は訪問の要請が増加しているがスタッフが足りないこと、動物を施設に入れることについてはまだまだ理解されていないことなどを話してくれました。

次に、特別養護老人ホーム「さくら苑」に行きました。さくら苑は、一九八〇年代に、最初に訪問活動を受け入れたり、動物との共同生活を日本で最初に実現した施設です。ここでは、苑長さんにインタビューするとともに、施設のお年寄りや地元の子どもたちが動物と触れ合っているようすも見学させてもらいました。

作者は、二つの取材にもとづき、二本の詳細な作文を書きました。ここでは、「さくら苑」での取材をもとに書いた作文（生徒作品②）の方を紹介します。はじめに、訪問活動を受け入れたり、動物との共同生活を始めたいきさつについて聞いた後で、次のように質問しました。


…………………………………………


――現在の同居による成果や、ちょっとうまくいかないことについてのエピソードについてお聞かせください。

「現在は、犬が三匹、猫が一匹、あとは小鳥などの小動物と同居しているのですけど、まず成果として、ひとつは、地域の犬好きの子どもたちが遊びに来てくれるようになりました。みなさんとても喜んでいます。自分のお孫さんのように可愛がりますね。おかげで、内部の雰囲気が非常に明るくなりました。あとはそうですね、一日中部屋にこもっている方や、ベッドで寝たきりの方たちが、うんと減った、というのが一番ですかね。犬たちと散歩をしたり、ブラッシングをしたり、餌をあげたり、中には一緒にお風呂に入れてくれた方もいらっしゃいました。みなさんでお世話してる感じですね。」

「あぁ、あとこの写真は…おばあちゃんが亡くなってしまって、みんなでお棺に花を添えてた時なんですけど…ほら、お棺にぴったり寄り添って、ずっとおばあちゃんの顔を眺めている犬がいるでしょう。この子（犬）はおばあちゃんと一番仲がよかった子です。わかるんでしょうね。ずっと黙っていましたよ。人間の………場合も、動物たちの場合も、みんなで最後は見送るんです。みんなで喜びも悲しみも分け合う、ということですね。そしてこれは犬の子供が産まれた写真。こうして家族は引き継がれてゆくんです。そうですね…そういった命に対する意識についても、動物たちは、苑内に大きな変化をもたらしてくれましたね。」

次に苑長さんは、リウマチの手術を繰り返していた大林さんと犬のチャーリーの話をしてくれました。大林さんが退院して帰ってくると、

………「チャーリーがものすごい勢いで駆けつけるんですよ。尻尾も振りまくって、おかえりなさーい！って、飛びまくるんです。で、そのオーバーな愛情表現が、大林さんは本当に嬉しい。『待っててくれたの…！』って言ってね。『チャーリーが自分を待っていてくれているんだ、と思うと、手術が痛いとか、入院生活がつらいとか、そんなことは全然耐えられちゃうんだよ。』とも言ってらしたんです。ただひたすら、早く治って、早くあの子のところに帰ろう、という気持ちだけが、大林さんを強く支えていたんです。これは、チャーリーのうそ偽りのない気持ちが、彼女の心を動かしたんでしょうね。犬は純粋に嬉しいことは嬉しい、楽しいときは楽しい、という気分を、全身を使って表現してくれますからね。それが別に彼らが意識しているわけではなくても、結果的に人間を元気づける、癒しの力とされる訳です。」

苑長さんは、動物とお年寄りたちが深くふれあい、お互いが癒されているようすを具体的に語ってくれました。さらに「一方的でない福祉」について次のように話してくれました。

………「…ただ、人間に対する福祉はそれでいいかもしれないけど、動物も年をとって、ボケてしまったとき…

排泄がちゃんとできなくなったり、歩けなくなったり、白内障になったり…そんな（すでに話したような）役目を果たしてくれた彼らに対して、今度は僕たちが最後までしっかり面倒を見てあげること、これが彼らに対するお返しであり、礼儀であると思うんだよね。チャーリー（犬）が噛み付いてしまったことだって、彼のしつけのことばかり責めるというのは、あまりに理不尽です。食事中に手を出せば、取られると思って噛み付くのは、どの犬も同じですから。僕らも彼らの中でのルールを守って、彼らを思いやってあげることで、初めてお互いに認め合って、信頼し合える関係を築ける、というわけです。

そういった関係が築ければ、なんていうか…一方的でない福祉が成り立つと思います。人間の癒しを求めるのであれば、同時に癒してくれる相手にとっても過ごしやすく、安心した老後を保障して上げられる余裕を持つことこそ、これからの福祉には不可欠である要素なんですよね。」

取材を終えた作者は、最後に次のように書いています。

ＪＡＨＡ（日本動物病院福祉協会）のＳさんの聞き書きからちょうど一週間後に（苑長さんの）お話を伺った。介護をする側と受け入れる側、それぞれの視点から動物介在福祉に対する貴重なご意見と、様々なエピソードを聞かせていただいた。共通の意見であった、人間の癒しばかりを追い求めるのではなく、協力してくれる動物たちへの感謝の気持ち、礼儀をしっかりわきまえることが非常に大切である、という言葉がとても印象に残っている。

帰り際に苑長が言ってくれた、「きれい事のようだけど、本当にね、苦労することがあってもそれ以上の幸せをたくさんくれるんだよね。犬も猫も。逆にちっとも苦労話がないなんておかしいし、つまらないじゃない。生きてるんだからさ。人間からだけの視点で完璧さをもとめるなんて、するべきじゃないよね。」と……いう言葉には、納得、の一言であった。

作者は、二つの取材をとおして、①命は引き継がれていくものであること。②人は誰でも、介護されるだけではなく、他者の役に立つことが喜びであり、それが癒しとなること。③癒してくれる動物たちもまた命ある存在として大事にされなければならないことなどを知りました。

さくら苑では、人間の場合も、動物たちの場合も、老いれば介護され、最後はみんなで見送り、喜びも悲しみも分け合って暮らしています。人間だけでなく動物たちの福祉も大切にされているのです。癒される人間と癒してくれる動物たちと双方の命の尊厳が守られているからこそ、動物たちの癒しの効果は最大に発揮されているのでしょう。命の尊厳を守るということは福祉の根本理念です。作者は、二つの取材を通して、アニマルセラピーのすばらしさを知るとともに、アニマルセラピーが、日本でも一般的に知られるようになったわりには、まだまだ病院や福祉施設が動物の介入を拒否している現実を知り、大学ではアニマルセラピーを含めた福祉の問題を基本から学ぼうと考えたのでした。

この生徒の場合は、訪問活動をする側と受け入れる側の二者に取材することで動物介在福祉の奥の深い世界を知ることができたのでした。このようにテーマ意識を持って取材、インタビューすることでその世界を深く知ることができるとともにそこにある問題点も知ることができます。それが大事だと考えます。問題点を知ることで自分の新たな研究課題や目標が生まれてきます。生徒たちにはその問題点、言い換えれば新たな問題意識を大事に持ち続けてほしいと思います。それが生徒たちを成長させるのです。

(5) 大学や専門学校での実践

次に、大学や専門学校での実践を紹介します。

田中宏幸さん（広島大学）は、ノートルダム清心女子大学勤務時代、十三年間にわたって、担当していた教職必修講座「日本語表現法」の中で、聞き書きを指導していました。聞き書きのテーマは、最初のうちは「仕事の話」に限定していましたが、やがて「人生の岐路」「二十歳のころ」に話題を広げ、個々人の歴史を聞き出すことに力を入れました。

「日本語表現法」の受講生の多くは中学校・高校の教員志望者です。田中さんは、聞き書きは、大学の教員養成段階でもぜひ体験させたい活動であると、その成果と意義を、「教師としての資質を高めるには、豊かな人間理解が根底になければならない。『聞き書き』を通じて多くの異世代の方と出会うことは、（教師となって）保護者や地域の人々との交流を深めることに役立つであろう。また、職業に対する理解を深めることは、キャリア教育の担当者として欠かせないことである。」また、相手の話をしっかりと聞いてさらに深く聞き出していく力、つまり対話力や、聞き取った話を整理、再構成して、読み手によく分かるように表現する力、つまり文章力を高めていくことは、「生徒たちとのコミュニケーションを豊かにすることにつながり、学級文集等を編集して積極的に情報発信していく力となっていくであろう。『聞き書き』は、教師に求められる資質が総合的に養える活動だと言えるのである。」と強調しています。（二〇〇九年全国作文教育研究大会レポート「教師教育における『聞き書き指導』の可能性」10頁）

北海道の本間徹夫さんは、長い間、看護専門学校で聞き書きの指導をしていました。題材は主に「仕事」です。学生たちは、相手に仕事のやりがいや喜びや悲しみを語ってもらい、それを再現するように記録するという作業をとおして、「平凡な人生なんてないのだ」ということを発見し、人間の魅力や可能性を実感するのだそうです。言い換えれば、「他者と話す、それも月並みな会話を交わす程度ではなく、相手の生き方を知りたいと願う純粋な問いをぶつけ、相手もその問いにまともに答えるような心と心が通い合う対話によって、人と人とのほんとうの出会いが実現する。」若い人には、こうした「他者との本格的な出会いが大切である」と本間さんは強調しています。本間さんは、学生たちの発見や感動がいっぱいつまった聞き書きのレポートを読みながら、この授業だけは続けなければ、と思うのだそうです（二〇〇二年刊『『仕事』の聞き書き』5頁）。学生の作品「心に寄り添った介護を」（生徒作品④ 30頁参照）は、本間徹夫さんが指導されたものです。

田中宏幸さんと本間徹夫さんの実践に出会ったとき、私はほんとうに励まされました。聞き書きは小・中学校や高校だけでなく大学や専門学校でも有意義な教育活動としてこんなに実践されているんだと思うとうれしくてたまりませんでした。教育の場における聞き書きという学習活動は、子ども・青年たちの成長に合わせて、柔軟で多様な成果をもたらしてくれるものであるということを確信しました。

2 祖父母や父母の歩んできた道

(1) 我家の歴史

私は、「働く人に学ぶ」というテーマに取り組む前は、戦争体験を含む家族の歴史を取り上げるようにしていました。次に紹介するのは、私が、一九八〇年代に「祖父母父母の歩んできた道」というテーマで指導した時の聞き書き作品です。当時は、祖父母はもちろんのこと父母の多くも戦争体験の世代でした。

そのとき生まれた作品「我家の歴史」（高校一年女子）は、祖父に取材したものです。作者の祖父は、大正三年生まれ、七十二歳です。家業は、精米所の経営とうどん製造です。二十歳で家業を継いでから、時代に左右される製造業の世界で、製造品目をさまざまに変えながら、戦前戦後を生きてきました。戦後間もなくは、食糧難で原料がなくなり、工場閉鎖に追い込まれました。次は、それに続く昭和二十年代のようすです。

…………

その後、畳表の製造を行った。と同時に、注射器の製造も行った。しかし二年後、各県にいぐさがふえてしまってあまり売れなくなり、昭和二十四年には〝医療器製作所〟として注射器だけの製造を行った。

ペニシリンという薬が出てきて、二ccの注射器が大変売れ、その上、昭和二十五年に朝鮮戦争が起こり、輸出器も多くなった。従業員十人から始まり、半年後には五十人、一年後には七十人、二年後には百人。それでも間にあわず百二十人まで増やした。祖父は、三十七歳にして、百二十人の人々を使っていた。そして東京の、現在では上野〝松坂屋〟の正面に営業所を建てた。しかし、昭和二十九年に、注射器業界に不況がおそってきた。昭和二十八年に朝鮮戦争は終わっていて輸出品が止まり、取引先の会社が倒産してしまい、二千万円の手形が不渡りとなってしまった。当時百二十人の一ヵ月の人件費は約六十万円だった。そこで祖父は百二十人の人たちにお金を払い、工場を閉鎖しなくてはならなくなった。

祖父は、どん底につきおとされ、せめて家族の食べ物だけはかせがなければならないと思い、すぐ現金の入る家内工業の米菓製造にきりかえた。

家内工業として始めたせんべい製造はやがて手作業から機械に変わりました。大きな米菓工場があちこちに出来始めると、それも振わなくなり、やがて、作者の父親が始めた電気製品の部品製造へと変わっていきます。作者の家は、精米所、うどん、畳表、注射器、せんべい、そして現在の電気関係の部品製造へと大きく変化していきます。この作品を読むと、人々の暮らしが世の中の動きと密接に結びついていることを痛感させられます。

祖父の話を聞き終えた作者は、次のように感想を書いています。

私は、とってもびっくりしてしまいました。今までにこんな多くの仕事をしていたことに……。私が知っていたのは注射器、そしてせんべい製造、現在のことです。

今はやさしく、穏やかな祖父が若いころは百二十人の先頭に立ってバリバリやっていたことや、度胸のよさには感心するというか、ただもうおどろくばかりです。祖父が話している時に、そばにいた祖母が、目に涙をため、「あの時が、一番苦しかったね。」と口をはさんだ時、私は何か心を打たれるものがありました。そして、これは〝度胸がよかった〟のではなく、家の主人となる人が〝家族を守ろう〟という気持ちから生まれる〝勇気〟と〝責任感〟なんだと生意気にも私はそう感じました。そしてなんとなく祖父への感謝の気持ちでいっぱいになりました。

……………………………………

戦争をはさんだ激動の時代、経済の荒波に揉まれながらも、家族を守ってたくましく生き抜いてきた祖父の話は、作者でなくとも感動しました。話を聞き終えた作者が、祖父への感謝の気持ちでいっぱいになったということは、祖父の苦労や努力を知って祖父に対する見方が変わったことを意味します。また、一緒に話を聞いていた祖母が、目に涙をためて、「あの時が、一番苦しかったね。」と言ったのを聞いて、作者は祖父の話をより深く感じるとともに祖父をはじめとする我家の家族の歴史を感じたのだと言えるでしょう。

(2) 家族の歴史にドラマあり

この時書かれた作品の中で、戦争体験の話は強烈でした。ある生徒の祖母は、五歳と三歳の子どもを連れて、一年以上もかかって満州から引き揚げてきました。別の生徒の母親は、五歳の時に水戸で空襲に遭いました。爆弾の破片で右足を切断、そのとき母親を背負っていた祖母は即死、祖父は戦死しました。伯父（母の兄）と二人で残された母は、親戚の手で育てられました。

戦争体験の話だけでなく、父母が語る戦後の歴史もまた、まるでドラマを見ているように感じました。ある父親は、中学校卒業後、富山県から上京し、川崎で就職。夜間定時制高校に行くつもりでしたが、手違いがあって行けなくなりました。それなら高卒の友だちに負けないようにしようと奮起しました。会社での最初の仕事は自転車で商品を配達することでした。やがて自転車はスクーターに代わり、仕事も営業に変わり、十九歳で支店長に抜擢されました。努力の甲斐あって、後には、新しい支店を開設するに至りました。

作品を時代別にみると、(曾祖父母を取り上げたものもあったので)明治・大正を中心としたもの、太平洋戦争を中心としたもの、戦後の生活を中心としたものに分かれました。地域別にみると、戦争にかかわってシベリア、満州、上海、ビルマ、台湾などを書いたものをはじめとして、国内では、北海道、新潟、東京、名古屋、宮崎などがありました。祖父母・父母たちは、時代の要請とともに、あるいは職業とともに、広い範囲に渡って移動していることを知って驚きました。

祖父母・父母たちの、明治から現代にいたるありとあらゆる体験は、まさに民衆の歴史そのものだったのです。生徒たちの表現の稚拙さを超えて、歴史的事実の重みが私を圧倒しました。こうした感動は、聞き書きを指導した多くの教師たちが出会うものです。聞き書きは本当に豊かな結果をもたらしてくれることを実感しました。これこそ生きた教材だと思いました。

(3) 人から学ぶということ

このあと、作品を文集にし、読み合う授業を実施しました。この時の一連の取り組みを、「人間関係を復活させるものだ」と高く評価してくれた同僚がいました。私は、その同僚に依頼して、文集を読んだ感想を生徒たちに話してもらいました。彼は、「皆さんの文集には大きな説得力と迫力がありました。これは皆さんの財産であるとともに、日本人全体の貴重な財産です。作文の中に、和裁は祖母の生きがいです、というのがありましたが、支えや生きがいはどんな平凡な人間にもあります。人から学ぶということはそれを知っていくことです。」と話してくれました。「支えや生きがいはどんな平凡な人間にもある。人から学ぶということはそれを知っていくことだ。」私は、いい言葉だなあと思いました。そういう意味でも聞き書きは大事な仕事だと思いました。

三　聞き書きの教育力

1　教育における聞き書きの位置づけ

聞き書きが持っているすばらしい力を理解していただくために、実践例と生徒作品を紹介してきましたが、教育における聞き書きの位置づけとしては、次のようなことが言えると思います。

第一に、聞き書きは、生徒を主体的な学習にいざなうものです。自分が本当に知りたいと思うテーマや進路等の切実な問題について、それらに関わる人から体験や思い・考えを聞かせてもらうということはすばらしいことです。前述したように、私の「働く人に学ぶ」の授業の中で、生徒が、「これがほんとうの勉強だよね。」と言ったことがありました。うれしい言葉でした。また、生徒たちは、相手の思いがけない体験や深い思いを聞かせてもらうと感動し、それをぜひ書き残しておきたいという思いにかられます。それが、作文やレポートを書くという作業を単なる苦痛ではないものにしてくれます。意味のある学習をしているのだという思いが、生徒たちの取材活動や記述作業を支えます。

作文を指導するときに、書くことがないという生徒がよくいますが、そういう生徒には、聞き書きはたいへん有効な手段です。取材活動をとおして表現意欲が徐々に高められていくのがこの学習の特徴です。

また、この学習は、個の活動としてだけでなくグループ学習にも適しています。授業のねらいや取材内容によっては、グループ学習にも大いに役立てたいものです。

第二に、聞き書きは、生徒を事実と向き合わせる学習です。語り手は、戦争体験や職業体験などの自己の経験をとおして現実の世界を代弁してくれます。生徒には、そこを窓口として、広く深い現実社会が見えてきます。ネットや文献で調べるのとは違って、生身の人間が個々に出会った現実です。それは、まだ経験の乏しい生徒たちが持つ先入観や既成概念を打ち砕く迫力があります。

第三に、聞き書きは、生徒たちに自分の生き方を考えさせる学習です。取材対象となる人物の生き方や物事のありようにたいする理解をとおして、自分を見る目が育っていき、自分の生き方を考えることになります。

第四に、聞き書きは、祖父母・父母や地域の教育力に依拠した学習です。祖父母・父母は、職業や生活をとおして豊かな経験や思いを持っており、ほんとうはそれらを子どもたちに伝えたい、子どもたちに聞いてほしいと思っているのではないでしょうか。しかし、日常的には、忙しかったり照れくさかったりしてなかなか話せるものではありません。そこで、思い切って取材を依頼すると、ほんとうによく協力してくれます。まるで待っていたかのように話をしてくれます。聞き書きは、祖父母・父母や地域の人が持っている教育力を有効に発揮してもらう最高の手段でもあります。

第五に、聞き書きは、人と人のつながり、信頼関係を育てるのに役立ちます。他者との本格的な出会いをとおして、その苦悩や努力や生きがいを知ることは、まさに人間理解そのものです。前述したように私の先輩同僚のことばに、「ささえや生きがいはどんな平凡な人間にもある。人から学ぶということは、それを知っていくことだ。」という忘れがたい言葉があります。生徒たちの聞き書き作品を読めば読むほど、この言葉の意味が思い当ります。

聞き書きは、語り手の側にもプラスの効果が生じます。多くの場合、人は誰かに話したい、伝えたいというものを持っています。生徒たちが、誠実な態度で、熱心に耳を傾け、話を聞いてくれたらうれしいにちがいありません。また、話すことで心の内が整理されるということもあります。取材の最後に、語り手の側もまた「聞いてくれてありがとう。」と感謝の言葉を述べられることがよくあります。聞き書きという行為は、語り手と聞き手の双方にプラスの効果をもたらし、深い信頼関係を築いてくれるものなのです。

2　聞き書きの特性

聞き書きという行為には、聞くことそれ自体が持っている教育力があります。普通に相手の話を聞いていても学ぶことはたくさんありますが、意識して相手の話にじっと耳を傾け、日頃聞きたいと思っていたことや疑問に思うことなどを相手に投げかけながら聞くことができたら、どんなに学ぶことが多いことでしょう。

また、聞き書きという行為には、書くことそれ自体が持っている教育力があります。感動的な話を聞くと、ぜひそれを書き留めておきたいという意欲が生まれ、書いてみることで聞き取った内容が整理されます。しかし、他者の話を、その話を聞いていない読み手によく分かるように書き表すことはかなり難しいことです。そこで、聞き書き特有のいろいろな表現法を知り、それぞれの表現法が持っている特徴を知っておくことは、書き表すうえで大いに役立ちます。

聞き書きを指導するということは、聞くことが持っている教育力と書くことが持っている教育力に注目して、それらの教育力を大いに発揮できるように授業を組むことだと思います。そのような事前の指導及び事後の指導はどうあるべきなのだろうか。第二章では、授業に役立つ生徒作品や資料を紹介しながら、授業の流れに即して詳しく書いてみたいと思います。なお、その前に、本章でも紹介した生徒作品を含む六例（16頁参照）を載せています。これらを読まれてから第二章に進むと、流れがよりつかみやすくなると思います。

第二章　聞き書き指導法入門編

一　指導の流れ

1　聞き書き指導で大切なこと

一般に、作文の事前指導で大切なことは、おもしろそうだ、書いてみようという表現意欲を起こさせることと、何をどう書けばいいのか、書き方を具体的に指導することです。表現意欲が十分に高まっていないところで書かせられる作文は、生徒にとって苦痛以外のなにものでもありません。また、表現意欲はあっても、何をどう書けばいいのかがわかっていないと、不十分な文章しか書けない結果となります。表現意欲と表現方法、この二つが、手順をふまえてしっかりと指導されることが大切です。

聞き書きの場合は、最初に取材活動が入ってきますので、「人に話を聞くのはおもしろそうだ。いい勉強ができそうだ。やってみよう。」という行動意欲を引き起こす動機づけがより重要になります。さらに、聞き書きの特性（69頁参照）である聞くことが持っている教育力と書くことが持っている教育力に注目して、それらの教育力を大いに発揮できるように指導します。本章では、こうした聞き書きの特性を踏まえて、効果的な取材の方法と、聞いたことをどう書き表すかという聞き書きに特徴的な表現方法に重点を置いた指導法を詳述したいと思います。

2　テーマと指導目標

聞き書きでは、題材（誰に、何を聞くか）をどう設定するかで、指導の内容が変わってきます。ここでは、一例として、「働く人に学ぶ」というテーマにした場合を想定して、指導過程を書くことにします。

「働く人に学ぶ」というテーマを選んだ理由は、次のとおりです。

人は、働くことをとおして社会とかかわり、さまざまな経験を積み重ねていきます。働くことは、人生を豊かにするとともに生きる支えとなります。しかし、仕事の内容や苦労や喜びというものは傍目にはなかなか見えないものです。それらの日々体験していること、あるいは体験したことを、仕事への思いを含めて具体的にじっくり聞かせてもらうことは、生徒たちにとって社会を知り、将来の生き方を考えるよい機会となります。「働く人に学ぶ」というテーマは、一度は取り上げたいものです。

テーマが決まったところで、指導上の具体的な目標を立てます。指導上の大きな柱（①誰に、②何を聞いて、③どんな文章を書くのか）を、次のようにまとめておきます。

> 将来、なりたい職業に就いている人、または、興味関心がある人に、仕事の内容、苦労、喜び等を具体的に聞いて、読む人に生き生きと伝わるような文章を書いてみよう。

この目標に即して指導内容を考えることになりますが、この目標は同時に、最後に生徒作品を読むときの評価の基準となるものでもあります。

3 参考作品を選ぶ

指導目標が決まったら、次に参考作品を用意します。多くの生徒が聞き書きの経験がないと思われます。そんな生徒に、聞き書きとはどんなものか、誰に、何を聞いて、どんなふうに書くのかを言葉だけで説明するのは困難です。そこで、具体的な作品を使って説明します。それを参考作品と言います。生徒たちは、参考作品によって、学習課題を理解し、これから何をどうやればいいのかをイメージしていきます。そのイメージを大きく膨らませ、学習意欲を高めてくれる参考作品は、重要です。

参考作品は、授業の目的に合わせて選びます。参考作品を使う授業としては、⑴題材指導を兼ねた意欲喚起の授業、⑵取材の仕方の授業、⑶構成・記述の授業があります。複数の作品を用意し、目的に応じて使い分けます。ここでは、次の三点を選びました。

生徒作品①「言語聴覚士の姉」高校二年女子の作品。病院で言語聴覚士として働いている姉に、仕事を選んだきっかけ、仕事の内容、苦労、喜び等を聞いた話。（16頁参照）

生徒作品②「ヒューマン・アニマル・ボンドのチカラⅡ」高校三年女子の作品。特別養護老人ホームさくら苑の苑長に聞いた話。さくら苑は、日本で初めて動物を連れての訪問活動を受け入れるとともに動物との共同生活を実現させた高齢者のための福祉施設。題名のヒューマン・アニマル・ボンドとは「人間と動物の絆」という意味。（20頁参照）

生徒作品③「ＯＬとは言え、企業戦士」高校三年女子の作品。ＯＬ三年目となる先輩に、大企業の財務本部での仕事内容、苦労、喜び等を聞くとともに、仕事と結婚についての思いや「涙と花束とおかしのクズ」に象徴される職場の裏話や失敗談などを聞いた話。（26頁参照）

参考作品を選ぶときの最も大切な基準は、話が具体的に語られているものであることです。まずは、前述の三点を読んでいただきたいと思います。どの作品も、語り手が、心を開いて、具体例を上げながら話してくれているのがわかります。聞き書きのおもしろさは、この具体的な話の中にこそあります。

さらに、授業ごとに次のことに注意して選びます。

⑴意欲喚起の授業に使うものとしては、一読してわかりやすく、感動的なものであることです。自分もやってみよう、という意欲を呼び起こす基本は感動であると思います。

また、題材指導を兼ねてもいますので、生徒たちの進路の希望や実態に合わせるとともに、職業の種類が偏らないようにします。

⑵取材の仕方の授業に使うものとしては、できるだけ多様な質問をしているものを選びます。また、生徒作品

①・②のように質問が見える形で書かれているものが利用できるのは当然ですが、生徒作品③のように質問が消されている形のものも利用できます。

⑶構成・記述の授業では、おおまかに分類して、相手の発言を入れた説明的な文章、一問一答形式、一人語り形式の文体が説明できるように選びます。生徒作品①は相手の発言を入れた説明的な文章、生徒作品②は一問一答形式、生徒作品③は一人語り形式です。このほかに、ドキュメント風（記録文風）の文体があります。生徒作品⑭「陸軍病院で死んだ伯父」（232頁参照）はドキュメント風（記録文風）の文体です。

それぞれの目的にぴったり合った作品を選ぶのは難しいものですが、部分的にでも使えればよし、とします。生徒作品というのは、よいところもあれば、不十分なところもあるのが普通です。そこを見極めて使い分けます。また、生徒から見て、このくらいなら書けそう、と思えるものを選ぶことも大切です。あまりに高度な内容、完璧な書き方をしているものは、入門期の参考作品にはふさわしくないでしょう。

4　指導の流れ

テーマ、指導目標、参考作品が揃いました。次に指導の流れですが、**資料1**のように、取材活動の前に、導入としての「①意欲の喚起及び題材指導」と「②取材指導」、取材活動が済んだらそれを書き表すための「③構成指導」、「④記述指導」、作品提出後に「⑤推敲指導」、最終稿が揃ったところでそれを読み合うための「⑥鑑賞指導」という順序で、それぞれの段階でどんな手立てがあるのかを詳述することにします。

指導者によっては、取材活動の前に構成、記述の指導までやってしまうという実践事例もたくさんありますが、ここでは、わかりやすいように、取材活動の前に取材指導、取材活動後に構成指導、記述指導としました。

また、ここであらかじめ断っておきたいことがあります。それは、ここに説明したことをすべてやる必要はないということです。なぜなら、生徒が実際に取材活動を始める前に、あまりにも詳しく事前指導をしてしまうと、

資料1　指導の流れ

①意欲の喚起及び題材指導	・意欲喚起を兼ねて題材指導をします。 ・聞き書きとはどんなものかを理解させます。
②取材指導	・誰に、何を、どんなふうに聞くかを指導します。 ・本音で話してもらうこと、具体的に話してもらうことの大切さを理解させます。
← **取材活動** ←	
③構成指導	・聞いた話を整理して、どのような構成で書くかを指導します。
④記述指導	・聞いた話を書き表すには、どのような文体や表現方法があるかを指導します。
← **作品提出** ←	
⑤推敲指導	・自分の書きたいことが書けたか、読み手にわかるように書けたかを指導します。
← **最終稿提出** ←	
⑥鑑賞指導	・指導の結果生まれた作品を読んで鑑賞します。

生徒にかかる負担が重くなりすぎて、せっかく高まった意欲が薄れかねないからです。作文の指導にはステップがあります。一回の指導で多くを求めるのではなく、繰り返し書かせながら指導を積み重ねていくことが大切です。生徒の実態に合わせて必要と思われる項目を選び、授業を組み立ててください。

二 導入――意欲の喚起及び題材指導

1 聞き書きに取り組む意義を熱く語ろう

初めに導入の授業として意欲の喚起を兼ねて題材指導を行います。資料2（次頁）と選んでおいた参考作品三点を配布し、聞き書きに取り組む意義を話します。

ここで私が話したことは次のようなことです。

「高校二年生の夏休みは、進路を考えるうえで大切な時期です。目には見えませんが、人は誰でも、仕事をとおして様々なことを経験しています。それを聞いてみることは今のみんなにきっと役立つはずです。働いている人または働いたことのある人に、その仕事を選んだ理由や、仕事の内容、仕事をするうえでの喜びや苦労、仕事をしていて気づいたことなどを具体的に詳しく聞いて、これからの自分の生き方や進路を考えるうえでの参考にしましょう。聞き書きをやるのはほとんどの人が初めてだと思います。聞き書きとはどういうものか、参考作品を読んでみましょう。」

この時点で、聞き書きとは何かを言葉だけで説明しようとすると抽象的な話になりかねませんので、参考作品の読みに入ります。あらかじめ選んでおいた参考作品が、聞き書きのすばらしさを実感させてくれるでしょう。

参考作品は、このあとの授業でも繰り返し使用します。また、生徒が、取材の仕方や記述の仕方に迷ったとき、いつでも読み返せるように保管させておきます。

資料２　題材指導

聞き書き「働く人に学ぶ」

１　目標

将来、なりたい職業に就いている人、または、興味関心がある人に、仕事の内容、苦労、喜び等を具体的に聞いて、読む人に生き生きと伝わるような文章を書いてみよう。

２　誰に聞くか

将来、なりたい職業で選んでもいいし、人物で選んでもよい。家族に聞いてもいいし、家族以外の人に聞いてもよい。働いている人、または、働いたことのある人なら誰でもよい。今、誰に聞くことが、いちばん自分のためになるかを考えて選ぶ。

３　何を聞くか

仕事を選んだ理由、仕事の内容、仕事をするうえでの苦労や喜び、仕事をしていて気づいたことなど、が考えられる。しかし、相手がどんな経験を持っているかわからないので、話を聞きながら臨機応変に質問をし、相手のさまざまな経験やエピソードをできるだけ詳しく、具体的に聞く。

2　参考作品を読んでみよう

最初に、「言語聴覚士の姉」を読ませ、感想を発表させます。簡単な感想から始めて、次第に、内容面・表現面で作品から学んだことや気づいたことを発表させ、聞き書きとはどういうものかを理解させていきます。「内容面」「表現面」とは言っても区別しにくいことも多いので、そのどちらであるかには深入りせずに、生徒が気づいた大事なことをおおまかに整理します。たとえば、次のようなことに気づくでしょう。生徒が気づかなかったところは補足します。

①詳しく具体的に聞いている。
②話の内容がよく整理できている。
③言語聴覚士という仕事を初めて知った。大事な仕事だということがわかった。
④患者さんの家族の要望には切実感があると思った。
⑤とてもわかりやすく書いている。自分も一緒に聞いているような感じがする。
⑥話の内容ごとに、作者が感じたこと考えたことを書いている。
⑦最後に自分の進路について現在の気持ちを書いている。

それぞれが感じたこと気づいたことを発表し合うことで、参考作品が持っている良さが理解され、作品を見る目がついていきます。

次に、参考作品の「ヒューマン・アニマル・ボンドのチカラⅡ」と「ＯＬとは言え、企業戦士」を読ませます。授業時間に余裕があれば、「言語聴覚士の姉」と同じように感想を発表させます。いい作品と出会うことで、感動を積み重ねていきます。

参考作品を読むことで、生徒たちに、聞き書きというのはおもしろそうだ、すばらしい話が聞けそうだ、いい勉強ができそうだと思ってもらえたら成功です。感動が、自分もやってみようという意欲を生み出します。

次に、自分は誰に聞くか、どんなことが聞きたいか、を考えさせます。聞き書きでは、これがいちばん大切な問題です。今、誰に、何を聞くことが、いちばん自分のためになるかをじっくり考えさせます。次の取材の仕方を学習する間に考えておくように指示します。

三　取材指導

インタビューで大切なことは次の四点です。

①本音で語ってもらうこと。
②具体的に話してもらうこと。
③予備調査をし、質問項目を用意しておくこと。
④用意した質問よりも相手の話を優先させて聞くこと。

1　本音で語ってもらう

三つの参考作品では、語り手たちが、積極的に話をしてくれています。「言語聴覚士の姉」では、最初のうち、語り手であるお姉さんのほうが恥ずかしがっている様子がうかがわれますが、すぐに真剣な態度になって話してくれているのがわかります。お姉さんの経験をぜひ聞きたいという聞き手（妹）の思いが、お姉さんに伝わったからだと思われます。

「ヒューマン・アニマル・ボンドのチカラⅡ」の語り手である苑長さんは、さくら苑の行事や日常を写した写真を見せながら、動物と共生する生活の楽しさ、豊かさを語ってくれました。それはまた、高齢者の介護の問題だけでなく、動物たちもまた老いを迎え、その介護が必要となること、新しい命も生まれること、そこには命が引き継がれていく営みがあること、共生は苦労も多いが、それ以上の幸せをもたらしてくれることをしみじみと語ってくれています。

「ＯＬとは言え、企業戦士」の語り手は、仕事の内容や難しさだけでなく、結婚と仕事についての思いや、「更衣室は涙と花束とお菓子のクズ」という言葉に象徴されるように職場の裏の話や失敗談などまで、本音で語ってくれています。

これらは、生徒たちの、ぜひ話を聞きたいという熱意が相手に伝わり、語り手たちがそれに応えて心を開いて話してくださったからだと思います。聞き書きでは、このように本音で語ってもらうことが大切です。そのためには、聞き手の側もまた、よく話し、お互いに話しやすい雰囲気を作っていきます。自分の方から自己紹介をしたり、取材の目的や聞きたいことをしっかり伝えます。初めは、お互いに緊張するものですが、それを乗り越える努力が必要です。また、相手の話をよく聞き、キャッチボールをするように自分の言葉を返します。そうして徐々に本音で話ができるように持っていけると、インタビューが成功します。

2　質問の仕方を考えよう

(1)「例えば？」は魔法の言葉

まず、「言語聴覚士の姉」と「ヒューマン・アニマル・ボンドのチカラⅡ」の質問項目にすべて傍線を引かせ、語り手の反応と対比させながら、その特徴を考えさせます。実際のインタビューの場面では、聞き手と語り手の会話のやり取りや細かい質問等がたくさんあったと思われますが、書かれている範囲で分析してみることにします。「言語聴覚士の姉」の質問項目は次のとおりです。

①仕事を選んだきっかけはなんですか。
②学校はどのようにして決めたのですか。

③学生時代、言語聴覚士科ではどのようなことがありましたか。
④言語聴覚士の仕事の内容について教えてください。
⑤仕事にはどんな苦労がありますか。
⑥仕事にはどんな喜びがありますか。
⑦今は言語聴覚士になったことをどう思っていますか。

これらの質問項目は、職業に関するインタビューの定番です。作者は、基本を踏まえた質問をするとともに具体的に話を聞き出すことに成功しています。

もし、相手の話が、簡単過ぎたり、抽象的、観念的になってしまったりした時には、「例えばどんなことですか。」あるいは、「例えば、どんなことがありましたか。」と聞くようにしましょう。「例えば?」は魔法の言葉です。遠慮なく「例えば?」「例えば?」と聞きましょう。話がどんどんふくらんでいって、その人ならではの体験を話してもらえるでしょう。聞いてよかったと思えるような心にしみる話や深い言葉は、具体的な話の中にこそ潜んでいるものです。

(2) 聞き書きは、語り手と聞き手の共同作品

「ヒューマン・アニマル・ボンドのチカラⅡ」の質問項目は次のとおりです。

①それでは、初めてCAPP活動(注 コンパニオン・アニマル・パートナーシップ・プログラムといい、犬などの動物を連れて施設を訪問する活動)を受け入れた時のエピソードをお聞かせください。
②ということは、CAPP活動の受け入れと、動物との共同生活の開始はほぼ同時なのですか。
③動物たちは、自由にお年寄りたちの部屋を出入りできるのですね。
④現在もCAPP活動の受け入れはしていらっしゃるのですか。

⑤現在の同居による成果や、ちょっとうまくいかないことについてのエピソードについてお聞かせください。
⑥皆さん動物はお好きな人ばかりなのですか。
⑦これからの動物による福祉を、どうしていくべきだとお考えですか。

「ヒューマン・アニマル・ボンドのチカラⅡ」の作者は、動物介在福祉に関心があり、この取材の一週間前に、ボランティアとして犬を連れて施設を訪問する活動をしている人にインタビューをしています。今回は、二人目のインタビューです。また、取材した特別養護老人ホームさくら苑は、動物が人間に与えるよい影響に注目して、日本で初めて動物の訪問活動を受け入れた施設です。また、当時としては日本で唯一、動物との共同生活を実現させた施設でもあります。作者は、前もってそのことを調べています。従って、質問の内容も言葉も冒頭からかなり専門的です。

質問項目をよく読むと、具体的に話を聞くための工夫をしていることがわかります。質問項目①「初めてCAPP活動を受け入れた時のエピソードをお聞かせください。」とか、質問項目⑤「現在の同居による成果や、ちょっとうまくいかないことについてのエピソードについてお聞かせください。」というように、エピソードという言葉を繰り返し使っています。エピソードは、挿話とか逸話という意味ですが、作者は、「具体的な出来事をお聞かせください。」という意味で使っていると思われます。相手もそれに応えて、次から次へと事例をあげて、楽しく説得力のある話をしてくれています。

次に、相手の話を確認する方法です。たとえば、質問項目②を見ると、「ということは、CAPP活動の受け入れと、動物との共同生活の開始はほぼ同時なのですか?」と、確認することで、苑長さんの話は、突然始まった動物との共同生活に戸惑う苑の様子へと発展していきます。大事なところを確認することで、語り手がさらに話を膨らませてくれていることがわかります。

また、質問項目⑥「皆さん動物はお好きな人ばかりなのですか。」というのは、いい質問だと思います。これは予定していた質問ではなく、話の流れの中で思いついたものと思われます。これに対して、苑長さんは、多くはないけど好きでない人もいること、動物の側も、猫など、あるいは静かに寝たい時など、あまりかまってこない人の部屋を好む動物もいること、だからいろいろな動物がいることのメリットはそういうところにある、と話してくれます。この質問によって、苑にはいろいろな種類の動物がいることで、お年寄りの多様な好みに細やかに対応しているのだということがわかります。このようにインタビューでは、あらかじめ用意した質問をするだけでなく、相手の話に応じて、わからないところを聞いたり、確認したり、話題を広げたり、深めたりしていくことが大切です。聞き書きは、語り手と聞き手の共同作品と言えるでしょう。

(3) 予測できない話題こそおもしろい

次に、「ＯＬとは言え、企業戦士」を使って、話題の広がりについて考えてみます。この作品は、一人語りで書かれていますので、聞き手の質問がすべて消されています。語り手が最初から最後まで一人で話しているように書かれていますが、もちろん質問はあったはずです。よく読んでみると、聞き手の質問に答えていると思われる話題と問わず語りで語っていると思われる話題があります。明確には区別できませんが、後半の「ＯＬにとって更衣室は、涙と花束とおかしのクズ」の話は、問われて語ったというよりも、話がどんどん広がっていって、自然と出てきた感じがします。それだけに生き生きと語られています。ここに出てくる失敗談、心に残った辛い言葉、機会あるごとに贈られる花束、泣いてしゃべって食べる話は、どれも共感せずにはいられません。こういう話を聞かせてもらえたら聞き書きもおもしろくなります。相手のことをよく調べ、質問項目を用意して取材に臨んでも、予測できない話題というものがあります。それを聞き逃さないように相手の話に耳を傾けます。一見すると矛盾するようですが、聞き書きでは、質問項目をしっかり用意すると同時に、予期せぬ話題、予期せぬ展開にもしっかりついて行くことが大事です。話題の取捨選択は、文章化する時に考えればいいのです。

3　取材対象者の選定と質問項目の作成

ここからは、いよいよ実際の取材のための準備になります。最初に、取材対象者を決めます。決めるために取材対象者に関する予備調査をします。ネットや文献を利用して、職業に関する資格などを調べておくだけでも有効です。予備調査をすることでより的確な質問事項を考えることができます。本を出版している人の場合は、取材に関連した本または代表作を読んでおくとよいでしょう。

取材対象者が決まり、予備調査が済んだら、取材対象者名、職業、選んだ理由、質問項目、予備調査等を表にまとめさせ、提出させます。資料３（次頁）は、「言語聴覚士の姉」の場合の記入例です。この記入例は、作品をもとに再現したものです。取材前には、このように詳しく記入することは難しいと思いますが、記入することで予備知識や聞きたいことが整理されます。

4　模擬インタビューをしてみよう

インタビューは初めてという生徒が多いと思われますので、時間に余裕があれば、インタビューの練習をするのも有効な方法です。例えば、二人で組み、交代しながらやることで、聞き手役と語り手役のどちらも経験するようにします。質問を準備する時間は一〇分程度、一回のインタビュー時間は一〇分程度、聞き取ったことを記録する時間は一〇分程度。例えば、「今、熱中していること」などのテーマで、一時間の授業の中でやってみましょう。

模擬インタビューの目的は、次のとおりです。

①インタビューでは何を聞きたいのかを明らかにしておき、そのための質問項目を用意しておくことが大切であることを実感させます。

資料３　誰に何を聞くか

1　取材対象者名	○○○○
2　職業	言語聴覚士
3　あなたとの関係	姉
4　選んだ理由	自分もまた、将来、医療・福祉関係に進んでみたいという気持ちがあるのと、以前から、姉は、どうして数少ない言語聴覚士という仕事を選んだのか気になっていたので、迷わず話を聞かせてもらうことにした。
5　質問項目	①勤務して何年ですか。 ②病院の中では、何科に配属されているのですか。 ③言語聴覚士になろうとしたきっかけはなんですか。 ④言語聴覚士科は、医療系の大学や専門学校のほとんどにあるのですか。お姉さんは、どうして大学ではなく専門学校を選んだのですか。 ⑤専門学校で学んでいる間には、どんなことがありましたか。 ⑥就職先はすぐに見つかりましたか。就職するとき、どんな苦労がありましたか。 ⑦どういう仕事をしているのですか。仕事内容をくわしく教えてください。 ⑧苦労していること、辛いことはどんなことですか。 ⑨うれしいことはどんなことですか。 ⑩仕事をしていくうえで大事なことはなんだと思いますか。 ⑪言語聴覚士の仕事を選んだことを、今はどう思っていますか。 ⑫言語聴覚士としてこれからどんなことをやりたいと思っていますか。夢とか目標がありましたら教えてください。
6　分かっていること、調べたこと。	・専門学校の言語聴覚士科卒。勤務先　○○病院。 ・言語聴覚士とは、病気による言語障害、聴覚障害、嚥下障害などの訓練、指導、助言を行う。 ・言語聴覚士になるには、大学や専門学校で決められた教育課程を学んだあと、国家試験を受ける。
7　あなたの将来の希望は何ですか。	医療・福祉関係

②具体的に話してもらうとはどういうことかを経験させます。「例えば？」は魔法の言葉。「例えば？」「例えば？」と質問させます。

③予測していなかった話題にもしっかりついていき、話を膨らませるようにして聞くとはどういうことかを実感させます。

④聞き手役と語り手役の両方を体験し、「聞き書きは、聞き手と語り手の共同作品だ」ということを実感させます。

ワークシートを用意しておき、インタビュー結果を記入させます。インタビュー結果を記入する欄には、質問したことと聞き取ったこと及び模擬インタビューの感想・反省を箇条書きで簡単に記録させます。この作業の目的はインタビューそれ自体を体験することにありますので、記録は簡単にします。事前指導が長く、重くなりすぎると本番の前に息切れしてしまうことがありますので注意しましょう。模擬インタビューは省略することも可能です。

ただし、インタビューの仕方に重点を置いた実践もあり、教室に卒業生などを招待して、生徒の代表がインタビューしてみたり、取材に慣れた地元の新聞記者に来てもらって、取材経験について話してもらったりなどの事例があります。指導のねらいをどこに置くかによって、あるいは、生徒の実態によって事前指導のプログラムを変えます。

5　取材の依頼からインタビュー当日までの心構え

（1）礼儀の基本は相手に対する敬意と誠意

聞きたい人、つまり取材対象者が決まったら、早速、メールまたは電話で依頼します。ここからがもう一つの山です。生徒たちは、大人と話をすることに慣れていませんので、メールを送るにしても電話をかけるにしても緊張し畏縮しています。ここで、相手に失礼なことがないようにと、礼儀や言葉遣いについて厳しく注意すると生徒はますます緊張してしまいます。礼儀の基本は、相手に対する敬意と誠意であると思います。その敬意、誠意は、参考作品を読んだり質問事項を考えたりする事前学習の中で徐々に作られていくものと考えます。ここでは、依頼するときにはどのようなことを伝えればよいかを確認することで、生徒を後押ししてあげます。

(2) メールで依頼する、電話で依頼する

最初に、メールで依頼する場合の文例（資料4）を挙げます。初めての人に電話してこれだけの内容を伝えるのは難しいと思われますので、現代ではメールのほうが伝えやすいかもしれません。また、依頼を受けた側も、メールのほうが返信しやすいというメリットがあります。

次に電話での依頼の場合を考えます。相手が、家族や友人の知り合いなら、ひとこと電話を入れてもらってから、あとは自分で依頼するのがよいと思います。初めての人でも勇気を出して依頼しましょう。若い人の積極的な行動に、多くの大人は喜んで協力してくれることでしょう。伝えるべき内容は、メールの場合と同じです。

最初に自分の名前と学校名・学年を伝え、「今、お話してもよろしいですか。」と断ります。次に、用意したメモを見ながら用件を伝えます。おおまかな質問項目はここで伝えます。承諾がもらえたら、日時と場所を決めます。相手の都合を優先させます。

メールでも電話でも取材の承諾がもらえたら、承諾してくれたことへのお礼を、手紙、メール、ファックス等で、相手に送ります。その際、改めて質問項目を書きます。学校からの依頼文書が必要な場合には、その時に同封させます。メールの場合は、添付させます。

資料5（90頁）は、学校からの依頼文書の文例です。

資料4　メールでの依頼文例

○○町保健センター　健康増進課　○○○○様

○○高等学校○年の○○○○と言います。はじめてメールを送らせていただきます。

このたび高校の国語の授業で、次のような課題に取り組むことになりました。働いている人から職業に関する話を聞いて、進路を考える参考にさせていただくとともに作文に書くというものです。私は、将来、栄養士になりたいと考えていますので、○○町保健センターの健康増進課に勤務されている○○様に、お話を聞かせていただきたいと考えました。

お聞きしたいのは次のような項目です。

①健康増進課ではどのような仕事をされているのですか。

②栄養士の資格と現在の仕事はどのように関係しているのですか。

③仕事のうえではどのようなご苦労がありますか。

④仕事をしていて楽しいことややりがいを感じることはどんなことですか。

⑤これから進学したり、就職したりする高校生にアドバイスがありましたらお願いします。

お忙しい毎日のこととは思いますが、ぜひお話をお聞かせくださるようにお願いいたします。

もし、お話を聞かせていただける場合には、いつ、どちらへお伺いすればよろしいでしょうか。お話を聞かせていただく時間は、約50分くらいです。

突然のお願いで申し訳ありませんが、どうぞよろしくお願いいたします。

○月○日

○○高等学校○年　（名前）
連絡先　電話番号○○○○
メールアドレス○○○○

資料５　学校からの依頼文例

○年○月○日

各位

○○高等学校長　（名前）

拝啓

時下、ますますご清栄のこととお慶び申し上げます。皆様方におかれましては、日頃より、本校の教育活動にご理解とご協力をいただきまして、まことにありがとうございます。

さて、このたび、本校第２学年では、国語科が中心となりまして、「働く人に学ぶ」ということで聞き書きを実施することになりました。生徒たちが、働いている人から仕事の話を聞かせていただいて作文を書くという課題です。

高校も２年生になりますと、進学するにしても就職するにしても、将来どのような仕事をするかということを真剣に考えなければなりません。そこで、いろいろな職業に就いている方の現場に出向いて、仕事の内容やご苦労や喜びあるいは必要な資格などを具体的にお聞きして、生徒たちが進路を考えるときの参考にさせていただきたいと思います。

つきましては、お忙しいところたいへん恐縮ですが、また、失礼なこともあるかと思いますが、ぜひご協力くださいますようにお願い申し上げます。

なお、この件につきまして、ご不明の点がございましたら、下記にお問い合わせくださいますようにお願いいたします。

敬具

記

国語科　担当教諭名　電話番号（○○高等学校内）

以上

こうした取り組みについては、プライバシーの観点から抵抗を感じる教員や保護者等がいることも考えられますので、趣旨をよく理解して協力してもらえるように文書を作成して配布しておきましょう。

(3) インタビュー当日の心構え

前項で説明したことを含めて、ここでは、当日の心構えについてまとめておきます。

①自分の方から先に自己紹介をし、取材を承諾してくれたことについてお礼を言います。

②相手を選んだ理由や聞きたいと思っていることを話します。本音で話してもらえるように自分の考えや質問を率直に伝えるようにします。

③見やすいように書き出しておいた質問項目を開いて、相手の目を見て話します。これだけは聞いておきたいという項目を忘れないようにします。

④インタビューの極意は、具体的に聞くことです。「例えば、どんなことですか。」「例えば、どんなことがありましたか。」というように聞きます。

⑤相手の話に集中し、臨機応変に対応します。相槌を打ったり、うなずいたり、予期せぬ話題にも慌てずについていくようにします。具体的に語られる思いがけない話や細やかな話こそ丁寧に聞くようにします。

⑥インタビューといえども、聞き手の側も話すことが大切です。大事なところを確認したり、感想を述べたりします。話の流れによっては自分のことも話します。話を盛り上げ、お互いに対話を楽しむ気分になれると、インタビューが成功します。

⑦聞き取れなかったこと、わからなかったことは遠慮せずに質問します。

⑧メモを取りながら聞きます。特に、年号などの数字や人名地名などの固有名詞は正確に記録します。

⑨録音する場合は、相手の了解を得てから行います。

⑩できるだけ仕事をしている現場を見学させてもらいます。現場を見学させてもらうことで取材した内容がより深く正確に理解できるようになります。

⑪取材が終わったら、お礼の言葉を言います。

四　構成指導

1　記憶が新しいうちに書き始めよう

取材では、新しい発見や驚きがたくさんあり、多くの生徒が感動することでしょう。取材が終わったら、早めに書き始めるのが大切です。感動が冷めないうちに、記憶が新しいうちに書くと、誰でもいい文章が書けます。しかし、自分自身の経験や思いを書く作文に比べて、語り手の経験や思いを書くという作業は、やや複雑です。また、そこに聞き手である自分が、話を聞いて感じたことや考えたことを書き込むとなると、語り手が思ったことや考えたことと自分自身のそれとをはっきり書き分けなければなりません。ところが、話を聞いて感動すればするほど、語り手の思いと聞き手の思いが一体化してしまい、区別がつかなくなってしまうことがあります。そこで、そうならないように、資料6を配布して、構成や記述の方法を指導します。本項では、聞き書きにお勧めの構成法を、次の第五項では、聞き書きによく使われる文体や表現方法を説明します。

資料6　構成・記述指導

構成・記述の仕方

1　構成をどうするか。基本的に次のような構成で書いてみよう。

①プロフィール　読み手にわかるように語り手を簡潔に紹介する。

②はじめに　語り手を選んだ理由や取材で明らかにしたいことを書く。

③本文　語り手が話してくれたことを書く。

④最後に　取材をした感想や考えたことなどを書く。

2　文体をどうするか。聞き書きの中心である本文（語り手が話してくれたこと）の文体を決めよう。おおかに分けると次の四つの文体がある。

①一問一答形式（対談再現型）　質問と答えを交互に、再現するように書く。

②一人語り形式　語り手が一人で話しているかのような書き方で、語り手の口調（語り口）を生かして書く。

③相手の発言（話）を入れた説明的な文章　取材時のやりとりやその場の様子や聞き手の感想などを総体として書く。

④ドキュメント風（記録文風）の文章　語り手を主語として、例えば、「父は」「彼は」と事実を記録するように書く。個人史などに使われることが多い書き方。

3　その他、注意すべきこと

①録音してある場合には、早めに聞き直してみる。
②小見出しをつける。
③語り手の口調（語り口）を生かした表現とする。
④具体的に詳しく書く。
⑤書いているうちにわからないことや聞き漏らしてしまったことが出てきたら、下書きを最後まで書き上げてから、質問事項をまとめて、電話で聞き直すか、追加取材をお願いする。
⑥最後にもう一度読み返して、誤字・脱字・文脈の乱れ等はないか、確認する。

4　原稿の長さ　基本的には自由とする。三〇〇〇字〜六〇〇〇字程度をめやすとして長く書いてみよう。

5　提出〆切　〇月〇日

2　構成の方法

聞き書きの場合、二通りの意味での構成が考えられます。一つは、作品全体の構成です。もう一つは、本文（取材した内容）を書くときの構成です。

（1）作品全体の構成

（2）本文（取材した内容）の構成

の順で説明します。

(1) 作品全体の構成

生徒作品①「言語聴覚士の姉」や②「ヒューマン・アニマル・ボンドのチカラⅡ」に見られるように、はじめに、取材対象と聞き手の関係、その人を選んだ理由や聞きたいこと、前もって調べたことなどを書き、次に、本文として聞き取ったことを書き、最後に、取材を終えての感想を書くという構成です。これは、聞き書きの典型的な構成です。

これに対し、生徒作品③「OLとは言え、企業戦士」や④「心に寄り添った介護を」(30頁参照)には、冒頭に、取材対象者のプロフィールがあります。プロフィールがあると、読む人はより一層内容が理解しやすくなりますので、必ずこれを書き込むようにしましょう。

以上を合わせると資料7のようになります。

資料7　全体の構成

取材対象者のプロフィール

① 名前

② 年齢または生年

③ 職業

④(必要に応じて)学歴や職歴

⑤ その他

はじめに

① 取材対象者(語り手)と作者(聞き手)の関係

② 取材対象者の紹介(知っていることや前もって調べたことなど)

③ 取材対象者を選んだ理由

④ 聞きたいこと

本文

① 語り手が話してくれたこと

最後に

① 取材した内容についての感想や考えたこと。

② 取材する前と後とで自分の考えはどう変わったか。

③ 取材をして発見したこと等、自由な感想。

この構成は、教育の場における聞き書きの典型的な書き方の一つと言えると思います。特徴としては、本文つまり作者が聞き取り学んだことと一緒に、取材の前と後における作者の意識の変化を整理して書き込めるということです。聞き書きという課題をとおして生徒が経験的に学んだことを、いろいろな角度から整理して記録するということがしやすいという特徴を持っています。同時に、読み手の側にとっても、聞き書きのいきさつや人間関係がわかりやすいので、非常に読みやすくなります。聞き書きの基本的な書き方としてお勧めの構成です。

(2) 本文(取材した内容)の構成

聞き書きの中心は取材した内容を書く本文です。ここではその本文の構成を考えます。

実際に聞いた話が、取材前にイメージしていたことと一致するとは限りません。また、実際の話は、話題があっちに飛んだり、こっちに飛んだりすることもあるでしょう。それらをよく整理して、中心にしたいところやくわしく書きたいところを決めて、書いていく順番を決めます。

生徒作品①「言語聴覚士の姉」の場合は、①仕事を選んだきっかけとなった出来事、②専門学校で出会った出来事、③仕事の内容、④仕事の苦労、⑤仕事の喜び、の五つに分けて書いています。また、その間にそれぞれの話を聞いての感想を書き込んでいます。

生徒作品③「OLとは言え、企業戦士」の場合は、①財務本部としての仕事の内容、②会社を選んだ理由、③女子にもある人事異動、④結婚と仕事について、⑤OLにとって更衣室は「涙と花束とおかしのクズ」の話、の五つに分けて書いています。この作品の場合は、語り手の話を一人語りで再現するように書いていますので、聞き手の感想は書き込まれていません。

このように聞き手の感想を書き込むかどうかは別として、取材した内容をどういう順序で書いていくかを考えます。

次に、内容が整理できたら節に分け、それぞれに小見出しをつけます。小見出しをつけることで、内容がさらに整理され、読み手にわかりやすくなります。

「心に寄り添った介護を」（30頁参照）の小見出しを見てみましょう。この作品は、介護福祉士として働いている母親の話を整理して、五つの小見出しをつけて書いています。

①仕事の魅力
②福祉行政の仕事を思い出して
③素人ばっかりのスタート
④最近思うこと
⑤自分が入りたい施設を目指して

このように内容的に長期間にわたる体験談も、それを整理して、取捨選択したり、並べ替えたりして小見出しを付けることで書きやすくなるとともに読みやすくもなります。

「ヒューマン・アニマル・ボンドのチカラⅡ」のように一問一答型の場合は、質問が小見出しの働きをする場合もありますが、それでも小見出しをつけるとより一層読みやすくなります。

また、グループ学習として聞き書きに取り組んだ場合には、全体の構成や本文の構成（段落分けや場面割りとも言います）がしっかりできていると、記述作業を分担しても、内容が重なる心配がなくなり、書きやすくなります。生徒作品⑥「声なき号泣」（38頁参照）は、場面割りをして分担執筆したものです。

五　記述指導

1　文体を決める

本文（取材した内容を書く部分）はどのように書いたらいいのでしょうか。聞いた話だからということで、一文ごとに、「…だそうです」と伝聞体で書いたのでは、たいへんわずらわしく事実の伝わり方が弱くなりますので、原則として伝聞体は使わないようにします。では、どういう文体があるでしょうか。よく使われる文体として、①一問一答形式（対談再現型）、②一人語り形式、③相手の発言を入れた説明的な文章、④ドキュメント風（記録文風）の文章があります。聞き書きには、書き表す時の視点・立場が書き手（聞き手）の側にあるのか、語り手（話し手）の側にあるのかによって文体が変わってきます。それによって大別すると次のようになります。

■語り手（話し手）側の視点、立場に重点を置いて書く
①一問一答形式（対談再現型）
②一人語り形式
■書き手（聞き手）側の視点、立場に重点を置いて書く
③相手の発言を入れた説明的な文章
④ドキュメント風（記録文風）の文章

それぞれの特徴を見極めたうえで、どの文体を使うか、生徒に選ばせます。どの視点、どの立場で書くのかを意識させることで、語り手の思いや考えと聞き手である自分の思いや考えを区別して書くことができるようになります。

(1) 一問一答形式と一人語り形式の特徴

① 一問一答形式（対談再現型）

聞き手と語り手のやりとりを交互に、再現するように書いていく方法です。語り手の口調（語り口）を生かして書くと、語り手の人柄がよく表れてきます。

この方法では、聞き手（書き手）の側の問題意識や何を聞きたいのかがはっきりしますが、中心はやはり語り手側の話ということになります。ポツポツと短く切れた会話のやりとりではおもしろみや深まりに欠けるので、取材時に大いに語ってもらうことが必要です。語り手の話が長く続いた場合、次に紹介する一人語りのような場面が生まれてくることもあり、それはそれで取材時の盛り上がった雰囲気を伝えることになります。

インタビューでは、聞き手は用意した質問をするだけではなく、相手の話を聞いて新たに生じた疑問を質問したり、くわしい説明を求めたりします。従って、聞き手の側の言葉も記録されますが、それは、要約して記述することが一般的です。なぜかというと、聞き手の側の言葉を細かく、詳しく書き込んでしまうと、語り手が話したかったことは何なのかが見えにくくなるからです。

この文体は、話の流れが質問によって途切れることにより平板になりやすい傾向があります。質問を細かく書き込み過ぎるとその傾向が強まるので、ほどよく省略することが大切です。

生徒作品②「ヒューマン・アニマル・ボンドのチカラⅡ」は、この一問一答形式です。

② 一人語り形式

聞き手の側からの質問をすべて消し、最初から最後まで語り手の話だけで書いていく方法です。この方法では、語り手の口調（語り口）を生かすことで、語り手の人柄やその場の雰囲気を表現することができます。語りはすばらしい描写力、再現性を持っています。語り手の話だけでつなぎ、話の内容がありありと見えるように書くためには、詳しく具体的に聞いておくことが大切です。また、聞き取った話の順番を入れ替えて、読み手によくわかるように再構成したり、質問を消しても話がわかるようにするなどの工夫が必要です。作品になったときに、語り手の人物像が強調されてくる書き方です。

この文体は、語り手の立場になって書くわけですから、聞き手にとって、語り手の体験や思いを追体験しやすく、語り手との強い一体感を生み出します。

また、登場人物はすべて語り手を中心とした人間関係、言い換えるならば、語り手からの呼び方で書くことになります。聞き書きで苦労するのが登場人物の人間関係の書き方や呼称ですが、一人語りの場合はその煩雑さを避けることができます。この点は、前述の一問一答形式も同じです。

生徒作品③「ＯＬとは言え、企業戦士」や④「心に寄り添った介護を」の文体はこの一人語り形式です。

（2）相手の発言を入れた説明的な文章とドキュメント風（記録文風）の文章

③相手の発言を入れた説明的な文章

これまで説明してきた、一問一答形式、一人語り形式は聞き書き特有の文体です。それに対し、語られた内容を書くだけでなく、語り手の表情やその場の雰囲気を書き加えたり、調べたことや聞き手の考えを書き込んだりできる、普通の作文のような書き方があります。それを便宜的に「相手の発言（話）を入れた説明的な文章」と呼ぶことにします。聞き書きの場合でも、一般的に広く使われている書き方で、生徒作品①「言語聴覚士の姉」のような書き方のことです。

この書き方の特徴をまとめると次のようになります。
ア　全体として聞き手（書き手）の視点、立場で書かれます。
イ　語られた内容とともに語り手の表情やその場の雰囲気を書くことができます。
ウ　調べたことを書き込むことができます。
エ　聞き手（書き手）の感想や考えを書き込むことができます。
オ　対話の部分は、口調（語り口）を生かした表現にすることも、内容によっては要約した書き方にすることもできます。

カ　取材をとおして聞き手（書き手）の問題意識がどう変化したか、を書き込むことができます。

④ドキュメント風（記録文風）の文章

一見すると一人語りに似ている書き方にドキュメント風（記録文風）の書き方があります。一人語りでは語り手を主語として、一人称で書くのに対して、ドキュメント風（記録文風）の書き方では、そこを三人称にして、固有名詞や代名詞を使って、例えば、「祖父は…」「彼は…」「キヨ子さんは…」と書く文体です。語り手の体験や歴史を記録するときに多く使われます。この書き方は、原則として聞き手の側の視点、立場で書きますので、語り手が話したことだけでなく、聞き手が調べた時代背景や語り手に関する情報、及び聞き手の感想や考えを自由に書き込むことができます。また、話をしている時の語り手の表情や様子、その場の雰囲気を書き込むことができるのも特徴です。

この書き方は、戦争体験などの歴史的な題材を書くときに多く使われる文体です。一人語り型と同様に人物像がクローズアップされるとともに語り手の体験や思いを追体験しやすい書き方です。視点は聞き手の側にありますが、語り手に寄り添った書き方と言えるでしょう。

生徒作品⑭「陸軍病院で死んだ伯父」（232頁参照）や63頁の「我家の歴史」はこのドキュメント風（記録文風）の文章です。

以上、四つの文体、書き方について説明しましたが、文体の習得のために、一人語り形式や一問一答形式などから一つを選んで、演習的に書いてみるのもいいと思います。しかし、最終的には、生徒自身が伝えたい内容やねらいに合わせて選択し、使い分けできるようになることが理想です。

以上のほかに、一つのテーマのもとに複数の人物に取材したり文献やネットで調べたり、現地調査をしたりして、自己の行動も含めて総合的に書いていくルポルタージュ型の文体も考えられますが、それは聞き書きや調べ学習の発展編ということで、いつかそういう書き方も指導できたらすばらしいと思います。

2　具体的に生き生きと書く

記述の基本は次の五点です。

①話し手の口調（語り口）を生かして書く。
②具体的に詳しく書く。
③説明も具体的に書く。時には要約する。
④語り手の表情や様子をよく見て書く。
⑤語り手の思いと聞き手の思いを区別して書く。

(1) 口調（語り口）を生かす・具体的に書く

聞き書きを書くにあたって大切なことは、読み手にわかるように書くことです。取材の場にいなかった人にも、内容がよくわかるとともに雰囲気が伝わるような書き方を工夫しましょう。そのためには、語り手の口調（語り口）を生かした表現をするとともに、具体的に詳しく書くことです。そうすると、生き生きとした、説得力のある文章になります。このことは、どの文体にも共通して言えることです。

次の文章を読んでみてください。筋ジストロフィーという病気のために車いすの生活をしている二十六歳の青年に聞いた話、生徒作品⑤「ああ、僕は今生きているぞ」（35頁参照）の一部分です。青年が若者らしい率直な口調で、苦しい胸のうちを語る場面です。

……

僕の病名は筋ジストロフィーっていってだんだん筋肉がおとろえてしまう病気なんだ。今の医学じゃなおらないんだ。だけど、僕の場合はラッキーでね、成人してからこの病気になったから、病気の進行がおそいんだ。子供のうちにこの病気になると二十歳まではもたないっていわれている。僕は着替えにだいたい一時間ぐらいかかるけど、母親が手伝ってくれるし、おふろも母親が入れてくれるから、日常生活は困らないけど、もし母親が死んじゃったら大変だなぁって思うよ。だんだん親も僕も弱っていくし。本当なら、今ごろ僕は、バリバリ仕事して、結婚して親孝行しなくちゃいけないのにね。「僕って親不孝だね。」って両親に言ったことがあるんだ。そしたら僕の両親、大の大人だっていうのにボロボロ涙流して、「そんなことないんだよ。お前が生きてるってだけで、お父さんもお母さんも幸せだよ。」って言うんだ。そして反対に僕にあやまるんだよ。「こんな体に生んでごめんね。でもね、お母さんが代わってあげたいって、いくら思っても代わることができないんだよ。だからお前がこれからどんなつらい思いをするかもしれないけど、お母さん、お前のその気持ちの半分すら思えないよ。だから、お前ががんばるしかないからね。」って言うんだ。この時、本当に胸のしめつけられる思いがしたよ。

具体的な出来事、特に会話のやりとりや細部の話の中にこそ真に大切なもの、個別的なものがあることを教えてくれる場面です。

⑵ 具体的に説明する・時には要約する

次に、仕事の内容についての説明をどう記述するか、について考えてみます。職業というのは専門性の強い分野です。だからこそ聞いてみると初めて知ることが多くおもしろいとも言えます。その仕事内容がしっかり説明されていると、あとにくる仕事の苦労や喜びが理解しやすくなります。語り手の多くは、会社案内にあるような機械的な説明ではなく、自分の経験をもとに具体的に説明してくれるでしょう。聞き手が「例えば？」「それってどんなこと？」「どんな意味？」と聞けばなおさらです。聞き手にわかってもらおうと事例をあげながら実感のこもった言葉で説明をしてくれることでしょう。ここでもそれを生かして書くようにします。

次の文章を読んでみてください。「言語聴覚士の姉」（16頁参照）の中で、語り手が聞き手にわかるようにと、仕事の内容を分類して、やさしく具体的に説明してくれています。聞き手はそれを生かして記述しています。

「よく私の仕事とかは老人が多いって思われるけど、五十才から九十八才まで幅広い人を診てるんだ。具体的な仕事内容は三つに分かれていて、一つ目は失語症の人とのコミュニケーション。あいうえおとか使って言葉を引き出したり、字を書いてコミュニケーションとったり、五十音表を使って指で指して言いたいことを伝えるとかしているよ。あとは利き手交換って言って、だいたい麻痺したりする人は左脳に異常が見られて、左脳は右手と神経が繋がってるから右手が使えなくなっちゃって、ほとんど右利きでしょ。利き手が使えなくなるわけだから、それを左利きにする仕事もしてるよ。

二つ目は呂律が回らない人って言うのかな？　うまくは言えないけど声は出せる人。構音障害の人達が多いね。どんなのかって言うと、麻痺があるから口がよく動かない人達で、口を動かしたり、舌を動かしたり、舌も麻痺してるからよだれを飲み込むことも出来ないからよだれが出たりするのを抑えたりして、最後には言葉がうまく出るように頑張って訓練してるんだ。

三つ目は一番利用者が多いんだけど、さっき言った二つ目のやつとこの三つ目のやつは一緒になることが多いんだよね。この三つ目のやつは嚥下障害って言って、二つ目のは言葉、三つ目のは食事って言ったほうが区別しやすいかな？　嚥下障害も麻痺によるものなんだけど、二つ目と同じように口の体操とかするけど、食事の時やっぱり喉も麻痺しちゃってるわけだから、食べさせるとその食べたものが肺に入ったりしちゃってたべることが出来ないのね。それでもその家族の人達は「これを食べさせてやりたい。」とか要望があっ…………て。もちろん気持ちはわかるけど、やっぱり無理だからね。だから少しずつ麻痺したところが動くようにつとめてる。そんな仕事だよ。」

この説明を読むと、言語聴覚士の仕事の大切さがよくわかるとともに、語り手の仕事に対する自信や誇りも伝わってきます。

仕事内容の説明には、一般の人にはわかりにくい専門用語が出てくることが多いので、必要に応じて語句の説明も書き加えさせるようにします。

仕事内容に限ったことではないのですが、取材の内容によっては、非常に複雑だったり、理論的な説明を必要とする場合もあります。そのような場合には、語り口表現や具体的な説明ということにはこだわらないで、逆に説明文であることに徹します。また、必要に応じて要約して書きます。

(3) 表情をよく見て書く・語り手と聞き手の思いを区別する

相手の発言を入れた説明的な文章やドキュメント風(記録文風)の文章のように地の文(会話文以外のところ)が書き込める文体の場合には、語り手の表情やその場の雰囲気も書くようにします。また、語り手の思いと聞き手の思いは区別して書くようにします。

次の文章を読んでみましょう。グループで村のお年寄りから戦争体験を聞き取って書いた生徒作品⑥「声なき号泣―中野トミさんの戦争体験」(38頁参照)の一部分です。中野トミさんの長男文吾さんは志願兵として出征し、戦死しました。中野さんは、息子の少年時代の様子や志願した時の様子を淡々と語ってくれました。生徒たち(中学生)は、中野さんが、戦死した息子のことを一粒の涙も流さずに冷静に語るのはなぜだろうかと疑問を持ちました。そこで、中野さんの表情を見つめ、本当の気持ちを知ろうとしました。中野さんの話が進み、やがて中野さん夫婦のもとに戦地の文吾さんから死を覚悟した別れの手紙が届きました。それには、これから天皇の命により戦場に赴くこと、それは男子の本懐であること、両親に感謝していること、自分が帰らないときは同封した髪と爪を自分と思ってほしい、と書いてありました。次はその手紙が届いたときの中野さんの話とその話を聞いた生徒たちの感想です。

私はこの手紙、むつかしい字がいっぱいあって、ようわかりまへんなんだけど、ほんまに何べんもくりかえして読みましたんや。そうしとるうちに、(何か重大なことが、おこるんとちがうか)いう気がしましてな、じっとしてられんような気持ちになってきましたんや。わけものう、あせる心をきばっておさえて、「文吾、天皇陛下につくしてこい。」とひとりで言うとりました。これまでに、こんな手紙がきたことはおへんどしたもの。めそめそしたらあかん、しゃんとしとらなあかんと自分の胸に言い聞かせたんどす。それが、その頃の、軍国の母としての、一番立派な態度やとずっと思とりました。今から思うと強がりどしたんやなあ。けど、文吾は、好きで好きでなった軍人どす。戦争に行くからには、手柄をたてて、天皇陛下につくしてこいよ、と思うとりましたんや。

私たちは聞いていて、今までのトミさんの言葉や態度が〝軍国の母〟という言葉からのものだったんだということが、しだいにわかってきました。そして、それがその時だけでなく、今(注・話をしてくれている現在)も気丈なトミさんの表面を、ぬりかためているような気がしました。だから、トミさんは、悲しい思い出を落ち着いて、しっかりと語っておられるのだろうと思ったのです。少しだけ、本当の気持ちを聞かせてくださったけれど、まだまだ心の奥に、何かこらえておられるように感じてなりませんでした。

生徒たちは、ここまで聞いてはじめて中野さんの中には、当時も、現在も、軍国の母としての心が生きていることに気づきます。戦地からの死を覚悟した手紙に、「めそめそしたらあかん、しゃんとしとらなあかん。」と自分に言い聞かせ、「それが、その頃の、軍国の母としての、一番立派な態度」だと思っていたこと。「今から思うと強がりどしたんやなあ。」と言いつつ、中野さんの心の中には、今も、軍国の母としての心が根強く残っていて、正直な心をさらけ出すことに抵抗を感じている様子であることに気づきます。

語り手の表情をよく見ること、語り手の思いと聞き手の思いは区別して書くこと。そうすることで中学生や高校生らしい思索に富んだ文章を書くことができます。

3　よりよい文章にするために

①一問一答型や一人語り型は口調（語り口）を重視した話し言葉で書くことになりますが、相手の発言を入れた説明的な文章やドキュメント風（記録文風）の文章の地の文（会話文以外のところ）では書き言葉になりますので、「です・ます体（敬体）」または「だ・である体（常体）」のいずれかを選んで、文体を統一させます。

②年号などの数字や人名・地名などの固有名詞も正確に聞き取り、書き込むようにします。そうすることで正確な記録文となるようにします。

③題名の付け方も工夫しましょう。指導しないでいると、「働くお父さん」「母の仕事」というような題名が並んでしまいます。作品の個性が表れないばかりでなく、文集にしたとき、区別がつかなくなります。たとえば、「ＯＬだって、企業戦士」「ああ、僕は今生きているぞ」というように内容がイメージできるもの、インパクトがあるものを工夫させるとよいでしょう。

④書いていてわからないところやあいまいなところは、最後までいったん書いてから、質問をまとめて、電

話で聞き直すか、再度、取材を申し入れます。

⑤書き終えるまでにはかなりの日数がかかる場合もあるでしょう。その間に、書く意欲が薄れてしまったり、どう書いたらいいのかわからなくなったりしたら、それまでに書いたところや、取材メモを読み返します。自分の文章を読むと、書きたいと思ったときの意欲が甦ってくるものです。また、参考作品を読み返すのも役に立ちます。あらためて書き方がわかってきます。

⑥録音しておいた場合には、早めに聞き直しましょう。聞き直してみると、その場では聞き落としてしまったものがたくさんあることに気づきます。また、繰り返し聞くことによって、内容が正確に理解できます。ただし、聞き書きとテープ起こしは別物と考えます。文章化にあたっては、テープ起こしの形ではなく、自分が感動したこと、書き残しておきたいと思ったことを中心に書かせます。

⑦最後に、取材日と取材場所を末尾に書いておきます。

⑧原稿の長さは、基本的には自由とします。長さを指定するとそれに合わせて書くようになります。今回の指導のポイントの一つは、「具体的に詳しく聞いて書く」ですので、できるだけ長く書くように指導します。指定する場合は長めに指定します。例えば三〇〇〇字〜六〇〇〇字程度をめやすとします。因みに参考作品①、②、③は、平均四七〇〇字です。

また、四〇〇字詰め原稿用紙よりは、資料8のような専用の用紙（A4サイズ。罫線のみ二十五行程度。）を配布して、3枚以上書くように指示します。生徒にとって罫線のみのアバウトな用紙（縦書き、横書き自由。または、どちらかに指定してもよい。）は書きやすく、指導者にとっても折らないで扱えるA4サイズは、たいへん整理しやすく読みやすいものです。お勧めです。次ページの図を参考にいろいろ工夫してみてください。

資料８　作文用紙の例

（　　）　　　　　　年　　組　　番　　名前

六　推敲指導

1　推敲の意味

ここまでの指導で強調してきた構成の仕方、文体の種類と特徴、記述・叙述の仕方を再度確認しながら、書き手本人に自分で書いたものを丁寧に吟味させせます。推敲のポイントを整理すると次のようになります。

①作品全体の構成はこれでよいか。また、本文（取材した内容）の構成はこれでよいか。
②本文が、自分で選んだ文体にふさわしい文章となっているか。相手の発言を入れた説明的な文章やドキュメント風（記録文風）の文章の場合、地の文で、「です・ます体」と「だ・である体」を混用していないか。
③記述・叙述の面では、話し手の口調が生かされた表現となっているか。具体的な事例が十分に詳しく書けているか。語り手の思いや考えと聞き手（書き手）の思いや考えを区別して書いているか。
④誤字、脱字、不適切な単語、文脈の乱れはないか。
⑤書き足りないところはないか。削ったほうがよいところはないか。もっとよい表現はないか。

このように推敲指導は原則として事前指導を踏まえて行います。十分な事前指導があってはじめて推敲指導が意味あるものとなります。事前指導が不十分なままに推敲指導の段階で生徒にあれこれを要求すると生徒は戸惑います。無理な推敲指導は避けましょう。

聞き書きの場合、うまく取材できると、非常に感動するものです。その感動を書き表すことができたか、聞き取った内容を正確に伝えることができたか、読む人にわかるように書くことができたか、推敲作業も意欲的に取り組ませましょう。生徒は自分が書き上げた文章をよりよくしたいと願い、そのための適切なアドバイスを欲しているものです。

推敲は、基本的には作者が自分自身で考えるものではありますが、他者に読んでもらって、わからないところ、あいまいなところ、もっと詳しく書いて欲しいところなどを指摘してもらうと参考になります。次に推敲の授業の一例を紹介します。

2 推敲の授業

はじめに生徒作品の中から一編を選び、みんなで読み、表現が不十分なところを指摘してもらいます。この授業で注意してほしいことが三つあります、

第一は、推敲の授業の目的を十分に理解させておくことです。作品の不十分な点を指摘させるわけですから授業の目的を理解させておくことが大切です。

第二は、かなりよく書けている作品を選ぶことです。わからないところだらけの作品では、指摘される生徒がかわいそうです。かなりよく書けている、読み応えのある作品を選び、作者の了解を得たうえで教材にします。よく書けていても不十分なところはあるものです。

第三に、はじめに、読んだ感想を発表させ、その作品がすばらしい作品であることを確認してから推敲の授業に入ります。

たとえば、「ヒューマン・アニマル・ボンドのチカラⅡ」を例に考えてみましょう。

作者は、すでに日本動物病院福祉協会のSさんに取材して、一作目を書いており、この作品は二作目であることを紹介したうえで、冒頭の部分、インタビューの場面、末尾の部分に分けて、わからないところ、あいまいなところ、もっと詳しく書いて欲しいところ等を指摘してもらうと次のような箇所が指摘されるでしょう。

〈冒頭の部分〉

①ラブラドール・レトリバーのアリスちゃんは、大分大きな犬のようですが、つながれてはいないのですか。

大丈夫なのですか。

②ＣＡＰＰ活動というのはなんですか。

〈インタビューの場面〉

①「ＪＡＨＡ」とは何ですか。

②「犬の訪問活動」とはどういうことをするのですか。

③「地域の犬好きの子どもたちが遊びに来てくれるようになりました。」とありますが、さくら苑では、地域の子どもたちが自由に出入りできるのですか。

④「ＪＡＨＡのＳさん」というのはどういう人ですか。

〈末尾の部分〉

①「介護をする側と受け入れる側」とありますが、「訪問をする側と受け入れる側」の間違いではないのですか。

②「共通の意見」とありますが、誰と誰の意見が共通しているのですか。

③「ラブラドールのアリスちゃんを撫でながら」から、「なんだかすごく嬉しかった。」までのところは、苑長さんの話なのか、作者が実際に見た場面なのかあいまいです。実際に見た場面だったらもっと詳しくはっきりと書いたほうがいいと思います。

このように問題個所を指摘させ、答えられるところは、作者にその場で答えてもらいます。長い作品の場合は、いくつかの場面に分けて検討すると話し合いがしやすくなります。

指摘されたところは推敲の参考にしますが、直したり書き加えたりするかどうかは作者の判断に任せます。作者には、文章全体から見て指摘された箇所をどうすべきかを考えさせます。ここでは、他者の目で見てもらうことで推敲が必要な箇所を考える参考とします。

ちなみに、JAHAとは公益社団法人日本動物病院福祉協会（現在は、公益社団法人日本動物病院協会）のことです。そのJAHAが推進しているのが、CAPP（コンパニオン・アニマル・パートナーシップ・プログラム）活動で、動物を連れて高齢者施設、病院、学校などを訪問し、動物の持つ温もりややさしさにふれてもらうボランティア活動のことです。Sさんとは、そのボランティア活動に参加している女性です。

以上の授業の後、グループを作り、お互いの作品を回し読みし、感想や疑問を述べ合います。手順は前述のやり方と同じで、はじめに感想を述べる、次にわからない箇所や問題のある個所を指摘する、の順で進めます。この相互推敲で指摘されたことを参考にして本人に推敲させます。繰り返しになりますが、指摘されたところをどうするかは、作者の判断に任せます。必要に応じて追加取材・追加調査をさせます。

七　鑑賞指導

1　読み合うことの意味

書くことと同じように読むことも大切です。最後に、指導の結果生まれた作品を読み合い鑑賞する授業を行います。生徒は、よい作品をたくさん読むことで書かれた内容とその書き表し方の両方を学びます。すでに自分自身が取材したり文章化したりすることで苦労していますから、友だちの作品のよさがよくわかります。他者の作品を読むことで、一連の授業のねらいがなんであったのかを具体的に深く理解することになります。

たくさんの作品を読むことで、さまざまな職業を知り、働くことの意味や喜びや苦労を具体的に知ることになります。また、職業は時代とともに変化し多様化し、専門性を深めていますので、その変化や矛盾を感じたり、新しい職業を知ったりもします。語り手が有名人であるかどうかは関係ありません。普通の人の、誠実に仕事に向き合う姿や生きがいを知ることは、高校生にとって感動そのものです。なりたいものが見つからないと悩む生徒も、きっとたくさんの発見をすることでしょう。また、作品をとおして、同世代の友だちが何に興味関心を持ち、将来をどのようにしたいと考えているかを知ることは、どの生徒にとってもよい刺激になるにちがいありません。

書き表し方の面でも、友だちの作品をたくさん読むことで、読み手を意識した構成の仕方や聞き書き特有のいろいろな文体について再確認することでしょう。

また、鑑賞の授業は、一生懸命に書いた生徒たちの努力に応えることでもあります。読んでもらって感想を言ってもらえることはうれしいことであり、励みになることだからです。書くことと同じように読み合うことを大切にしたいと思います。

2 鑑賞の授業

鑑賞の授業で取り上げる作品の選び方は、基本的には、授業の目標が実現されているものということになります。授業の目標は次のようなものでした。

> 将来、なりたい職業に就いている人、または、興味関心がある人に、仕事の内容、苦労、喜び等を具体的に聞いて、読む人に生き生きと伝わるような文章を書いてみよう。

この目標を基準にして次のような視点で選びます。

①自分の問題意識に合った適切な人を選んでいるか。
②発見のある取材ができているか。
③具体的に聞くことができているか。
④適切な書き表し方ができているか。

部分的に内容の面や表現の面で光ったところがある場合には、それも選びます。また、今次の指導の目標を超えたすぐれた作品が生まれる場合があります。もちろんそれも選びます。多様な作品を多様な視点から読み合えるように選びます。

授業では、音読の後、感想を書かせたり、発表させたりします。そのあと、教師が、生徒の発表を踏まえてその作品の特徴や注目すべき点をまとめ、説明します。そうすることで、生徒たちの作品を見る目や文章観が高められていきます。それは、次の作文を書くときに生かされることになります。

一斉授業の形では、取り上げられる作品数が限られますので、班を作り、お互いの作品を回し読みさせるのも有効な方法です。

また、早めに文集が完成した場合には、授業の中で読む時間を多く設け、読みたい作品から自由に読むようにするのも一つの方法です。生徒たちは、親しい友人の作品を探して読んだり、関心のある職業を探して読んだり、熱中して読むことでしょう。できるだけ読む時間を設け、感想をこまめに書かせておきます。感想を書かせておくと、生徒たちがお互いの作品をどう読んだか、何を学んだかを知ることができます。

また、教師の読みと生徒の読みは一致しているとは限りませんので、生徒の感想を読むことで、作品に対する理解を深めることができます。生徒たちの作品と感想文を読むことで、教師は自分の指導が適切であったかどうかを反省することができます。よく総括して次の授業に生かすようにしましょう。

作文指導では、教師の側に、作品を読む力が必要です。日頃からよい作品をたくさん読むことで、あるいは、一つの作品をじっくりと繰り返し読むことで読む力が高められていきます。また、最近の生徒は文章力がないと嘆く声をよく聞きます。確かにそういう傾向はあるかも知れませんが、ねらいに合った十分な手立てを講じているのかどうかについても振り返ってもらいたいものです。

八　文集づくりの意義と編集のコツ

作品の数が集まると実に壮観です。そこにはありとあらゆる職業の実相と仕事に向き合う人たちのさまざまな思いやドラマが詰まっています。時代の特徴が反映しています。それは、実にすぐれた教材集です。文集の形にしておけば、みんなで読めるとともに、いろいろな授業で参考作品、参考資料として生かすことができます。文集という形にすることで、インタビューと文章化で奮闘した生徒たちの努力と、取材に協力してくれた人々の好意に応えたいと思います。

次に、編集上のコツと注意点をあげます。

①編集のコツは、どうしたら教材集としての価値を高めることができるかと考えることです。作品を読むと、集まった作品の特徴やその時代ならではの特徴というようなものが見えてきます。その特徴を際立たせるように分類・編集します。一般的な分類の仕方としては、業種別、職種別、年代別、語り手（父・母・祖父・祖母等）別、文体別等が考えられます。

②目次は、分類の仕方・意図をはっきりさせることで作品の検索がしやすくなるように工夫します。

③作品の掲載にあたっては、取材協力者の承諾を得ます。また、文集が完成したら、礼状に文集または作品のコピーを添えて届けさせます。礼状は、取材に協力してくれたことや文集掲載を承諾してくれたことへのお礼を含めて、生徒に書かせます。必要に応じて学校からの礼状も作成し、同封させます。

④鑑賞の授業で書かせた感想文を文集に入れるのもよい方法です。お互いの作品から学んだことが交流できます。

⑤レイアウトは、余白を多くして読みやすくなるように工夫します。

⑥フォーマットを作り、入力は、生徒にさせます。校正は本人にさせるほかに、二人ずつ組んでお互いに校

正させることで、誤字脱字を少なくすることができます。
⑦前書きと後書きを付け、文集制作のねらいやいきさつ等を書いておき、学習の記録となるようにします。
⑧表紙のデザインについては、イラストの得意な生徒に協力してもらいましょう。背文字や奥付も入れます。背文字には、文集名、発行年度、学校名年組等を入れます。奥付には、文集名、学校名年組、学校の住所、発行年月日、指導者名等を入れます。

最後に

私が初めて文集らしい文集を作ることができたのは、教師になって二年目のことでした。その時のテーマは自分史で、学年最後の授業は、できたばかりの文集を配布して鑑賞の授業をやりました。生徒たちが思い思いに書いた自分史を読み合って、生徒も私も深く感動しました。私は、「ヤッター。」と思い、内心有頂天でした。その授業の直後に、一人の生徒が言いました。「先生、これが出発点だよね。」私は、すぐには理解できませんでした。その生徒は、文集を読んで、それまでは同じ教室にいてもあまり知り合うことがなかった友人の内面、悩みや悲しみや努力を初めて知ったと感じたのでしょう。ここから本当の人間理解、相互理解が始まるのだと感じたのにちがいありません。私は、文集を完成させただけで浮かれていた自分を恥じました。

作文は書きあげたら終わりではありません。読み合うことがまた勉強なのです。そして、習得した力を使ってまた書く。いろいろな場面で必要に応じて書く。そうして認識力、思考力、表現力を高めていくのです。書く力がそれぞれの生徒の生きる力を伸ばし、人間理解を深めていくものであってほしいと思います。そう思う時、改めて、聞く力、書く力を高めてくれる聞き書きは、極めて有効な教育的手法であると確信します。

本章では、聞き書きを初めて指導する人のために、「働く人に学ぶ」の授業を一つの例として、書いてみましたが、中学生、高校生に取り組ませたい題材としては、次のようなものが考えられます。

①祖父母・父母の得意なこと、または、昔、がんばったこと。
②祖父母・父母の二十歳のころ、または、人生の岐路。
③祖父母・父母の職業。
④祖父母の戦争体験。
⑤祖父母・父母の歴史。
⑥自分がなりたい職業に就いている人に聞く。
⑦地場産業・伝統工芸・郷土の歴史など。
⑧自分が調べたいテーマで、聞きたい人を選んで取材する。進路進学に結び付けて考えてもいいし、社会的テーマで選んでもよい。

①から⑤までは、祖父母・父母としましたが、その中の一人を選んでという意味です。また、この部分を、地域のお年寄りやこのテーマならぜひ聞いてみたい人というように家族以外の人と置き換えることもできます。

題材は広めに設定した方が生徒たちは取り組みやすくなります。また、語り手側の立場からするとどんなテーマでもよいというものではなく、語り手が深い経験をしているものの方が記憶をたどりやすく、話しやすいということになります。

これらを手がかりとして、生徒の実情やとりまく環境に合わせて、多様な実践を試みてほしいと思います。

《インタビューと対談》

◉立花隆氏インタビュー

教育の基本は言葉を交わすこと

――「調べて書く」実地教育のすすめ

（聞き手＝中井浩一）

なぜインタビューが大切なのか。「調べて書く」活動がもつ力とは――ジャーナリストとして豊富な取材経験をもち、また、東京大学（東大）のゼミ「調べて書く」（一九九六～一九九八年）の中でインタビュー集『二十歳のころ』をまとめるなどユニークな教育活動にも取り組んできた立花隆氏に、インタビューした。

●書けない編集者――「調べて書く」の背景

――立花ゼミでは、始まって以来一貫して「調べて書く」というテーマを中心に置かれていますね。当時の大学の教育で最も欠けているものとして立花さんが「調べて書く」ということを考えたのには、どういう背景があったのですか。

立花　僕は文春の社員でいた時期があって、そこでいろんな仕事をやったわけですよ。あそこは社員全員に書かせることを基本的な理念にしている会社ですから、そもそも入社試験で作文がダメなやつは必ず落ちるんです(笑)。編集者でもちゃんと書ける人が必ずポジションを上げていく、そういう伝統がある会社なんですね。だから週刊誌の記事なんていうのも社員が書くわけです。ただ、一年目の人の中には、ろくでもないものを書くやつがいる。要するに使いものにならんというね。でもそれじゃ雑誌が出ませんから、使いものにならないものを使いものにするための教育が必要なんだよね。まあ、教育軍曹役ですね。そういうことをやったわけです。

――立花さんが新人教育をやっていた？

立花　やってたんです。締め切り日に行って、上がってきた原稿を見ては「ダメ！」って言って書き直させる。まったくダメなときは自分で書き直しちゃったり、見本を与えたり。そういうことをある程度やったんです。

――立花さんの本の中に、東大の学生に書かせたレポートのあまりのひどさに愕然としたという話も出てきますね。

立花　そう、それはありますが、学生以前に、最初はまず卒業生っていうかね、今日の大学を出て出版社に入るという人間はそれなりに文章が書けるはずなんだけれども、そういうやつでも全然ダメという、そういう現実を見ていたと。そこからです。

●日本の教育制度、大学教育の問題

——立花さんは、大学教育でも特に一、二年は、知識よりも生の現実、多様な人間にぶつかって現実の経験を積むことが一番重要だとおっしゃっています。これは立花さんご自身の経験でもありますよね。

立花　そうですね。僕は特にそれを職業としてましたから。人の話を聞く、インタビューしてまとめるということをずっとやってきてますからね。

——九四年に東大教養部のテキスト『知の技法』が出て話題になりましたね。あの中では、「調べて書く」ということをやるべきだと主張し、論文の書き方は一応書いてあります。しかし、「調べる」ということに関しては、文献調査のことしか書いてない。立花さんが最も大事だと思っている、人への取材についてはほとんど何も書いてないんですよね。

立花　そこはつまり実践でしかわからないから。実践的な教育というのはＯＪＴですよね、オン・ザ・ジョブ・トレーニング。実際にやらせてみて、そばで見てて「それはやり方がまずい」とか、文章で言えば添削にあたる作業になるわけです。だからそれは論文にも何にもなるはずがない作業なんですよ。学者たちにとっては、ものすごく消耗するだけで、自分にとっては何の業績にもならない仕事なわけですよね。今の大学教育では、いろんな側面から実践的な教育を通じて学生を育てるということを一所懸命やっている先生は、必ずしも学問的な業績が上がらない。だから、すごくいい先生はいるんだけれども、世間一般には必ずしも評価されない。そういうのってすごくありますよね。

——ＯＪＴこそ教育の基本だと思うんですが、やはり一番重要なのは「調べて書く」こと、「調べる」ことの中でも重要なのは文献調査ではなく、人へのインタビューだと。

立花　それと、最近はネットでしょう。ネットでどうやっていい情報をスクリーニングして集めるか。そういうことの実地教育が必要だと思うんですね。大人が見れば「こんなのガセだよ、おまえ」って、それは見分けがつくじゃないですか。でも学生は見分けがつかない。だから2ちゃんねる的な世界にどんどんいっちゃうんですよ。

立花隆氏

そうとう質が低い情報に振り回されている若い人たちが多くて、そういうものに社会全体が毒されてますよね。

――昔は徒弟制度的な形で実地に教育していくということがありましたよね。今はそういうところがごそっと抜けてしまっている。立花さんがおっしゃるように、やはり大学の一、二年から徹底的にやっていかないと……。

立花　僕はね、そこが一、二年のことなのかどうかということがわからない。本当は、今の教育制度全体がそもそもおかしいと思っているんです。旧制の教育体制が新制に替わる時期に、実はいくつかのすごくユニークなプランがあったんですよ。しかし、あの時は時間に追われすぎてそれが全部消えちゃった。だから、旧制の中学高校でわりといい教育をやっていた部分もあったのにそれが残らなかったということがあります。だから、今からでも遅くないからそれをやるのがいいんじゃないかという感じはします。

――本来は高校で、こういう「調べて書く」指導を入れていかないと、大学に入ってからじゃもう間に合わない？

立花　そうです。それはもうおっしゃるとおりです。だから今、中高一貫教育で、しかも全寮制で、ある程度金もとるけど教育もすごくちゃんとやる、そういう学校がいくつか生まれてますよね。もうちょっと時間はかかるんでしょうけど、そういうところからいい方向に変わっていく可能性というのは、ある程度あると思ってます。

――立花さんは日本の教育の根本の問題として「インプットばかりでアウトプットが全然求められていない」という問題提起をされています。アウトプット、言い方を少し変えると、誰かが立てた問いの答えを探すのではなく、自分で問いを立てていくというトレーニング。それを考えると、やはりインタビューというのはものすごい力をもつんじゃないかと思うんですが。

立花　どういう形の教育にしろ、基本はやっぱり言葉を交わすことですよね。言葉を交わすというのは、自ずから弁証法になるわけです。やっぱり知のすべての過程というのは、ディアレクティケというかね、要するに弁証法的な展開ですよね。それは実地でやらないとダメで。そういうことは、例えばフランスの教育では行われているわけです。リセ、フランスの高等学校のカリキュラムの中に入っている。だから、そういう知的な教育訓練を受ける受けないというのが、ヨーロッパの知識人と日本の知識人の圧倒的な差につながっているわけですよね。

●徹底的なOJT――『二十歳のころ』の方法論

――『二十歳のころ』ですごいのは、事前指導がきちんと行われていることだと思うんです。授業の場で、作家の大江健三郎さんを招いて「二十歳のころ」についてのインタビューを実際にやってみせたり、まずは両親へのインタビューで練習することや、アポどりのしかたまで説明していますね。

立花　そうです。相当な時間をかけてやってます。まず電話をかけるところから始めるからね。実際の電話はないけど、電話がつながったと思ってやってみろと。やっぱりすべて実地にやらせました。

――徹底的なOJTですね。添削も立花さんがされたんですか。

立花　やるほかないじゃないですか。ひたすらやったんですよ。いやもう、それはすさまじい時間がかかる。あれはほんと嫌になりますよね。嫌になるけど、しょうがないからね。いちばん最初のときは本当に直しちゃう。そのあとは時間によるんだけど、いくつかの符号にして、これはバツとか、クエスチョンマークを付けるとか、線を引っ張るとかね。そういうところの指摘だけでも違いますよね。いろんな経験を経ていちばん効き目があると思うのは、書画カメラというのがありましてね、要するに学生が書いたものをカメラで撮って映しちゃうんです。そのスクリーンを通してみんなも読む。ここはダメ、ここはダメと、そこで言うんです。それをいくつかやると、一挙に変わりますね。要するにみんな何がダメで何がいいのかがわからないからダメなんですよ。だからそのことを言う必要があるんです。このあたりはいいとか、このあたりは全然ダメとか。もっと初歩的なことで、誤字、脱字。分かち書きがちゃんとできていないとか、小見出しを入れていないとか。要するにダメな例、いい例をどんどん出すんです。怒るやつはものすごく怒るけどね。

――みんなの前で恥かかされたと。

立花 でもまあ、それは最初から言うんです。「この授業ではこういうやり方をするから」と。だから、公開処刑だって(笑)。でも、実社会だともっとすごいですよ。週刊文春なんかで下手な取材原稿を書いてきたら目の前で破られますからね。ゴミ箱にパッと捨てて「ダメだお前、書き直し」って。最初の二、三枚を見ただけで「これダメ」って言って全部捨てたりね。そういうのと比べれば甘いやり方だけど、やっぱりダメなものはダメって言わないとね。

●とにかくトライすること――高校の先生へ

――『二十歳のころ』では題材もけっこう社会問題に踏み込んでいるものが多いですね。しかも学生と取材対象がこれだけの数になってくると、いろんな苦情とかも来たでしょうし、実際かなり度胸がないとできないところもありますよね。

立花 それは意外に大丈夫なもんですよ。礼儀さえ守っていれば。本当に何か問題になりそうな人は、向こうが最初から断ってくるからね。取材を受けるってことはやる気があるってことですから。題材も、やっぱり学生自身が関心があるものじゃないと。本当のインタビューというのは、自分が聞きたいことを聞くという形じゃないとできないですからね。

――立花さんとしては、こういう活動が中学・高校で広がっていくことは大賛成?

立花 賛成です。

――これから「調べて書く」指導を取り入れていこうという高校の先生方に、何かアドバイスなどがありますか。

立花 それはもうトライすることですよ。OJTだから。あまり心配することはないですよ。ただ、やっぱり礼儀とかね。特にそこが大事ですよね。職業生活においては、そこはものすごく大事ですから。僕は週刊誌の仕事をずいぶんやってますけど、そこがきちんとしてないと、取れる話も取れませんから。今の子供たちって、何が正しい礼儀なのか知らないでしょ。自分が何でもないと思っていることが、実は何でもないんじゃないんだよということは、やっぱりちゃんと教えなきゃいけないですよね。

（二〇一一年八月二九日　立花隆事務所）

■立花隆（たちばな たかし）
一九四〇年、長崎県生まれ。東京大学仏文科を卒業後、文藝春秋に入社。同社退社後、東京大学哲学科に再入学。在学中から執筆活動に入り、評論家、ジャーナリストとして幅広く活動を展開する。著書に『田中角栄研究全記録』『宇宙からの帰還』『脳死』『天皇と東大』『がん　生と死の謎に挑む』など多数。

『二十歳のころ』
立花隆＋東京大学教養学部立花隆ゼミ「調べて書く」の共同制作。ゼミ生による、七十名にもおよぶ各界の著名人へのインタビューがまとめられている。本書に収められている、取材時の具体的な注意点やノウハウをまとめた「立花ゼミ秘伝・取材の極意」は実践的で非常に役に立つ。一九九八年、新潮社より刊行。後にランダムハウス講談社文庫から刊行された。二〇一一年、続編ともいえる『二十歳の君へ』が文藝春秋より刊行された。

（初出：『国語教室』94号）

●対談　塩野米松氏×中井浩一

「聞き書き」指導が高校生を変える

「聞き書き」と一口に言っても、その種類と目的はさまざま。しかし、高校生に大きなインパクトを与えるという点では変わりありません。

ご自身も聞き書き作品を発表し、その魅力を高校生にも伝えたいという塩野先生。

国語専門塾で「自分づくり」のために聞き書き指導を取り入れている中井先生。

それぞれのお立場で聞き書きに取り組んでいらっしゃるお二人に、聞き書きのおもしろさ、聞き書きの持つ力について語っていただきました。

●生き方がにじみ出る──一人語りの聞き書き

塩野　僕が自分の仕事の中で聞き書きを始めたのは、三十年くらい前だと思います。『ビーパル』というアウトドア雑誌の中で、法隆寺・薬師寺の棟梁だった西岡常一さんの連載を始めることになって。「木に学べ」という連載だったんですが、その連載を始めるにあたって聞き書きという形式を使ったのが最初ですね。

中井　塩野さんは聞き手の質問を消して語り手の一人称の言葉だけを使ってまとめていく一人語りの文体を使っていますよね。最初にその方法を考えたのは、どういう理由があったんですか。

塩野　西岡棟梁と話をしていて、大和弁で自分のことを語る言葉を聞いているうちに、それをそのまま読者にも聞かせたいと思うようになったのが大きかったと思います。職業についてのしゃべり言葉というのは、とても特徴があるんですよね。風土、歴史的背景、職業的背景、用語、そうしたものが言葉の中に全部集約されている。それまでは、姿形だとか作業場の風景だとか道具だとか、それから口調、表情などの描写を加えながら、地の文として文章を作っていたわけですね。でも、なくても済むんじゃないか、優れた話し手であればなおさらなくてもいいんじゃないかと考えたのが一つ。それと、僕ら書き手は、もしかしたら海の水をお茶碗でくんでしまっているんじゃないかということもあったんですね。海をそのまま見せられたら、読者はもっと広く読めるかもしれないのに、報告者という、もしくは作家という小さな器でくんでいるかもしれない、自分の狭い裁量で拾っちゃっているのかもしれないという危機感もあったんです。

中井　そのあと、一人語りの形のほうがお仕事の中心になっていきますよね。

塩野　そうですね。人柄を表すのにとてもおもしろいやり方だというふうに思いましたので。でもとても大変なんですよ。もし同じ原稿料でやるなら、自分の裁量で原稿を書いたほうがずっと早いし、短い範囲で、たぶん的確と思われるメッセージを伝えられるとは思うんですね。でも、それよりも、手間暇はかかるけど、言葉のもっているおもしろさと生き方がにじみ出る、表に出てきてしまうこの話し言葉のおもしろさっていうのは、ちょっとほかに代えがたいかなと思っています。

●自分の意見を作らせる——一人語り以外の聞き書き

中井　塩野さんの場合は、ご自分のお仕事でも、それから「聞き書き甲子園」で高校生たちに教えるときも、一人語りによる「文芸」として聞き書きをとらえていると思うんですね。僕のほうの話を少しさせていただくと、僕は高校生を中心にした国語の塾をやっておりまして、そこで生徒たちの表現指導の一環として必ず聞き書きを入れているんです。ただ、聞き書きという言葉を僕はもうちょっと広く考えています。要するにまず現場に行って、そこで働いている、またはある問題に関わっている人間に必ず話を聞いてくる。そしてその内容を文章にまとめていくっていう、その一連の作業を僕は聞き書きと呼んで高校生に課しているわけなんです。文章のまとめ方についても、一人語りもあると言っていますけれども、一人語りである必要はないと言っている。むしろ僕の場合は高校生に自分の意見を積極的に作らせるっていうことを目的にしている面があるので、一人語りよりは、自分の意見を前面に出せるような形の指導のほうを中心にしています。例えば問いと答えを並べたり、相手の答えを「　」に入れたり要約したりして、地の文は自分の文章として書く書き方ですね。僕はそういう広い意味で全部くって、それを聞き書きっていうふうに考えようとしているんです。なぜかというと、「文芸」とすると国語科の独占物のようになってしまって、社会科や理科のレポートに対して文芸の国語科といった縦割り構造を強化してしまうと思うからなんです。それを壊した上で、それぞれの目的や文体の使い分けを考えたい。社会科や理科で書くレポートも、文献調査だけでなく実際のインタビューをそこに入れていくようになれば僕の考える聞き書きに入ってしまいますし、それも全部含めた形で一度全体を見渡すようなことを考えているわけなんです。

中井浩一

塩野　人に会ってまず話を聞く、それからまとめるという作業のところは両方とも同じなんです。ただその仕上げ方の問題と立ち位置の問題でいったときに、入れ物は中井さんのほうが大きいので、僕らはその中のこういうやり方ですよっていうふうに収まるんだろうと思うんです。

中井　何かを調べるために人に取材するときには、大きく二つの視点がありますね。一つは、その対象を社会問題としてとらえ、その問題解決に重点を置く場合。そのときは事実や考え方が重要で、その人の人生や生き方は背景に置かれます。もう一つ、その人の人生の背景に戦争や貧困や家族問題があっても、その人の生き方そのものを問題にする場合があります。世間では前者を理科や社会のレポート、後者を一人語りの「文芸」として国語科のものとすることが多いようです。しかし、本当は両者は別のものではなく、切り離せないのではないか。本来国語科は、そうした多様な目的と重点の違いに応じて、それぞれに適切な文体や構成の使い分けを指導する教科だと思うんです。もちろんその中に一人語りの文体も含まれるわけですね。塩野さんのやり方では、仕事と生き方っていうのがはっきりとつながっていて、聞き書きの中にその人の生き方というものが強く出てくる。しかし、その中にちらちらと社会的な問題も含まれているわけですね。家族の問題もあるし、地域の問題もあるし、林業の抱えている問題もある。塩野さんは、高校生たちがそういう問題そのものを取り上げていくのは、次の段階だというお考えなんでしょうか。

塩野　そうです。というのは、高校生たちの段階では、最初は林業がこんな大きな問題を抱えているとか、それから海の汚染だとか、資源不足がこんな状況になってるって、初めて知る機会なんです。知ったあとに彼らがどうするか。環境問題に取り組むのか、日本の水産業について手をあげてしゃべるようになるか、反戦活動に入るようになるか。それはここから先、彼らが選ぶ問題で、僕らが今の段階で与えているのはファースト・コンタクトのチャンスだと思いますね。

中井　僕が一人語りの形でやらせないのは、問題と向き合わせたいからなんです。その問題に対して自分がどう考えるかっていう自分のテーマをはっきりさせることを目的にしているから。僕が考えているのは、そのファースト・コンタクトのところから始まって、その次のステップくらいまでを高校生段階としては提示しておきたいっていうことなんですね。

●教師の役割――事前指導と書き直し

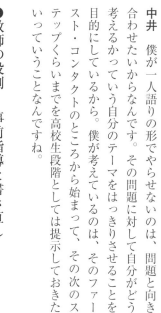

中井　この「塩野米松流聞き書き術」（141頁に説明）を拝見していますが、「聞き書き甲子園」に応募した生徒にはまずこれが渡されて、その上で塩野さんの話を聞くような形なんでしょうか。

塩野米松氏

塩野　そうです。「聞き書き甲子園」では、一年に一回、八月に三泊四日でまず聞き書きの手順とノウハウを教えるんですよ。まず僕の代わりの「聞き書き甲子園」の先輩たちがこの中身を具体的に教えて、そのあとに補足として僕がなぜこれをあなたたちにやらせようとしているかという精神的な部分と概論を話します。そのあと、グループに分かれて実際に一時間のインタビューを行って、そのテープ起こしをその日に行う。それを整理したものを僕が読んで、どこがいけないのか、文章というものは読めるように書かなきゃいけないんだとか、僕がもしこれをこのまま一回の取材で提出しなきゃいけないとすれば三分の一は捨てるだろう、具体的にここはいらない、というような講釈を垂れるんです。あとはカメラマンが来て写真はこうやって撮るんだとか、人に近づくほどいい写真が撮れるとかいろんなことを話す、そういう授業です。

中井　聞き書きを実際にやらせる前に、教師が示すべきことっていうのがあると思うんです。一つは、やはりインタビューっていうのはどういうふうにするのかっていうことを実際にやってみせるっていうことがあると思います。次に、そのまとめ方を具体的に示すということがある。塩野さんは三泊四日の中で実際にそこでやり、文章にまとめ、その文章をチェックしてどこがどう良い悪いっていうことを彼らにキチッと示しているわけですね。やっぱりそこまでやらないとダメだと僕も思っているんです。もう一つ聞きたかったのは、実際に聞き書きをして出てきた文章もチェックするんですか。

塩野　それは単に読むだけです。一回目の校正は話し手に原稿を戻しますので、話し手が間違いを直してくださるのと、誤字脱字は指摘しますけど、それ以外は基本的にはそのままで、講評は加えないんです。それはもう皆さんが作った作品なので。とにかく聞きに行ってくれたということで、これはもう拍手。それ以上のことはもうないんです。

中井　僕は書き直しをさせるんです。僕の場合は一人語りの文体にしないで聞き手である自分自身の意見をどんどん作ることを目的にしているので、自分の意見をどうやって作っていくかっていうそのプロセスが、書き直しのプロセスと重なってくるわけなんです。彼らはそれぞれのテーマについて調べてくるわけですけれども、最初はそれを取りあえず聞いてまとめるだけでもう精いっぱいです。でも僕にとってはそこからが始まりなんです。彼らが取材してきた一つ一つのコメントについて、彼らがそれのどういうところに疑問をもつか、別の考えを出せるか、そこから彼らがまた自分なりの考えを作っていけるような形の授業ですね。場合によっては、そういう形ではっきり浮かび上がってきた疑問に対して、もう一回追加取材するっていうような形でやっています。

塩野　僕らの場合も基本的に二回取材に行くことになっています。それは、一回目の取材内容を整理してみると改めて聞かなきゃいけない部分が出てくるのと、それからたくさんの専門用語が出てくるので、その専門用語にこそキーポイントがあるんだから、それを改めて聞きなさいと。

●自分の中に「問い」を作る

中井　今の高校生は、それまでの学校教育で何を叩き込まれてきたのか。それは問いを一方的に先生が出し、そして彼らは出された問いに対して答えることだけ。それをひたすらやらされてきたのではないかと思うんです。こういう教育なら本当はなかったほうがいいんじゃないか。そういう彼らに対しては、その逆の、つまり答えはどうでもいいから問いを作っていくっていうことをするべきだと思っているんです。生きるということは自分で問いを作っていくことなんだと。その正反対のことを小さいときからずっとやってくれれば、そういう力が育ってこないし、むしろそれが育たないように、その芽をつぶすことをひたすらやっているという面があると思うんですよ。

塩野　僕はそういう現場をわからなかったんですけど、今のお話を聞くと、僕が「聞き書き甲子園」で教えていることはそういうことなんです。問いをどうやって作り出すのか、あなたは驚くことができるのか、泣くことができるのか、なぜこの人は私と違うのか。そういうことに気づけるかどうかっていうことが、聞き書きの一番の基本なんですね。

●具体的に聞け

塩野　「聞き書き甲子園」に応募してくる高校生たちは、別にエリートでもなんでもないんですよ。林業高校とか水産高校とか、それこそそのまま就職する子供たちが半分くらいいる。作文すらも書いたことがなくて、「嫌だな、選ばれちゃったよ」とかって思って来てる（笑）。だから、この聞き書きは作文が下手でも苦手でも絶対できるんだよ、なぜなら話してくれる人の言葉で書けばいいから、それから上手に書く必要は一切ない、というふうにまず最初に言います。聞き上手がいい作品を書くわけじゃないんですよ。なぜなら、話し手が下手だとどうしようもないんです。逆に、聞き手が下手でもじもじしているので、気の毒がって全部しゃべる話し手もいるわけです。全部しゃべると実に論理がしっかりしていて、いっぺんで原稿ができちゃうんです。

中井　やはり語り手が語りたいことを本当に語ったときは、文章がある程度できあがると思います。しどろもどろのときは別ですけれど、核心のところに入っていったときにはそういう形になっているはずなので、それを解き起こして書くことで、実は文章の書き方を学んでいってるというところもあると思うんですね。

塩野　そうですね。確信をもってしゃべってくれるのは、その人の職業だから、その人の人生だからっていう部分があるので。それから、整理するという作業がまた文章を読みやすくする。大事なポイントだけを拾い、自分が感銘した言葉で職業に関連のある言葉というような基準で拾い集めていく、それから小見出しを使うというふうなことで、黙っても読めるいい文章になるんですよ、みんな。

中井　小見出しを使うというところはポイントだと思います。放っておくとそのままだらっとなりますからね。やっぱり区切りをつけて内容の核心部分を意識させるっていうことになりますからね。

塩野　それから、あなたたちは人生だとか仕事を聞きに行くんだけれども、決して聞いてはいけない、聞いても使ってはいけないことは、とにかく人生論は聞いてくるなと言うんです。観念的な言葉は一切不要。聞いても、「ここは塩野先生は使わなくてもいいと言ったな」と思いながら聞きなさいと。「きこりってどんな仕事ですか」なんて聞いたって、「木を切るんだよ」「あ、そうですか、木を切るんですか」って、二つの返事で終わっちゃうんだよって（笑）。そうじゃなくて、「なぜこの木を選んでいるのか」『なぜあなたはこの道具を使っているのか』『この道具はおじいさんからもらったんですか、買ったんですか、なぜこれを買ったんですか」っていう話をずっと聞き詰めていくと必ずその人の人生観が言葉の中に表れてくるから、「あなたにとってきこりってどういう仕事ですか」「あなたにとって野球ってどういう仕事ですか」っていうような言葉は絶対に口にするなと。これをインタビューで年中使っているアナウンサーを見たらアホだと思えと（笑）。そんな一言で簡単に人生を聞くために聞き書きはないんだよって。いかに具体的に質問を積み重ねるか。それでこそ相手も答えることができると。

中井　それはまったく一致していて、聞き書きでは「具体的に聞く」っていうことがキーワードになると思っています。一般論を話されたときには必ず「例えばどういうことですか」「具体的にそれはどういうときにどういうことがあったんですか」っていうふうに切り込んでいかないとダメだっていう話をしているんです。これはものすごく大事なポイントだと思っていて、さっき言った、ひたすら先生が出した問いの答えだけを出してきた人間っていうのは、一般論だけで間に合うと思っている傾向が強いんですよね。自分で問いを立てていくっていうことをやったことがなければそれで済んじゃうわけです。わかった気になれば終わりだから。でも、問いを作っていくためには一番最初の具体的なところまで戻らないと見えてこないんですよね。

塩野　そうですね。農業や林業の問題を考えたいとか、いろんな会議や町おこしとかに呼ばれていっても、あなたたちの言っている林業って何？　あなたたちが言う農業って何？　誰のどの農業のことを言っているのか、って思うんですよ。同じことを高校生には、あなたたちは林業っていったときに山田一郎さんが言った「木を切るということはこういうことで、自分がこういう問題を抱えている」って、一人の名前を出して言えるでしょう、だから、農業の問題とか林業の問題って抽象的なことを絶対に言うんじゃないよって話すんです。

中井　そこが聞き書きの一つの大きな意義ですよね。つまりその問題を一つの具体的なところで知っているということ。それが一般的に表現されていることとの間にどれだけのずれがあるかっていうことがわかっている人と、わからないでそういうことを言っている人とは全然違う。

塩野　みんなすぐ反戦って言うんですよ、高校生たちは。それから環境とか自然保護とか。なんとかっていうおじいちゃんが、「自分は戦争体験をした、子供が戦争に狩り出されるような国にしちゃいかん」と言った、その言葉を拾ってきて、感心したり、同意できたら戦争は嫌だって言え。そういうものなしに、新聞に書いてあったり、みんなが言ってるような言葉で言うなら、二度とその言葉を使わないように、って怒るんです。

中井　僕は添削でてにをはを直すようなことはしませんけれど、一般的な形で簡単にくくってしまうところには全部ペケ印をつけて、こういうふうにくくるなっていうことはもう繰り返し言います。くくり始めたら、どこまでだって簡単にくくれるんですよ。

●狭い世界を壊していく聞き書き

塩野　細かいことを積み重ねていくと姿が現れてくる「キミ子方式」という絵画法を教育に取り入れた、松本キミ子さんっていう方がいらっしゃる。その方は、例えばもやしをここに置くんです。僕は絵が少しはうまく描ける。だから全体像を画用紙の中にこうやって描けるんです。でも子供はみんな描けない。でもどの子にも絶対描かせる方法がある。それは、まずもやしの一番端っこを紙に描くんです。どうなっているか、ちゃんと見て描けって。その上はどうなっているのって、見たまま積み重ねていくと、紙からはみ出すんです。全体枠がないから。そうすると、そこに紙を足しなさいって言うんです。こうやって紙を足して描いていくと像ができあがるという絵の描き方をやる。それは聞き書きでもまったく一緒なんですよ。始めは全体像とか、相手がどんな人かわからなかったけど、積み重ねたら像ができあがる。逆に、全体像が見えてしまうとウソの部分が、読んでいるとわかるんです。おじいちゃんの話の中に「第二次世界大戦に僕は行ったんだよ」と。その子に電話して、「この人、第二次世界大戦って本当に言った？　大東亜戦争って言わなかった？　日支事変って言わなかった？」「先生、ごめんなさい、そのほうがわかりやすいと思ってそうしました」って。第二次世界大戦なんて言う人がいれば、そのときの言葉じゃないかもしれない。

中井　一つの言葉の選び方ということの中にある重さですね。高校生はすぐ自分の教わった言葉、自分がよくわかっているほうに引っ張ってくる。わからないことに耐える力、わからないことの中で、でも逃げないでその中にいることがつらいわけですよ。そうすると、よく知っているほうにそれをもっていってしまえば、もうすぐにその苦しさからは解放されるっていうことがあるんですね。でも、ここにとどまらないと見えてこないものがある。

塩野　それとね、今、パソコンも問題なんですよ。この間も「木を切って間伐をするという作業がとても大事なんだ」という話があった。パソコンで打つと、日照りの「旱魃」が出るんですよ。そのまま提出してきて、「これはおかしいだろう」と。山の木を切る林業の間伐の字を見たことがない。実はこういう字なんだよ、って言ったら、「えっ、じゃあ今までずっと私たちが聞いていて、カンバツって大変なんだよね、って言ってた意味と違うんですか」って。こっちから見ればおもしろいですけど、子供たちにとってみれば大ショック。

中井　でも、そういうショックがあって、そこから始まりますね。

塩野　驚くか、泣くか、とにかく知らないことに出会うことからしか、嫌な言葉ですけど「教育」は始まらないと思うんですね（笑）。

中井　そうなんですよ。彼らはね、理科でも社会科でも、自分が知っていることの確認ができれば一番楽なんです。でも、大事なのは、前に思っていたことが全部壊されて、そこから本当の何かを考え始めるっていうことじゃないですか。聞き書きの本当のすごさは、そうやって確実に壊されていく部分があるっていうことなんですよ。

●語りたい中身を作る

中井　中身がないっていうことでいうと、今、本当に自分の語りたい中身をもって語れるような高校生は少ないと思います。文章を書けって言われて本当に豊かなものをすぐ書けるような高校生はそんなにいないと思うんですね、実際。しかし、表現の練習っていうことだけ考えてもですよ、書きたいと思うものがないのに書けって言われるのは、もう拷問になりますね。

塩野　そうですね。

中井　書かずにいられないとか、自分はこれを書かなかったらダメなんだとか、そういう強い思いをもたせられないでいながら原稿用紙だけ渡してここに書けっていう、そういうことが実際は行われているわけですよ。だけど、もし高校生に表現ということをやらせるんだったら、その前段階としてまず彼らが書きたくてたまらないような状態にどうやったらもっていけるか、っていうことのほうが先であって、それをやらずに原稿用紙の使い方とか書き方とかやっていてもしょうがない。そうすると、語りたい中身がない中で、とりあえず書きたいことを作るための最もいい方法の一つは、調べて人の話を聞いてそれをまとめるっていうことだと僕は思っているんです。それに、僕の生徒も塩野さんの生徒も、これまで誰一人書き上げてこない生徒がいなかったっていう、この事実の重さ。これはどうしてかっていえば、自分に語ってくれた人に対する責任。あれだけの思いで自分に対して語ってくれた人に対して、それを書かないで済ますことはできないんだっていう思いですね。

塩野　そうです。本当のことをいうとものすごく重たいものを背負わせているわけですけど、でも、それに応えるのがもう社会人としては当然の義務で、一人の人間に、みんなで会ったんじゃ誰かの責任なんだけど、一人でしか会っていませんので、「あなたが書かなければあの名人の記録はもう一生残らないんだよ」って言うんです。そうすると、短くても、どんなことがあってもとにかく書き上げてくるんですよ。そういう意味では偉いっていうか、背負わせているものは重たいだろうなとは思うけど、それがおもしろかったからみんな続いてきているし、聞き書きをやった高校生たちが翌年に先生になったりサポートグループに名乗りを上げてきてくれる。それから、「聞き書き甲子園」の運営には今は国からは一銭も出ていませんので、全部僕たちＮＰＯが集めてきたお金なんです。高校生を東京に呼ぶ交通費、宿泊代、取材費、それから最後の東京でやる百人の発表会、何千万円かかかるんですけど、このお金を集めに行くのも卒業した高校生たちで、自分たちはすごくいい体験をさせてもらった、次の子供たちにもぜひやらせたい、じゃあみんなで一緒にお金を集めに行こうよ、と言って一緒に集めてくれるんですよ。自分の人生が変わったって感激してくれて。まあ一六、七歳の子供たちが言うんだからまた変わると思うんですが、少なくともそういうふうに思うことができるチャンスに百人のうち何人かの人たちは出会えている。進路を林学にしたり海洋学に変えたり、それから自分の家の跡を継ぐことを決心したり、さまざまなきっかけにほんの少しでもなっているかもしれない。そのことを僕らは期待したわけじゃないけど、そういうことはありますね。

●高校生の変貌

中井　「聞き書き甲子園」の対象に高校生をもってきたというところは、僕は大ヒットだと思っています。大学生はやっぱり違うと思うし、中学生では無理だし。塩野さんが高校生を対象に考えた理由は？

塩野　これはもう考える余地がなくて、高校生以外ないと。理屈も何もない。中学生では無理だろうと。人生にちゃんと向き合う必要があるから。話を聞くときにそれなりの志なり迷いなりをもっていないと質問にならないんです。高校生はやっぱり自分の質問をもつからこそ、その答えがすごく響く。

中井　そうですね。僕も高校生だと思う。なぜ高校生に聞き書きをさせることをこれほど重く考えるかといえば、やっぱり自分のテーマが何かっていうことに今取り組まなかったら、もう取り返しがつかないから。また、そのことについて別にこちらから言うまでもなく、やっぱり彼らの中に不安があり危機感をもっているときだから。だから僕は高校三年の受験のときに聞き書きをさせるわけですよ。受験のことを考えたら、テープ起こしなんかやってるような時間はないんだけれど、でもそんな中でもやっぱりやってくる人間がいる。それは、それをさせるだけの力が彼らの中になかったらできないわけですよね。「聞き書き甲子園」の場合は、百人の参加者のうち、高一、高二、高三はどんな割合なんですか。

塩野　高三は少ないですね。高一、高二が多いと思いますね。

中井　でも、高三が少ないにしてもいるんだよね。やっぱり高三くらいになってやるのは本気だと思いますね。

塩野　高三で手伝いに来る子もいるんですよ。「おまえ、大丈夫？」みたいな（笑）。百人いたら、感激した子供たちの一五、六人が、次の年に手伝いに来てくれる。その子たちはその子たちで、合宿の前に、どうやって教えればいいか研修会をやっているんです。

中井　自主的にやるわけですね、もちろん。

塩野　全員自主的です。「塩野先生、任せてください」とか言ってね。全部任せてるわけじゃないんだけど。

中井　十何人かにしても、それが十年間積み重なってくると、もう一六〇、七〇人の人が「指導者」予備軍として育ってくる。それはすごい財産です。一つ聞きたいのは、最初に集まってくる百人の生徒には、やる気があって自分から来る人と、学校から行けって言われて嫌々来るみたいな人もいると思うんだけど、次の年に一五、六人残る人っていうのは、やっぱり初めからやる気のあった人が多いんですか？

塩野　いや、成績が悪くて何もいい論文を書かなかった子でも、みんなと話したり友達になるうちに、「自分はいいのを書けなかったんだけど、自分が書けなかった理由を教えたい」とかっていう子もいるわけです。だから、必ずしも成績のいい子が残るわけじゃない。

中井　聞き書きのおもしろい点は、いわゆる優等生じゃないような人たちの出番があるんですよね。例えば、戦争体験の聞き書きのときの話で、やる人は一生懸命やるわけです。でも、中にはむしろそういうのに反発するようなやつもいるわけですよ。それは出してこないわけです、敢えて（笑）。でもね、ほかの仲間たちが一生懸命やってきたのを読んでいるうちに、やっぱり心が動くわけですよ。そういうふうに強い反発をもっていたやつが覚悟を決めてやったものは、けっこういいのが出る。そういうおもしろいことが起こるのがこの世界だと思いますね。

塩野　そうですね。高校生たちが最後にこの聞き書きをやってどう思ったかという感想文を数行ずつ書いてくるんですけど、ほとんど涙ものですね。「え、あの子が……」っていう感じですよ。それは聞き書きの効果と、知らない者同士が初めて会って初めての経験を一緒にやったっていう、あの世代特有のものだと思うんですが。

●事実と真実

中井　塩野さんに一つ、事実と真実ということについて聞きたいんです。話を聞いている人の話の中に事実でないこともあるわけで、それに対してどう考えるかということ。それは、戦争体験の聞き書きのときなどに非常に問題になってくるんですね。戦争犯罪みたいなこともその中には出てきますし、自分の子供を出征させるときどういうふうに感じたかっていうことを語るときに、どれが本当なのか。本当っていうのはそもそも何なのか。そういうところの受けとめ方ですね。僕の仲間の先生の話で、特に戦争体験なんかの聞き書きをやらせていると、その方の場合は地の文は著者だから著者がまとめながら書いていくんですけど、その中に自然発生的なんだけれど、物語的な表現になる部分が出てくるんですよ。その変化の意味というのはものすごく大きいだろうと。そういうふうに語らずにいられなくなる思いっていうのが、そこにあるんですね。僕は聞き書きは基本的にはあいまいなところを残さずに事実に迫らなきゃいけないと思っているんだけれど、それをやらずに物語になったらダメだと思うんだけれど、やっていく中から出てくる物語っていうものが確かにある。

塩野　それがめちゃくちゃおもしろいんです。僕、いま文春の『本の話』とジブリの『熱風』に連載しているんです。で、校閲係がいるんですが、校閲係は従来の小説とかノンフィクションと同じように、すべての事項を照らしあわせて「間違いじゃないか」と指摘してくる。その部分は僕に言うんじゃない、と（笑）。僕に対する校閲と、しゃべり手に対する校閲と、二種類なきゃいけない。このじいさんは本当にこう思ってたんだ。これをくつがえしたら、今までしゃべってきた中身が全部ひっくり返るかもしれない。「五五年に猛吹雪だった」とあるんだけど、調べるとその前年の五四年の豪雪と違いますか、と校閲係が聞いてくる。それはね、確認するのは簡単なんです。でもそのおじいさんはその年に杜氏になった。「蔵まで歩いて行けなかったんだよ、俺は。それがこの年なんだよ」と。「豪雪は五四年だそうですけど」って言ったら、「いや、俺はこの年に……」って言う。どっちをとるかっていう話があって、ウソも本当もないんです。もうこれは聞き書きの特徴で、しゃべり手が勝ち。

中井　そこのところが聞き書きは本当におもしろい。物語化っていうことが語っていながら起こっていくときに、それをウソって言えるのか。人間の本質的な部分がそこに出ているんじゃないかっていうふうに思うんです。

塩野　本当は聞き書きの本質はたぶんこういう話なんだと思うんだけど、国語教育の中では難しいよね。聞き書きというそのものも難しい。今のように真実だとかウソとかっていうおもしろさは、一回やってからでないとわからないのね。

●自分を語れ――聞き書きは真剣勝負

塩野　お話を聞きに行くと、相手はとても貴重なことをしゃべってくださっている。だから高校生たちには、あなたたちはあなたたちで、二〇一一年の一七歳の子供がどう生きてるかを話してきなさいね、おじさんたちも喜ぶから、と言うんですよ。これでツーペイになる。だからちゃんとしゃべれ、質問だけして帰るなって。

中井　自分を語れっていう、それは本当にそうだと思う。

塩野　出会いですもんね。

中井　高校生にとってすごく強いインパクトがあるのは、逆に向こうから質問されることがあるんですよ。じゃあ君、どう生きるの？　君、将来どうするの？　この問題、どう考えているの？　彼らは突っこみ返されてオロオロしてしまいます（笑）。取材相手からそういうふうに聞かれるのは、教師とか親とかが言ってるのとは意味が違う、もう真剣勝負の場面なんですよね。

塩野　そうですね。だってそのたびに「何も考えてません」って言うことがとんでもない決心で。親や先生なら、ふん、とかで済むんだけど、相手はまるで見知らぬ他人。もう「こうこうしかじかで来ました」から言わなきゃいけない。「テープレコーダーに録音させていただいていいですか」「なんで?」とかって。「こういうふうな作品を作らなきゃいけないんだ」って言ったって、「ああ、そうなの、じゃあ、まず置いて、やれば?」って、すべて一からその子が言わなきゃいけない。すごく意地悪なようだけど、人と人とが出会うっていうことの一番基本的な模擬試験みたいなもので、実は全然模擬じゃないという（笑）。みんな震えて行くんです。それをみんなお父さん、おじいちゃんがだいたい受け入れてくれる。むこうは大人でそれなりの人格者。それも習熟した人で、いじめるためにいる人はほとんどいない。それから森の名手、名人として選ばれたという誇りもあるし。だからいかに頑固だって、小娘が震えているのに何も言わないわけにはいかない。そばで聞いているお母さんとかお姉さんとか、みんな手伝ってくれるんですって。「これ、聞きたいんでしょ?」って（笑）。ある意味すごく過酷なんですけど、仕掛けとしてはとてもおもしろい。

中井　でも、高校時代にそういう真剣勝負、もう逃げ場のないようなところに身を置いて、そういう経験をした高校生と、それがなかった高校生のその後は大きく違うと思いますね。

●手間暇かけない教育は無理

中井　「聞き書き甲子園」は十年間続いていますが、塩野さんには悪いけれど、この聞き書きっていうやり方が日本の高校現場に広がったんだろうか、という疑いがあります（笑）。どんな印象をお持ちですか。

塩野　僕は最低十年間はやろうと思った。千人の生徒を育てれば、ねずみ講みたいになり得るというふうに一つは思ってました。もちろんその一期生、二期生で学校の先生になって子供たちにこれを教えるんだっていう人たちもいたし、僕の授業を受けて実習をやった学校の先生たちの中で、自分の学校の生徒たちにやりたいって言ってやった人もいるんです。僕たちが手伝いに行って、そのあと何年間かそこの学校の授業に聞き書きを取り入れた学校もありました。でも、想像したほどには広がらなかった。

中井　ここは非常に重要なところで、その見通しが外れた理由を、塩野さんはどう考えているんですか？

塩野　実際に僕が高校だとか中学でこれをやっていて感じる一番の障害は、先生たちの負担がすごく大きいことですね。だから担当になった方は外れくじを引いたと思ってらっしゃるかもしれない。それほど負担が大きいと思うんですね。新しく今年から始めた中学があるんです。北海道の美瑛の中学校なんですが、そこの学校も授業としては無理だと。校長先生も「聞く」ということが今度の指導要領の中の大きなテーマなので、これはぜひやりたいとおっしゃっていましたけど、やはり今の授業の中にはあまりにもたくさんのことが詰まっていて、これを組み込むことはほとんど不可能だと。でも、国語の先生で一人だけ一生懸命な方がいらして、僕の課外授業でやりますというので、三人の生徒が手をあげてくれて、パソコン好きの少年二人と写真を撮るのが好きな少女と三人で聞き書きをやってくれるんです。そういう種が一個でも植えられれば広がるかなと。僕は「聞き書きの宣教師」だと。

中井　おっしゃってますね。

塩野　手をあげて「やりたい」という学校なり団体があれば基本的には手伝いに行くし、僕の生徒たちも近所に必ずいるはずだから、やらせてあげましょうとは言っています。ただ、システムとして学校教育がこういうことをやろうとすると、受け入れるための形がないとなかなか難しいのと、国語の授業でこれをやろうとすると、まずインタビューをしに外に行かなければいけない。それからテープ起こしをし、編集作業をして最終的に作品を仕上げる。これ、ものすごく時間がかかりますので、この時間がかかることの意味の大きさを理解して、でもやろう、それだけの価値があると思ってもらえるまで、まだしばらく時間がかかるんじゃないでしょうか。

中井　僕が悔しいのは、高校生がどれだけの可能性をもっているのか、本当に一人の人間のもっている可能性のすごさというものがわかってないんじゃないか、ということなんです。高校生が現場に行って人とぶつかって、そこから一か月前の自分とまるで違うような形にまで人間が変わる。あれを見たら、手間暇なんて言わなくなると思うんですけどね。第一、手間暇かけない教育というのは無理ですよ。

塩野　無理ですよ。

中井　本気でやるんだったら、手間暇かけなかったらできませんよね。

（二〇一一年八月三〇日）

●聞き書き甲子園

日本全国の高校生が、きこりや造林手、炭焼き、漁師や海女、船大工など、森や海・川に関わる分野で様々な経験や技術を先人たちから受け継いでいる名手・名人を訪ね、知恵や技術、人生そのものを聞き書きし、記録する活動。二〇〇二年度から始まった。詳しい内容や募集要項、過去の生徒作品などは、ホームページを参照。

▼http://www.foxfire-japan.com/

●塩野米松流聞き書き術

「聞き書き甲子園」の事前学習用テキスト。聞き書きの魅力から具体的な方法論まで、塩野による講義録が一二ページにわたってまとめられている。全文を「聞き書き甲子園」のホームページからダウンロードできる。

■塩野米松（しおの よねまつ）

一九四七年、秋田県生まれ。東京理科大学理学部応用化学科卒業。芥川賞候補連続四回。小説と職人の聞き書きを中心に執筆活動を行うかたわら、「聞き書き甲子園」の講師として、また全国の中学校・高校でも直接聞き書きの指導に当たっている。主な著書『手業に学べ』（ちくま文庫）、『木に学べ』（小学館文庫）、『木のいのち木のこころ』（新潮文庫）など。

（初出：『国語教室』94号）

第三章　表現指導のカリキュラムと指導理念

第二章を読んで、聞き書きをやってみようと思った方には、とにかくそこにある通りにやってみることをお勧めします。やってみれば、その威力が分かります。

この第三章からは、聞き書き指導に関係する諸問題を取り上げます。本書では一般的な書き方になりますから、それを参考にして、それぞれの現場のおかれた状況に合わせて、工夫をしてみてください。

一　表現指導のカリキュラム試案

聞き書きを指導してみて、その威力がわかってきたならば、次には本腰を入れて取り組みたいと思うようになるはずだ。聞き書きは、「聞く」という取材活動と「書く」という表現の総合であり、文章から見てもさまざまな文体を総合する段階でありムズカシイ。それを書けるようになるためには、文章の基礎的なトレーニングや、さまざまな文体や文章を書く練習の積み重ねが前提になる。

そこで、どうしても表現指導全体のカリキュラムを構想する必要がある。高校三年間の表現指導のカリキュラム、それをどう考えたらよいのか。「聞き書き」は、その全体の中でどこにどう位置づけられるべきなのか。こうした問題への試案を示したい。すでにそうしたカリキュラムがある学校でも、これから作ろうとされている学校でも、参考にしていただけると思う。

今の高校生の「自立」、「自己」の確立のためには、自分の問題意識を持ち、自分固有の「問い」、テーマを育てることが対策の核心であることはすでに序章で述べた。それが大学で学ぶことや社会で働くことを方向付けていく。それが学習に対するやる気を引き出す。

そのためには、第一段階、個人的な体験を掘り起こし、個人的な体験の意味を考えさせること(1)。第二段階、現実社会（自然も）の問題にぶつからせ、その問題の本質を考えさせること(2)。第三段階、その問題と、自分の生き方を関係させて考えさせること（3）。以上の三つの課題を達成することが必要だ。この三つの側面は切り離せないが、その指導の順番を考えるならば、（1）→（2）→（3）が自然だろう。

この（1）は本人の個人的で主体的な側面であり、自分とは何かを直接に考えることになる。自分史や生活経験の作文、所感文、学校行事作文などがそれにあたる。（2）は社会的な側面、客観的な側面であり、人間とは何か、社会とは何か、社会問題の本質とは何かを考えることになる。説明文、意見文、記録文、観察文、報告文、レポートなどの文章だ。ここでは文献調査だけではなく、フィールドワークとインタビュー取材を必修とし、仕事の「聞き書き」なども指導する。この（1）と（2）はいずれも重要なのだが、（3）こそが核心である。なぜなら、これが（1）と（2）を結び付け、本人の問題意識を作り、テーマを自覚する過程だからである。キャリア教育や、進路・進学の動機づけに一番肝心な点になるだろう。受験学年で書く志望理由書や論文（小論文）が、まさにこの文章である。

この（3）の段階は総合の段階である。（1）の主観的な自己理解と（2）の他者理解や対象理解という客観的な側面を結び付ける段階である。この過程で、自己理解を深めていくことが可能になる。自分とは何かの答えは、（1）の作業だけでは見えず、（2）を媒介として、（3）によって初めて理解することができるのだ。これは極めて重要な段階だ。本や古典にとりくむのは特にこの段階である。

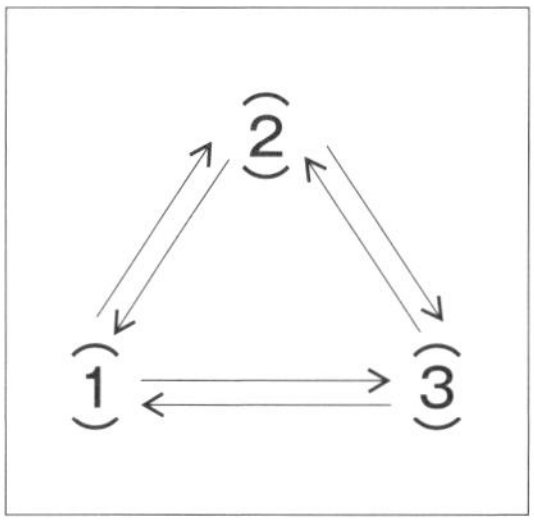

高校の三年間を通して、この三つの段階を繰り返していくのだが、大きく次のように考えたらどうだろうか。一年では全体として（1）の自己理解を中心とする。二年では（2）の社会問題などを調査する対象理解を中心とする。三年はその総合の段階であり、（3）の進路・進学の志望理由書や小論文を中心とする。

生徒の過去（第一段階の自分史や経験文）と未来（第三段階の進路・進学関

係の作文）が、現在の社会問題などの調査活動（第二段階の他者理解や対象理解）を媒介として一つの「自己実現の物語」として関係づけられることが必要だ。指導する側はそれを十分に自覚しながら、生徒に細かな指示やアドバイスをしていかなければならない。

そして、以上の三年間での大きな流れを前提とした上で、各学年の一年間でもこの（1）から始めて（2）から（3）までの流れを作っていけたら良いと思う。三種類の文章が、各学年に振り当てられるだけではなく、学年内部でも三種類のすべての文章を書いていくことだ。最初は自分について。次は他者や社会問題について。最後は、その問題と自分とのかかわりについて。

二　表現指導のカリキュラムと指導理念

1　「主観に溺れている」

以上の試案は、私のオリジナルなどではない。多くの先人達が同様のことを述べている。私が直接に参考にしたのは京都教育大の小沢俊郎（都立豊多摩高校で国語科の教員だった）が筑摩書房の国語教科書の教授資料で述べている意見だ。

小沢は、一年では生活体験文を核に措定として主体中心、二年では調べて書く作文を核に反措定として客体中心、三年では意見文を核に反措定を止揚した上での主体の訴えという方向を示している。

「一年次に試みたような生活体験に基づく自由作文は、自我の意識の強まる年齢の生徒たちに自己表出の道を与え、書くことの意義を感じさせる。それは、小学校以来の作文のメイン・ストリートであり、二年次・三年次はおろか高校卒業後にも、文章を書くことの原型たりうるものである」。

「『調べて書く』文章を二年生に要求するのは、客観世界の厳しさへ頭をぶっつけてほしいからだ。主観に溺れているのではなく、客観性をふまえることで、ぐんと思考が深まることを体験してほしいからだ。主観を抜け出たところに生まれる主体性を尊重したいからだ」。「調べるという行為は、客観的な情報認識の手段であり、主観による恣意的な思考に抵抗する。（それによって）何らかの自己変革・自己発展が生まれよう」「『調べる』と少し異なるにしても、記録文、観察文などの場合にも、ここで学んだ客観性のきびしさを尊重する気持ちは生きるであろうし、研究レポート・研究論文の書き方の中にも、ここで学んだ真実追求の姿勢が国語科の範囲を越えて発揮されることであろう」。（以上は筑摩書房の高校二年生用の『現代国語2』一九七四年版の教授資料『学習指導の研究』からの引用）

私は、この小沢の主張にほぼ全面的に賛成だ。自己（主体）を確立するためには、自己が客観世界の厳しさによって、いったん徹底的に否定されることが必要だ。高校生たちの持っている先入観や既成概念が壊れる必要がある。そして、その葛藤をくぐりぬけることで、真の主体が生まれてくるのだ。

最初の段階の自己を小沢は「主観に溺れている」と言う。私たちは今の高校生の文章を読んで、それを強く感じる。ある国語教師はそれを「内的モノローグ」と表現したが、何を対象に書いていても、独白のような文章で、そこに他者は存在せず、それは他者や対象世界に開かれていない。きつい言い方をすれば「自我の垂れ流し」だろう。私はそれを男子における「観念病」、女子における「情緒病」と名付けた。いずれにしてもそれをどうにかしなければならない。そのための大きな契機、大きな転機が、この第二段階にあるのではないか。

2　「全体」を押さえることの意味

この段階は「書けない」生徒への福音だ。表現指導の現場でよく聞くのは、「書くことがない」という高校生たちの声である。書くことがなければ書けないのは当たり前だ。どうしたら良いのか。その最も有力な答えがここにある。「調べて書け」「インタビューをして書けばよい」「聞き書きをしろ」。調べたことがナカミだから、特殊な能力は不要だ。
ここでは、彼らの文章観も大きく転換したい。文章の上手・下手、良い文章と悪い文章についての考えだ。「文才やすぐれた感性といった特殊な能力がなければ良い文章を書けない」。彼らはそう思っている。

きらびやかだが空疎な文章を書く文学青年がいる。独白ばかりの文章も多い。形だけはきれいに整った文章を書く者もいる。こうした高校生たちは客観的認識の厳しさを味わい、それを通した文章の力強さを学ばなければならない。

他方で、調べることは得意だが、文章を書くことは嫌いだという生徒たちがいる。彼らには、調べること、事実の力で、良い文章は書けるのだと教えたい。

良い文章とは事実や真実に深く迫ることで、その真実の持つ力が表に現れたものだ。そして理論や論理とは、その真実の核心に存在しているはずだ。

小沢は主観と客観の対立という観点で考えているが、これはもう一つの重要な観点と重なる。それは経験の具体的個別性と、その本質の抽象的普遍性の対立である。

この第二段階は、第一段階に現れる「経験の直接性」の否定でもあるのだ。個人的な経験は現象面の偶然性に支配され、非常に狭く、一色の感情に染め上げられやすい。そうした経験の持っている直接性を一旦は断ち切って、社会的な広がりから捉え直したり、本質的で必然的な意味にまで深めたりする必要がある。それも第二段階の大きな役割であろう。

人間にとって、「経験」は自分の考えや生き方を形成する上での根源である。すべてはそこから始まるのだ。しかし、「根源性」とは、そこにとどまることではない。そこから始まって、一般的な広がりと深まりにまで到達できた時に、初めて、それを根源性と言えるのだ。だから、表現も（1）の経験を書くことから始まるが、（2）の調べて書く段階では、経験の直接性を徹底的に否定し、その過程を潜り抜けて（3）の普遍的なレベル、つまり経験に含まれる本質にまで高まるように指導するべきなのである。

こうした第二段階が充実した学習になれば、第三段階の小論文や志望理由書はぎっしりとした内容になることが予想されるのではないか。

このようにして、第一段階から第二段階を経て、第三段階の主体の再建までの「全体」を押さえることが極めて重要である。こうした「全体」を捉えることができない時は第一段階と第二段階の対立だけが見える。そのために例の「主観」と「客観」の対立が意識され、教科の分担制という発想が出てくるのではないか。「国語科は心情や感性で、理科や社会は事実と実験と調査と思考である」。

しかし、本当は国語科はこの全過程を担うべきものであり、理科や社会も、それぞれの分野の範囲で、この全過程を担うべき教科なのではないだろうか。その違いは、他教科には内容上の分野があるのに対して、その全過程、つまりその人間のテーマ作成と自立を担うのが国語科だということだろう。

さて、全体を押さえたこの段階で、聞き書きの位置づけも明確になる。それは当然、第二段階の文章の中に位置づけられるのだが、単なる意見文（調査なし）や、調査があっても文献調査だけから意見をまとめたものとは区別されるべきだ。それらは著者一人で書くことができるので、独白の世界を越えるのは難しい。

聞き書きは、問題や客観世界に向き合うだけではない。そこには話し手という形で直接に他者が現れ、高校生自らも聞き手という形でそこに登場する。つまり自己と他者、自己と対象とが、むき出しの形でぶつかり合う。つまり聞き書きはそれ自体が、総合的な学習なのである。したがって、聞き書きは第二段階のラスト、または第三段階の最初に位置づけられるべきである。それほどに重要な学習なのである。

その第三段階の中心に位置づけられるべきもので、世間で最も広く行われている作文指導が「感想文」である。小学校、中学校、高校まで、主に「夏休みの宿題」などで「感想文」が書かされる。中学以降では唯一の表現指導だったりする。もちろんテキストを読んで考えていくことは、重要な学習であり、基本中の基本だ。テキストは先人の思想や考察の蓄積の結果であり、人類の遺産そのものだ。そこから学ぶことで、私たちは前に進むことができる。

しかし、現在、子どもたちを文章嫌いにしている最大の元凶は実はこの「感想文」にあるのではないか。テキストについての適当な思いつきを小器用にまとめた文章を求められ、空疎な決意表明で終わる。現在の国語科の問題が集約されているようだ。これはそのまま小論文のナカミのなさにもつながる大きな問題である。

どうしてこうしたくだらない文章が氾濫するのか。それは第二段階の厳しい否定がないままで、浅薄な自己のままに書かれていることが大きい。本来は自分の悩んだ経験（第一段階）や、調査した社会問題（第二段階）などから始め、その問題についてテキストを読んで考えたことをしっかり書けばよいのだと思う。これは小論文でも同じだ。

3　人類の使命と教育の本質

ここまで説明してきたこのカリキュラムは、実は人間の本質や使命、人間の教育・学習の本質から導き出されるものだと考えている。それを簡潔に述べておく。

そもそも、教育や学習とは、私たちが人類の本質や使命に関わる過去の遺産を継承発展させ、次の世代へと引き継いでいくことだ。

では人類の本質や使命とは何か。自然界から生まれた人間の使命とは、自然に働きかけること（これが労働や仕事の直接的な意味）で、自然の本質を実現することだ（ここから自然科学や科学技術が発展した）。

しかしその人間の労働は、人間が個人として単独に行うものではなく、社会として行っていくわけだから、その社会を変えることで自然への働き掛けを強めることができる。したがって社会に働きかけることで人間社会を完成すること（これも労働や仕事）がもう一つの使命となる。社会とは家族のレベルと、市民社会や国家のレベルに大きくはわかれるが、これらを理解することが必要になる（ここから社会科学や人文科学が発展した）。以上を踏まえて、自然科学と社会科学を発展させ、労働（仕事）によって自然と社会を完成させ、その過程で個人の自己実現をすることが人類の本質であり使命であろう。

そしてその使命を実現するためには、自然科学と社会科学などの過去の遺産を整理し体系化された課程から学ぶ（これが客観的側面）のだが、上からの押しつけだけでは継承はできない。他方で、生徒一人一人の個別具体的な問題関心（これが主観的側面）に即して主体的に学んでこそ、それを発展させることができる。

生徒の問題関心とは、直接的な自己理解（これが（1））と、自分の関心のある社会や自然の問題の調査研究（これが（2））の二つの面を持つ。そして個々人のこれらの関心（（1）と（2））をもとに、人類の過去の遺産を学ぶことで、その中に自分を位置づけ、より普遍的なレベルへと自らの考えを高められる（これが（3））。特に関心のある分野においては、単に教科書や参考書レベルにとどまらず、その分野での最高の著作（古典）を読む必要があるだろう。

以上が、人間の本質、その教育・学習の本質から導き出される、基本的な枠組みである。先にあげたカリキュラムは、この基本に沿ったものだ。そして、それが基本を踏まえたものであるからこそ、現在の問題にも有効なのだと思う。こうした人間の本質的な理解を持つ時に、聞き書き学習の理解がグンと深まる。

4　聞き書きのテーマ、取材対象、グループ学習

聞き書きの際のテーマ（何を聞くのか）や取材対象（誰に聞くのか）を考える時に、人間の本質への理解を持つか否かで、それがただの「遊び」になるか、真の「学習」になるかが決まってくる。

聞き書き学習では、「仕事」の聞き書きが一般に行われており、それを聞く相手としては両親の場合が多い。その意味は、仕事（労働）こそが人間の本質そのものであり、それを理解しなければ、人間として真っ当に生き

られないからだろう。その取材は自然や社会の認識を深め広げるだろう。また、その対象が先ずは、一番近くの大人である両親になることが多いのは、家庭や親子関係こそが人間の社会関係の基礎であるからだろう。

家庭こそが、次の世代の働き手を社会に送り出し、人類がその使命を果たしていくことを可能にする。その核心が親子関係になる。

こうした理解から、聞き書きのテーマや取材対象は選択され、そのインタビューの質問項目などは考えられるべきだろう。「仕事」を、単に金を稼ぐ手段といったレベルではなく、人類の使命といった深さでとらえる必要があるだろう。また、高校生にとって親の生き方を理解することは、人間一般の本質だけではなく、自分自身への理解を深めることだ。

生徒たちに、いちいちムズカシイ話をする必要はないが、教師の側では、こうした理解を持っていることが重要だ。

自分の地域の問題や、進路進学に関わる問題を取材したり、戦争体験の聞き書きをしたりするのも、こうした本質的理解を持って行うことが望ましい。

最後に、調査や聞き書きの活動を、班などのグループで行うことの意味を考えたい。普通は聞き書きや調査は、個人で行うことが多い。個人の関心のテーマに即して、その調査の技術習得をし、その問題関心を深めていく。それは確かに基本である。

しかし、強い関心がなかったり、精力的な活動を行えない生徒が多いのも事実である。そうした時に、グループ学習は有効である。また、現地調査などの答えがない中で粘り強く考えていく必要があるような場合も、仲間同士の支え合いや相互の刺激が重要だ。地域活動という意味でも、それが力になる。これは、人間が個人としてだけではなく、集団として社会を営むという、人間の本質からも、必要なことなのだ。そうした意味でも、グループ学習を意識的に取り入れていくことが大切だろう。

近年の若者たちの問題は、その世界が閉じていることだ。その独白やモノローグの世界を越えるためにも、集団制作は有効なアプローチだ。

本書では生徒作品⑥「声なき号泣」（38頁参照）がそうした作品である。これはまさに地域ぐるみの活動になっている。第五章で紹介する理科のレポート（生徒作品⑩187頁参照）も集団制作の例だ。同じく第五章で紹介する海城学園の社会科の実践は、基本は個人学習だが、取材相手が見つけられなかった場合などは、数人での取材も認めている。

私がカリキュラムを考える際に参考にさせてもらった小沢俊郎。彼の関わった都立豊多摩高校の実践でも、戦争体験の聞き書きは個人の学習だが、修学旅行中に班による調査研究活動が組み込まれていて、そのレポートは集団制作になっている。こうしたことの教育的な意味を深く考える必要があろう。

5　学校全体の教育活動へ

以上は、とりあえずは国語科の表現指導の話だが、実は高校段階の教育活動全般の話であり、学校でのキャリア教育や進路・進学指導の指導過程のあるべき姿なのではないか。

この理念と指導過程の意味が、学校全体で、全教科で共有されること、特に第二段階や第三段階は、全教科で、学校全体で行われることが望ましい。各教科で、フィールドワーク・野外調査（学校によっては「巡検」などとも呼ぶ）が班活動としても個人の活動としても十分に指導されている必要がある。そして、志望理由書や小論文の指導も、それらの活動の総仕上げとして、全教員が関わるような体制作りが必要ではないか。

現在の最大の教育目標は高校生の自立と自分作りなのである。これは国語科だけでは到底無理な課題だ。理科や社会、英語などの全教科横断の、つまり学校全体での教育の取り組みが必要なのである。全校挙げての指導体制が作られているかどうかが、成否を分ける。ここにこそ校長以下の管理職の使命があるはずだ。

三　描写文と説明文（意見文）

表現指導のカリキュラムにおける三段階を説明した。つまり（1）の自己理解（措定として主体中心）、（2）の対象理解（反措定として客体中心）、（3）の総合の段階（反措定を止揚した上での主体）。

この大きな枠組みの中で、さらに文章表現の特殊な問題を考える必要がある。それは二つの文体のマスターの課題だ。

文章の基本とは、二つの文体、二つの文章に収斂する。一つは描写文であり、二つ目は説明文（意見文）である。そしてこの二つの文体を総合した中に、その後のすべての文章は生まれてくる。したがって、この二つの文体を自由に使いこなせるようにするのが、表現指導の眼目である。

描写文とは対象（事実）自体を五感で直接とらえるもので、個別的で具体的なとらえかたになる。説明文（意見文）は対象（事実）の意味を思考でとらえることで、普遍的で抽象的なまとめ方になる。説明文と意見文を区別する考えもあるが、説明文（事実の解説）の中に潜在的には意見はすでに含まれている。それをはっきりと表に出したのが意見文なので、描写文と説明文との二つに大きくわける考え方の方が重要だと思う。もちろん同じことは描写文と説明文にも言える。描写文も著者の視点からの描写であり、そこに潜在的に説明文への芽が含まれている。しかし、描写文と説明文との区別から、その後のすべての文章の種類が派生するのだから、それを自覚させることが大切だと考える。例えば、説明文には対象そのものの描写とその説明の二種類が必要になる。そのように、前者を止揚して含んだものがその後の文章になっているのだから、最初の二種類がすべての基本となるのだ。

このような考えを押し進めれば、すべてのジャンルの位置づけも見えよう。描写文の延長上には小説が、説明文（意見文）の延長上には評論や論文が浮かぶだろう。エッセイやルポは、その中間形態だ。では聞き書きはどうか。聞き書きも総合的な中間形態ではないだろうか。だからこそ、その指導の前には、基本の二つの文体の指導が前提になると思う。

　では、その文体の指導は、先のカリキュラムとどうつながるのだろうか。先に述べた順番のままに、それぞれの段階の中で文体指導をすれば良いだけだ。

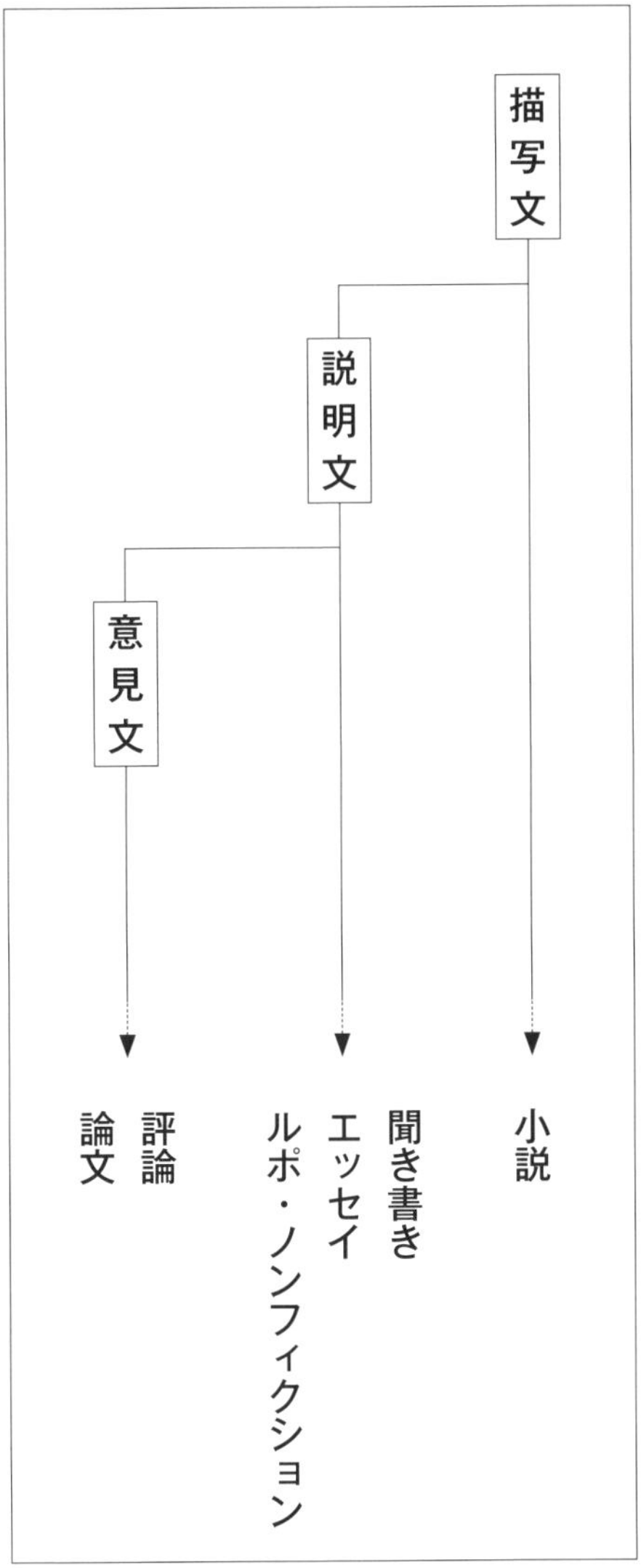

（1）の自分史や生活経験などの「経験」を見つめる文章。これは高校生の段階では説明や意見が中心になってしまうが、その根拠となる事実を丁寧に描写する練習もさせなければならない。これは自分自身や周囲の言動や心情を見つめる上で、また個別的な事実を見つめる上でも、必須の課題である。この段階を丁寧に指導しないと、根拠がきちんと示されない空虚な文章になりやすい。

本書ではこの段階の指導法を詳述することはできないので、拙著『脱マニュアル小論文』を参考にされたい。拙著で示した「観念病」や「情緒病」を克服するには、この段階の丁寧な指導が必要だ。

描写とは事実（言動と心情）を丁寧に書き、その意味をしっかり考えていく練習だ。それが次のステップで、事実を根拠としてそれについての意味の説明や意見をしっかり書く力をつくっていく。

次の（2）の説明文、意見文、レポートなどの文章では、意見（主張）は必ずその意見の根拠（事実）とセットであることを示し、根拠になる事実の重要性を説明したい。

事実の重さが理解されれば、その事実の調査が必要なことがわかる。また調査では文献調査だけではなく、現場での調査が重要であり、特に関係者へのインタビューが隠れた真実を明らかにすることを教える必要がある。

事実（対象）に迫るためには対象の外観のスケッチ的な描写が前提となる。フィールドワークやインタビュー取材では、そうしたリアルな描写が重要だ。それを踏まえてこそ対象理解が深まる。例えば、語り手の様子や表情は話した内容以上に重要なデータである。また話の内容の中には語り手の「経験」が含まれ、それは描写で表現される。

もちろん、この段階では直接的な実感だけではダメで、対象の客観的なデータや社会的な視点から、実感は相対化されなければならない。しかし最初から実感や描写を排除しては、「自分」がいなくなってしまう。

さらに、この調査の段階では「問い」こそが決定的に重要であることを理解させたい。「問い」が弱ければ、「答え」も意味がなくなる。この問いが、単なる説明文を、意見文や論文へと押し上げる力になる。どういう問いを立てるかが、著者の「視点」や「立場」になっていく。データや「社会的視点」も、統計作成者や誰か（ある立場の人たち）の視点でしかないことを自覚する必要がある。なお、レポートの指導法については、次章でくわしく検討する。

「聞き書き」は、もちろんこの段階なのだが、（3）の総合の側面もある。描写も必要だし、話し手の略歴や問題の提示が必要だし、批判や問題提起や主張がはっきりと表れてくる。しかも他者と自分とが対等の関係でぶつかる。まさに総合なのだ。

（3）は、この聞き書きで学んだ総合を、より発展させたもの。（1）と（2）を総合するものだから、すべての文体と文章が現れてくる。この段階は総合の段階だから、個別的な経験や事実の中にある普遍的な意味をつかんでいくものだ。しかし、その過程の中で、自己理解を深めていく必要がある。自分が選んだテーマ、社会問題と自分とはどう関係しているのか、なぜその問題を自分は選んだのだろうか、その問題は自分の進路・進学とどう関係しているのか、自分の人生とどうつながるのか。これらをしっかりと考えていくものである。自分を考えることから始まったのだが、最後はまた自分を考えることで終わらせたい。

この（3）の段階は、実は（2）の中にも潜在的には含まれている。レポートなどでも、それがはっきりと示されるようにすべきだと思う。そして、それが高三の最終段階では、いよいよ、小論文や志望理由書として結実するのだ。

四　各学年での一年間のカリキュラム

以上で説明した三段階のカリキュラムは、各学年がそれぞれの段階に振り当てられる。一年では第一段階の生活体験文を核に措定として主体中心、二年では第二段階の調べて書く作文を核に反措定として客体中心、三年では第三段階の小論文や志望理由書を核に反措定を止揚した上での主体の訴え。

しかしそれだけではなく、各学年の一年間でも同じように第一段階から第二段階を経て第三段階までを練習させたい。例えば、各学年では次のようなことが考えられる。

高校の一年の最初には自分の中学卒業までを振り返るような文章がふさわしい。自分史の年表をまとめたり、そこから重要な経験を描くことだ。これまでの学習した経験（学校の内外で）から重要な場面を書くことも意義深い。次に、身近な他者への取材に取り組ませる。親の仕事の聞き書きや、祖父母への戦争体験の聞き書きがこれにあたるだろう。そして、そこで自分自身の家族やその中で育った自分自身、仕事や戦争の意味を新たな視点で考え直すなら、それが総合的な文章になる。また、最後には一年の学習の振り返りや自分の成長を見つめさせたい。

高校二年でも、最初は高一で経験した全体や、これまでの自分史全体を振り返り、自分について書く文章から始めたい。そして、地域の歴史や地域の問題（社会問題や環境問題などもある）の調査などもさせたい。地域の古老やＮＰＯ団体への聞き書きなども可能だ。一つの問題にしぼり、本や資料で調査するだけではなく、現地取材をし、インタビューも敢行させたい。そしてそれらをレポートでしっかりまとめることがこの学年の中心課題になろう。ここでは明確な「問い」と、それへの「答え」を考えさせることが必須になる。この「問い」が拡充して本人のテーマに育っていくのだから。その際、その問題を選ぶ際に、なぜ自分がそれを選ぶのか、それは自分を理解させ、自分の進路・進学を考えるのに関係するような問題と題材を選ばせるようにしたい。そして、最後には自分の進路・進学についての考えをまとめたり、自分が調査した社会問題をさらに掘り下げるような本や文献を読んで意見文や論文などに取り組めば良い。

高二までにこうした指導が十分にできたなら、高三では余裕を持って指導ができる。最初はまた自分自身の課題に戻り、この段階である程度見えてきた自分のテーマや、自分の家族や地域についての考えをまとめることから始める。次に進路・進学を決めるにあたり、自分の関心のあるテーマを調査し、レポートにまとめる。地域から、日本や世界の社会問題に広く目を向けていくようにしたい。こうした学習でテーマを作った上で志望理由書や小論文を指導する。こうした過程から生まれるものは、本人の思いが詰まっており、十分な事実の調査を踏まえた、ぎっしりとした内実を持つものになるだろう。そして最後には合格までの学習を振り返ったり、高校三年間を振り返り、改めて自分について書く。

そしてここまでの指導ができたなら、それがそのまま受験対策になっていることがわかるだろう。これは次章で説明する。

以上で、三年間のカリキュラムの概要の説明を終えるが、大切なことは三年間でこの三種類の文章を繰り返し書くことで、無理なく、少しずつ、自己理解と対象理解を深めていくことだ。そして、高一段階では個別的な事実レベルの把握とその描写表現から始め、次第に事実の「意味」についての叙述を加えていく。そして高三の最後には普遍的な真実を論理的に展開できることを目指していく。まだ粗削りであっても、将来それが本人の「思想」となり、自分を支えていけるようにしたい。

五　鶏鳴学園での指導過程

参考までに私の塾（鶏鳴学園）での指導過程を説明する。

鶏鳴では、高一から通塾する生徒もいれば、高三から入塾する生徒もいる。したがって統一的なカリキュラムは用意できないのだが、新しく入塾した生徒には最初の学期には経験文、次の学期には調べる作文、つまり意見文か聞き書きを指導し、描写文と説明文（意見文）の両者を書けるように指導していく。

調べる作文では親の仕事の聞き書きは必修課題だ。その予行演習のために、塾生の父親数人の協力を得て、各クラスで生徒のインタビュー形式で仕事の話をしてもらう。

こうした繰り返しの後、高三の受験学年に対しては、小論文や推薦入試の対策として、講習が春、夏、直前に用意されている。

春の講習では、自分史の年表作りをし、重要な経験や、関心のある社会問題などを確認させる。そこから自分のテーマ、進路・進学を考えながら、大切な経験を描写し、社会問題についての意見文を書く。それらの不十分な点を踏まえて、夏までに①重要な経験、②関心のある社会問題についての文献調査と現場での取材を実施し「聞き書き」にまとめておくことを宿題にしておく。

夏の講習では、それまでに書き上げた経験文と聞き書きから始めて、小論文対策をし、志望理由書や調査書などをまとめる。自分の問題意識をはっきりさせておくことが、推薦入試の面接対策にもなっている。直前講習は実際の入試問題演習である。そして推薦でも一般入試でも、一年間の学習を振り返る文章（「学びのストーリー」）を書いてもらう。

以上は、入試で小論文や志望理由書などが必要な生徒への対策だが、程度は違っても、すべての塾生に、テーマ作りのための調査と活動と報告が求められている。

第四章　「聞き書き」から意見文、論文、志望理由書に

第四章からは、各章の冒頭に生徒作品を挙げます。これらは、本文中で例示されるものですから、最初に読んでいただいても、本文で例示された時に読んでいただいてもかまいません。

生徒作品⑦

現代福祉学部への志望理由書

法政大学現代福祉学部の推薦入試に対して提出された志望理由書。

東京の私立中高一貫校の女子の作品。彼女は、兄の他界で沈みきってしまった家庭がペットを通して明るさを取り戻したことから、動物介在福祉に興味を持つ。そして日本動物病院福祉協会と特別養護老人ホーム「さくら苑」の二ヶ所に取材を行った。その取材から「さくら苑」は例外で、一般に「介護施設」は閉鎖的で地域から孤立しがちであるという問題に気づいていく。そして大学では地域づくりや社会福祉を学ぶことを決める。この「さくら苑」での聞き書きは生徒作品②に収録した。

（173頁参照）

無題

東京　高校三年　宮本　奈津子

①福祉という分野に関心を持ち始めたのは、五年前、兄の他界と共に沈みきってしまった家庭が、ペットを通して徐々に明るさを取り戻したことから、動物が人間の心のケアに大きく役立ち、そしてその力を福祉として活躍させる、動物介在福祉に興味を持ったことがきっかけだ。

②そして今年の夏休み、動物介在福祉の詳細を知るために、日本動物病院福祉協会と特別養護老人ホーム「さくら苑」の二ヶ所に取材を行った。日本動物病院福祉協会は、老人ホームなどの施設に犬や猫を連れて訪問する、CAPP活動と呼ばれるボランティアを行っている団体で、対するさくら苑はその活動を受け入れ、さらに動物との共同生活を実現させている介護施設である。

③両者の取材を通して得られたことは、動物介在福祉は人間の心のケアや、人と人とのコミュニケーションの媒介として役立つことが証明されてきているのにもかかわらず、実際にそれを受け入れている施設や病院の数は少ないのが現状だ、ということだった。

④それではなぜ施設や病院は、その効果が認められていながらも動物の介入を拒むのだろうか。

⑤私は老人ホームなどのいわゆる「介護施設」に対して、どこか地域から孤立したようなイメージを持っていた。それはつまり「介護施設」という言葉が、「守られるべき遠い存在」といった印象を私達に与えている、ということになる。そしてその印象を作り上げているのは、他でもない、施設なのである。例えば動物介在福祉にしても、施設内でのトラブルや衛生面などの心配を第一に考えるあまり、動物の介入を受け入れられない。動物との同居によって、地域の人々とのつながりが生まれたというさくら苑の意見を念頭に置くと、この保守的な体制は結果的に、地域との交流を絶ってしまっているようにも思える。つまり、施設利用者たちを外部から頑なに守ろうとする姿勢は、周囲の地域との関係をも絶ち、介護福祉を社会的に孤立させてしまう原因のひとつになっているといえるのではないだろうか？

⑥しかし施設利用者たちが生き生きと生活するためには、地域の人々とコミュニケーションを取り合い、「施設」と「地域」の間の境目をなくすことが大切だと私は思う。したがって、施設と地域が互いに理解のある社会を築いていくことがこれからの福祉における課題だと思うのである。

⑦私は、施設側の抱える問題について興味を持ったことをきっかけに、動物介在福祉に限らず、地域づくりや社会福祉に関しても詳しく知りたいと思うようになった。だから私は社会福祉、地域づくり、臨床心理の三つの分野を幅広く学ぶことの出来る、ここ法政大学の現代福祉学部を強く希望している。そして施設側の保守的な体制に関しても、これから大学で学んでいく上で、その答えを見つけていきたいと思っている。

二〇〇四年度作（指導、段落番号と傍線は中井）

生徒作品⑧

ＡＯ入試のための志望理由書

慶応大学の総合政策学部（ＳＦＣ）のＡＯ入試のための志望理由書。

作者は広島の出身。もともと原子力発電所の労働者被曝の問題に関心があった。二〇一一年の３・11で引き起こされた福島原発の事故は大量の放射能で広域を汚染した。それを受け、彼は四月には山口県の中国電力の原発予定地の現地取材にでかける。現地では賛成派にも反対派にも取材しているが、賛成派から出た「過疎対策」の話が心に残る。

そこで彼は、地域経済から原発誘致の問題を調査している研究者に取材し、その問題をさらに深めることを大学でのテーマとする。全体の三分の二ほどが、作者の問題意識とそれを調査した活動の報告になっていることに注意してほしい。

（177頁参照）

無題

東京　十八歳　小川　弘樹

二〇一一年三月十一日の東日本大震災が起こってから、それまで見えなかった原発の問題が表出した。私は福島原発の事故の前から原発の労働者被曝の問題に関心があったが、今回の事故後に、東京で自分が使っている電力が東北からきているという矛盾を知った。原発はなぜ田舎にあるのか、原発誘致の田舎にとっての本当のメリットは何か、原発建設までの意思決定のプロセスはどうなっているのか。こうした疑問の答えを求めて、まず地元の人は原発をどう考えているのか、を調べた。中国電力の原発建設に三十年近く反対してきた山口県上関町祝島に行き、その後上関原発建設予定地の田の浦で、原発誘致に賛成の人たちにも話を聞いた。

一、祝島、四代での経験

まず祝島が上関原発に反対してこられたのはなぜかという疑問を、反対派で福島原発でも下請け労働者として働かれていた祝島のＩさん（八十八歳）におききした。「祝島漁協は中電から一方的に送られた補償金百二十億円を一切うけとってない。だから漁業権は守られていて中電は強行できない。」という彼の主張が、祝島が反対を貫けた理由の一つだと思った。またＩさんは「中電は補償金とは別に寄付金として、上関町に八億円寄付しとるから町は中電に対してものをよう言わん。」とも言われていた。これらには倫理的な問題がある。被曝労働について「放射能とか恐くなかったですか。」ときくと、「祝島で反原発の大学の先生が被曝について講義されて初めて恐くなった。」と彼は語った。原発は国策として推進されているのに国が被曝の教育をしていない、または電力会社にさせるよう法的に義務づけてもいないというのは明らかにおかしいと思った。翌日行った上関原発の建設予定地の四代では過疎が理由で賛成している地元の漁師さんたちにも話を聞いた。帰り際に言われたことが心に残っている。「おみゃあここに一年でも二年でも住んでみい。ここがどれだけ不便かわかるわ。ここは三十年前から人口が四百人から百二十人に減った。原発が来とったらもう少しようなったと思う。」

二、考察と今後のテーマ

原発誘致の田舎にとってのメリットについて、賛成派の人たちの言う過疎対策について考えた。それは雇用や町の人口が増えるということだと考えたが、本当にそれだけなのか。そう考えてそれに関係した文献を探していると、雑誌『世界』（二〇一一年七月号）の〈電源三法は廃止すべきである〉で清水修二氏（財政、地域論）が言っている「電源三法システム」がその答えの一つだと思った。また、上関町での経験から電源三法の問題の一つとして、この制度が地域の自立の芽を摘んできた側面があると考えた。例えば四代で会った漁師さんたちはまず原発ありき、の町の発展を考えていると思った。以上のことから電源三法について考えようと思い、著書の中でその問題について取り上げられている、福島大学理事副学長の清水修二氏に取材した。なぜ原発は地域振興の手段として誘致されるのか、という問いに氏は「原発は地域振興にいちばん手っ取り早い。でもそれは内発的発展ができない地域の問題というより、制度や倫理的な問題だ。過疎地の人が目前の金に手を出すのは責められない。」と言われた。この取材から、今原発がある地域は原発の交付金に依存していると考えた。私はそれに頼らない町づくりができる法律や地方自治を考えたい。原発誘致の交付金による政策でなく、内発的発展を考える政策はできないか。電源三法に代わる、例えば電力会社などの「寄付金」という買収まがいのことを規制できる法律がありうるのではないか。こういった問題を大学で研究したい。また今回の取材を通して原発と共に生きていこうとした人たちの複雑な声を聞かないで脱原発を主張することに疑問を感じた。地元の反対派賛成派の考えを知り、総合的に原発の問題を学ぶべきだということが分かった。

三、慶応義塾大学総合政策学部を志望する

原子力の問題は複合的な問題だ。原発の問題を考えるときに、実際に自分で現地に行ってみて、地元の人の本音を聞くことが重要であると感じた。そこで過疎対策のために原発を誘致したいという複雑な声も聞いた。そのためフィールドワークを推奨している点、問題解決能力の高い人材を育てるという点から、総合政策学部で学びたい。（以下略）

二〇一一年度作（指導、傍線は中井）

生徒作品⑨

「異文化兄妹」（課題作文）

上智大学総合社会学部の自己推薦入試で提出された課題作文。「自己の行動が、どのように社会の影響を受けているか」がテーマで三〇〇〇字程度の分量が求められた。

作者は私立女子校の高三女子。彼女のユニークさは、「異文化」の問題を、自分と兄との関係の中に見つめようとしたことだ。

「異文化」といった大テーマを、身近な生活の中に引きつけて見つめることのできた著者を私は高く評価している。

（181頁参照）

異文化兄妹

東京　高校三年　高橋　百合子

一、私と兄

自分の行動が、どのように社会の影響をうけているか、それを考えるために兄のことを話そうと思う。

私には兄が一人いる。兄は世間一般で言うところの、いわゆる「プータロー」だ。

現在本屋でアルバイトをしながら「クイックジャパン」

というサブカルチャー雑誌でライターの仕事をしている。小さい時から周りの子とは少し変わっていて、中学三年の時、学校は自分に合わない場だと感じ不登校になった。サポート校や大検を経て大学に入ったが、同世代の子の上面な会話を苦痛に感じ、自らの意思で中退した。いわゆる「世間の枠からはみ出た人間」である。自分の意見はこうだと思ったら絶対に曲げない、自分に不向きだと感じたら体の中から拒否をしていく。一方、気が合う人たちとは同じテーマで十時間でも語り合える。

妹の私の方は、友達が多く、部活に熱中し、勉強も苦に感じることはなく「学校に行くことを生きがいにしている人間」である。

二、兄に対するさまざまな見方のちがい

留年や転校をくり返す兄を小さいときから見ていた私は、無意識のうちに「絶対兄のような人間にはなりたくない」と思っていた。そして、学校が楽しくてしょうがない私には、兄が学校に行けない理由が全く理解できなかった。

しかし、母が兄を見る目は違う。最初はどうにかして学校に行かせようと担任の先生に相談をしたり、出勤時間を変えて一緒に家を出たりしたそうだ。しかし、しだいにどんなに世間一般の常識からはみ出た個性派でも兄をあるがままの人格として信じよう、兄の性格を面白がろう、応援してあげよう、と考えるようになったそうだ。ケネディやアインシュタインのように大成功を収めている人も小さい頃は世間とそりが合わず苦労していたのだから、もしかしたら兄も何か凄い才能を秘めているのではないか、と楽観的に考えるようにしたのだという。

どうして私と母はこんなにも兄を見る目が違っているのだろうか。(**問い**)

私が「世間の目」を気にしているからだろう。友達、先生、周りの大人も兄の事を言葉には出さなくても「ダメ人間」と思うだろうと考えていた。「ニート、オタク、引きこもり」という言葉がマスコミで飛び交うようになってからは、ますます兄のことを口に出すことをさけていた。(**答え**)

一方で私の小学校五・六年の担任であり、兄の担任でもあった二人の先生には小学生の頃、兄の家での風変わりな行動を面白がって報告していた。「昨日、お兄ちゃんまたこんなことしたんですよー。」という具合に。この二人の先生は兄を否定せず、愉快な話として聞いてくれたからだ。何をやっても「高橋くんらしいね。」と受

け止めてくれていた。小学生ながらに、私は「この先生たちはお兄ちゃんのことを否定しない。」と感じていたのだろう。

一方で私は兄のことを全否定していたわけではなく、周りの人に家族のことを全否定されるのは許しがたいと感じていた。

しかし、そうした思いの根底にあったのは「世間の目」だろう。正直なところ、内心では、兄のことを周りに言うと私の評価が落ちる、と考えていたのだ。逆に考えてみると、「子供は学校に行くこと以外に生きる道はない」という「常識」にこれほどまでに世間の人々がとらわれていなかったならば、兄の生き方を恥ずかしいと感じることもなかっただろう。

三、インタビュー

私は勉強でも運動でも、人付き合いの面でも、自分は兄より勝っていると思っていた。しかし中学生くらいから自分自身について深く考えるようになるにつれ、兄の個性に溢れ、自分の意見を主張していけるところを羨ましいと感じるようになってきた。そこで先日、兄にインタビューをして今まで何を考え生きてきたのか、今何を考えているのかを尋ねてみた。兄に劣等感を感じるようになっていた私にとってインタビューをするということは、自分の欠点が兄によってさらけ出されてしまうのではないか、と思い非常に恐かった。

インタビューした内容は、「何故不登校になったのか」「自分が学校に行けない理由は何だと思うか」「高三のときは将来についてどのように考えていたのか」などである。その中で私の心を大きく揺り動かした答えがいくつかあった。

Q「同世代の人でちゃんと学校に行けている人のことを羨ましいと思うか」

A「昔は羨ましかったよ。でも今は羨ましいと思わない。俺にとっての友達は意見をぶつけ合って話し合える友達なんだ。俺に合う友達はいるところにはいるんだよ。」

Q「一般常識と自分の考えが合わない場合は、今はどう感じるのか」

A「多数派が正しいということになっている世の中が悪いね。自分が合わせられそうな場所はどこかにはある。それを見つければいいし、無ければ自分で作ればいい。」

との返事が返ってきた。

これらの言葉と自信は一体どこから生まれてくるのだろうか、と衝撃を受けた。(**「問い」**)

きっとそれは小さい頃から周りと合わせたくても、考えが違うのだから合わせられない、そして時にそれは「世の中」を敵に回してしまう。そのような中で葛藤し続け、自分を作り上げてきた中で生まれたものなのではないだろうか。衝突することの繰り返しが自信へとつながっていったのだろう。（「答え」）

普通に学校に行き、仕事につくという一般的な人生を送っている人だけが「世の中」を作っているわけではない。そのことを私なりに頭では理解していたつもりでも、自然と目にはいれていなかった自分に気づいた。それに比べ兄こそ「普通の人」には気づかれにくい、世の中の陰の部分、皆が自然と目をそむけている部分が見えているのだと思った。

つまり私は「ニート、オタク、ひきこもり」を馬鹿にする世間の影響を受け、その価値観に洗脳されていたのだ。

このインタビューを通し、兄と私の間にはできる、できない、といった優劣の線が引かれているわけではなく、互いに持っている文化が違うのだ、と思った。国民間や民族間だけでなく、人と人の間にも「異文化」はあるのだ。私がいかに自分とは異なる文化を持っている人を見て見ぬふりをし、背を向けていたのか、最も近い存在である兄との異文化を十八年間もの間理解することなく、また目を向けなかったことは重大な異文化問題ではないかと感じた。兄のような人間にならないようにと思い生活してきたが、結局は兄にそのことに気づかされた。

四、まとめ

「世間」に洗脳されてしまっていた私の考えを切り崩すにはどうしたらよいのだろう。（「問い」）

今までは世間一般と同じ目でしか兄を見ていなかった。今回インタビューしたことで兄に対する考えが大きく変わった部分がある。初めて兄を「世間」の目とはちがった視点から見たからだ。兄は、物事に対する独創的な考えを持っているという長所もあるが、それでもやはり学校で協調性を学ぶことをしてこなかったという短所もある。

異なる文化を持った人に出会うことは怖い。時には自分が否定される可能性があるからだ。しかし、見る側の視点が一つだと、出会うことすらできない。その人を複数の視点から見ることで、初めて対象と本当に向きあったことになるのだ。（「答え」）

二〇一〇年度作（指導、傍線と（「問い」）（「答え」）は中井）

一　受験でも威力を発揮する聞き書き——志望理由書と課題作文

高校三年間でどれだけすぐれた教育が行われても、最後は出口が問題になる。就職や大学進学である。聞き書きが、今の高校生の教育にどんなに有効だと言っても、学校では出口の進学実績が気になるところだろう。大学受験や就職試験と聞き書きはどう関係するか、聞き書きは受験にも有効なのだろうか。それが有効でなければ、この手法を学校全体や全教科で押し進めることは難しいだろう。

聞き書きの指導は手間ひまがかかり、教師には大変な負担である。また、生徒にも苦行を強いることになる。したがって、その効果を示せないと、やる気になれないかもしれない。

本章では、この聞き書きが、受験の小論文や、志望理由書などで、いかに爆発的な力を発揮するかを説明したい。

高校で小論文や、志望理由書を指導した経験がある方なら皆が知っており、悩んでいる問題がある。彼らの書く小論文は、型にはまった無内容なものが多く、誰もが同じような内容になってしまう。本人の独自性などはどこにも見られない。志望理由書も同じである。誰もが言いそうなことを小奇麗にまとめたものばかりになってしまう。これは大きな壁である。そうした状況を、大きく突き崩す力が、聞き書きにはある。

それを考えるために、まず、彼らの書く文章の多くが無内容で空虚なものになってしまう理由を考えよう。

小論文では次ページの図に示した三タイプがある。

いきなりテキストを与えられて「自由に意見を書け」と言われても、なかなか意見を出せないのが普通だ。結局は、テキストに賛成な点、反対な点、疑問点を見つけて、それについて適当に書くぐらいが関の山だ。百戦錬磨のプロに対して高校生は無力だから、相手の意見に引きずりまわされて終わる。これはしかたがないことだ。

そしてできあがった小論文の内容はワンパターンのもので、後は小奇麗にまとめたり、論理展開のめりはりで勝負するだけ。これがタイプ1。

ではマニュアルを用意したらどうか。出題の分野別に頻出のテーマをいくつか用意し、それぞれの内容と模範答案をたたき込む。これは先の方法よりは中味が出てくるように見えるが、同じような内容がそろうだけになる。マニュアルに従っているのだから当たり前の結果だ。これがタイプ2。

私の代案は、生徒に前もって自前の問題意識を作らせ、そこからテキストをとらえ返させる。そして、当初からある自分の問題意識について、テキストを媒介に考えたことを書く。この方法ならば、その文章には自分の問題意識を書くことができるから、オリジナルだし、テキストに圧倒されても、自分の問題意識さえ手放さなければ、勝負にはなる。タイプ3。

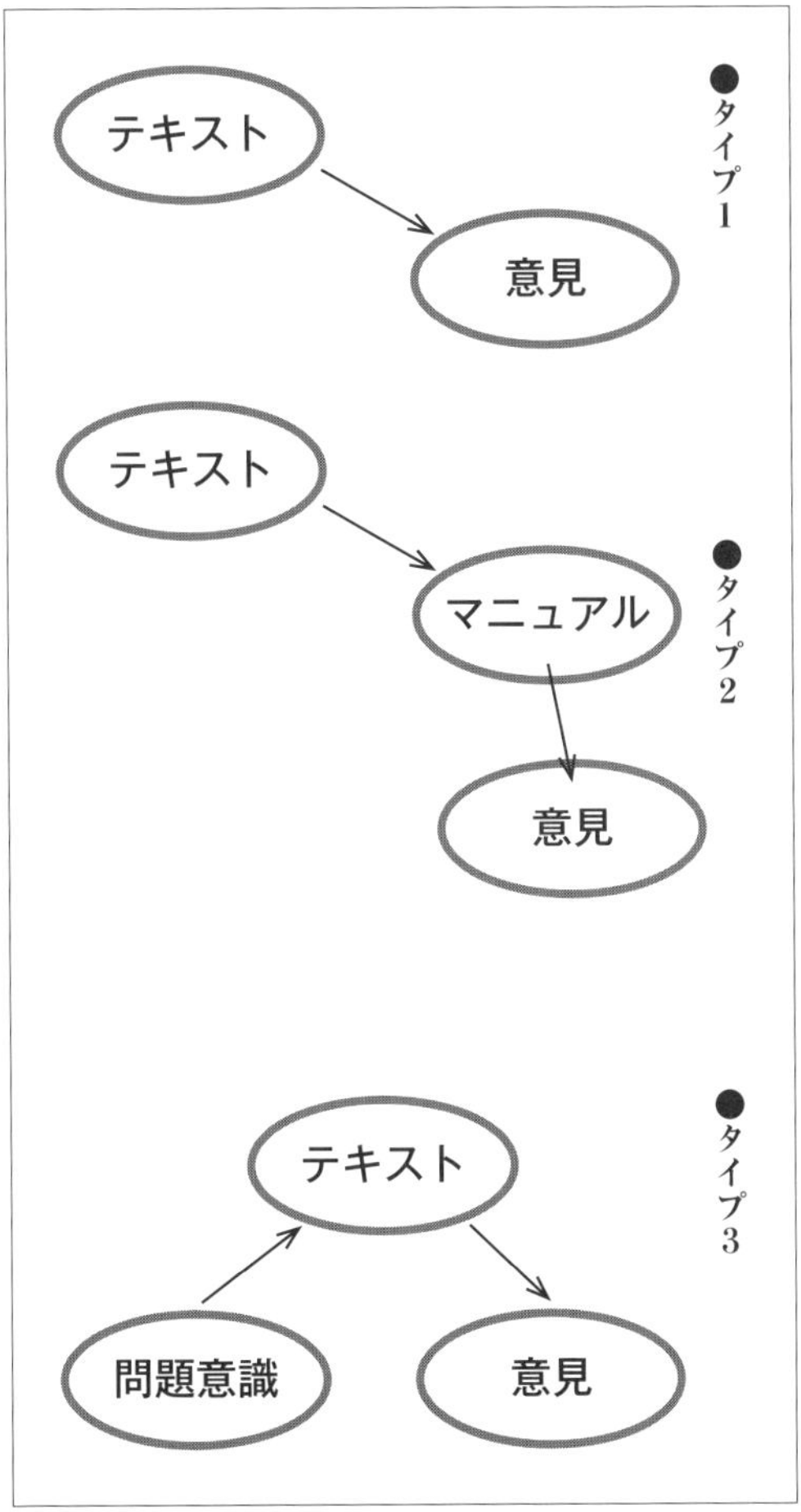

同じことが志望理由書にも言える。

ここでも自分の問題意識から始めて、それを大学での学習・研究を媒介に、どのように答えを出す予定かを述べればよい。したがって、課題は、始まりに位置する生徒の問題意識をどうやって作るか、なのだ。

その答えが、前章で説明したカリキュラムであり、三年間の指導による強靭な主体の確立である。それがそのままテーマと問題意識の確立になるからである。

もう一度おさらいをする。表現指導の三段階とは（1）の自己理解（措定として主体中心）、（2）の対象理解（反措定として客体中心）、（3）の総合の段階（反措定を止揚した上での主体）である。一年では第一段階の生活体験文を核に措定として主体中心、二年では第二段階の調べて書く作文を核に反措定として客体中心、三年では第三段階の小論文や志望理由書を核に反措定を止揚した上での主体の確立。

第一段階の自己は最初の段階の未熟な自我である。その先入観や思い込み、自他への浅薄な理解を、徹底的に破壊するのが第二段階である。その中心にあるのが聞き書きだった。それによって高校生は現実の厳しさに直面するのだが、その現実の中に明確な論理があることを思い知れば、「論理」が空疎なものではなく、現実そのものの力強さと重さを持つことを知るだろう。

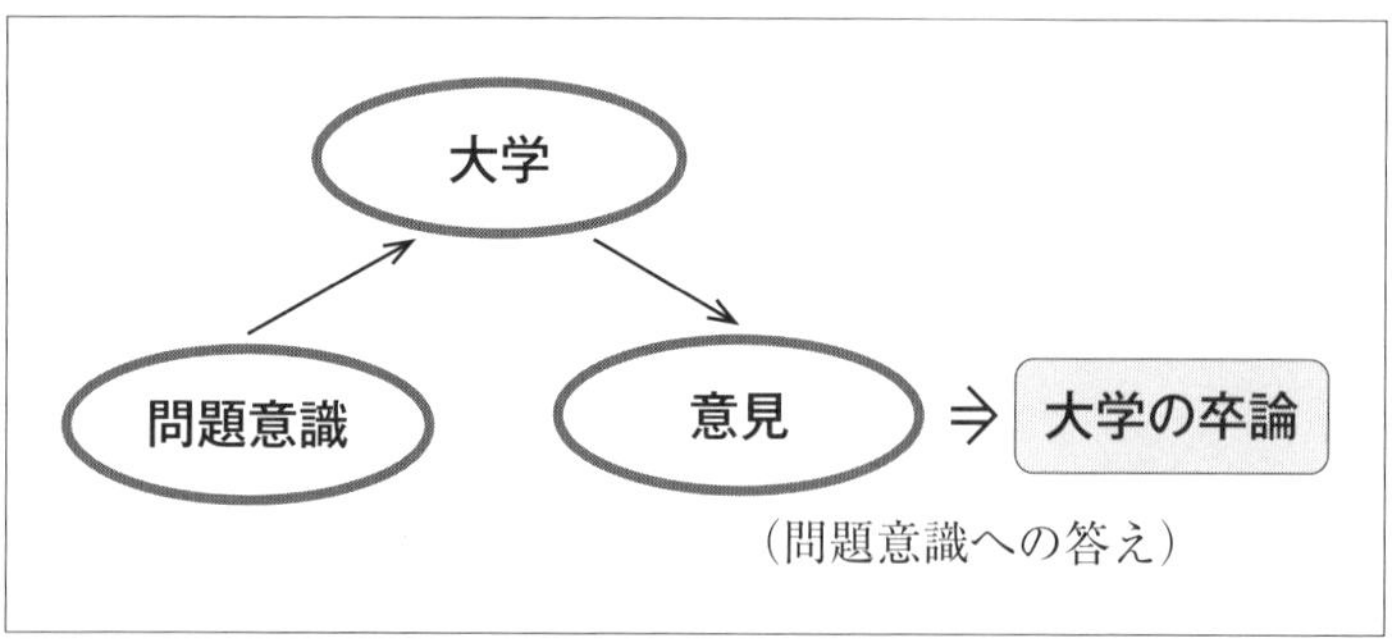

この第二段階には、第一段階での経験の直接性や偶然性をいったん断ち切り、社会的な広がりから捉え直したり、本質的で必然的な意味にまで深めるという役割がある。これは、高校生の進路・進学の選択や自分のテーマ

や目標設定の際に重要になる。それを過去の経験からだけ考えて決めるのでは、非常に狭く短絡的なものになりやすい。

この第二段階で、問題を本質的で必然的な意味にまで深めておくことは、そのまま第三段階につながっていく。自分のテーマや問題意識を作り上げていければ、将来の方向性や、大学で学ぶテーマもはっきりしているだろう。それを中心に書けばナカミのぎっしりした小論文や志望理由書を書くことができよう。

逆に言えば、こうした三年間の長期にわたる丁寧な指導ができずに、入試直前に応急対策を行うとなれば、促成栽培しかできず、空疎な小論文やありきたりの志望理由書しか生まれないだろう。

では、実際に大学入試の志望理由書と課題作文を見ていただこう。三人の高校生による三作品（生徒作品⑦⑧⑨）がそれだ。これが「問い」のある、問題意識のある文章だと私は考えている。いずれも私が指導した高校生のものである。

三年間のカリキュラムについては前章でくわしく説明したが、それは一般論でしかなかった。本章では三人それぞれが三段階の指導過程においてどのような葛藤や苦しみを経験し、どのようにそれを克服して成長したかを具体的に説明したい。

二　「問い」を立てること、事実と向き合うことのむずかしさ――動物介在療法を調べる

まず、生徒作品⑦（162頁）を読んでいただきたい。

これは、東京の私立中高一貫校の宮本奈津子（仮名）さんが、法政大学現代福祉学部の推薦入試に対して提出した志望理由書だ。彼女は面接を経て合格している。

この志望理由書では、動物介在福祉に興味を持った切実な経験を①段落に書き、日本動物病院福祉協会と特別

養護老人ホーム「さくら苑」の二ヶ所で行なった取材から考えたことを②〜⑥段落に、そして最後の⑦段落で大学で学びたいことをまとめて終わっている。

「なぜ施設や病院は、その効果が認められていながらも動物の介入を拒むのだろうか」という「問い」が立ち(④段落)、それへの「答え」(「施設利用者たちを外部から頑なに守ろうとする姿勢は、周囲の地域との関係をも絶ち、介護福祉を社会的に孤立させてしまう原因のひとつになっている」)を出し(⑤段落)、そこから大学で学ぶべき次の「問い」(「地域づくりや社会福祉に関しても詳しく知りたい」「施設側の保守的な体制に関しても答えを見つけていきたい」)が立っている(⑦段落)ことに注目してほしい。

このように自分の切実な経験から将来への夢やテーマが生まれ、そのテーマが調査で深められ、現実社会の問題に深く根差した「問い」が生まれ、その問いが大学で学びたいことを明確に指し示す。これが本来の志望理由書だと思う。しかし、この志望理由書がまとまるまでには、本人の自己との長く真剣な戦いが必要だった。

私が宮本さんの指導を始めたのは二〇〇四年、彼女が高三の四月。最初の課題の経験作文で、兄の死と母のうつ病という重い題材を書いてきて驚いた。彼女の兄は癌の発病で急死し、母がその責任を感じてうつ病になり、家族は暗くふさぎこんでしまった。その母に笑顔と明るさを取り戻させてくれたのは、当時生まれたばかりの五匹の子猫だった。その世話をすることで母が立ち直って行く。この体験から彼女は、動物の持つ癒しの力と、その力を人間のために役立たせる、アニマルセラピー(動物介在療法)に興味を持った。

現代の高校生で、こうした強烈な経験を持っている人はめずらしい。彼女のような人は、その経験から、テーマや将来の仕事への夢を持てる。しかし、だからといって、進路・進学が簡単に決まるわけではない。彼女はアニマルセラピーを学べる大学の学部や専門学校を探したが、それは当時存在しなかった。動物に関わるものではトリマーしか見つからなかったという、笑い話がある。

彼女は夏休みにアニマルセラピーを調査し、意欲的な「聞き書き」をした。

アニマルセラピーは日本では社団法人日本動物病院福祉協会（ＪＡＨＡ）が主宰するボランティア活動として行なわれており、コンパニオン・アニマル・パートナーシップ・プログラム（ＣＡＰＰ）と呼ばれる。彼女は、このボランティア活動（愛犬をつれて施設を訪問する）を行っている女性と、受け入れ側の高齢者施設の理事長に取材して、二本の聞き書きをまとめた。意欲的に取り組んだことは、二人に取材し、長大な二本の聞き書き（約九千字と五千字）をまとめたことからもわかる。その選択にも熟慮がうかがわれる。ボランティア活動をする側と受け入れ側という、対照的な立場の二人が選ばれているのだ。（生徒作品実例集には、この理事長への聞き書きの方を掲載した。それが生徒作品②である。）

事前の準備は良く出来ているし、相手から深い問題意識が感じられるコメントをたくさん引き出している。

例えば、ボランティア活動をしている女性は次のように語る。

「人から介護されるっていうのは、はじめは嬉しいんです。でもね、だんだん嫌になってくる。誰かから必要とされたくなってくるの。それで、犬でも、猫でも金魚でもいい。自分が誰かの役に立っているんだ、自分がいないとダメなんだ……って、思えることが、本当に大切なのよ。前向きになれるの」。

施設の理事長も人間と犬との相互関係を語る。

「人間の癒しを求めるのであれば、同時に癒してくれる相手にとっても過ごしやすく、安心した老後を保障して上げられる余裕を持つことこそ、これからの福祉には不可欠」。

ここに出てくる「福祉」という言葉が、この活動の本質を示している。そして、この二人のコメントには、福祉の根本が表されていると思う。長く真摯に福祉に関わった人だけが語ることができる真実だろう。

宮本さんは、この段階で「アニマルセラピー」が「動物介在福祉」ととらえられること、つまり「福祉」の一部であることを知る。しかし、彼女は最初から福祉に関心があったわけではない。「福祉」と「アニマルセラピー」がどうつながるのかが整理できないでいた。

理解のそうした浅さが、この一見順調そうな聞き書きの中に、大きな影を落としていた。

ボランティア活動をしている女性からは、施設側の問題点が指摘されている。

「いくつか病院で実施していますけれど、やはり動物を病院内に入れる……というのは、日本ではまだ十分には受け入れられていません」。「今まで十年活動してきて、動物との事故は皆無で、人のアレルギー反応も一件も認められてない」にも関わらずそうなのだ。ここには、日本の施設の「閉鎖性」という大きな問題があることがわかる。しかし、宮本さんは軽く流してしまう。そして聞き書きの最後にこうまとめる。

「知識豊富なアニマルセラピストが、これからの日本の医療現場で認められていく可能性は十分にある」『これから』開花していく職業に、今、私は非常に興味を持っている」。

これはいかにも優等生的な「きれいごと」、ありきたりの「決意表明」「模範解答」ではないか。

もし、ここで相手から投げかけられた問題をきちんと受け止めようとすれば、その一週間後に行われた「さくら苑」の理事長への取材は大きく変わっただろう。そこは当時の日本で唯一、動物との共同生活を実現させている施設だったのだ。問うべきは「なぜ他の施設では動物との共同生活が実現できないのか」「なぜここでは、それができたのか」、といった質問だった。ところがそうした質問はされなかった。

なぜ、そうなったのか。なぜ彼女はアニマルセラピーの課題と正面から向き合えなかったのだろうか。

彼女の関心が狭い意味の「アニマルセラピー」にしかなく、その将来の実現性の確認にしか興味がなかったからだろう。彼女がそこで探し、見たかったものは、アニマルセラピーの素晴らしさ、それも現象面として犬や猫と共に笑顔で生活する患者や高齢者たちの姿だけだったのだ。

だから九月になって、宮本さんがこの二つの聞き書きから志望理由書をまとめる際はたいへんだった。約一ヶ月間の全部で六回の添削のやりとりがあった。私はその指導のなかで、アニマルセラピーを社会福祉一般の問題として捉え、その現状と課題を理解する作業に取り組んでもらった。それが少しずつ進み、まとまったのが彼女の志望理由書である。

彼女は現代福祉学部の面接試験で、「これからアニマルセラピーをどう福祉に役立てたいか」「動物介在福祉を広めるにはどうしたらいいと思うか」と問われて、「嬉しくなって、自分の意見や学んでいきたいことをガーッと話しているうちに面接は終わっていました。なんだかとても満足でした」と、「学びのストーリー」(合格までの半年を振り返ってもらった文章)に書いている。

高校生は、自分の個人的で狭い経験のなかでしか考えることはできない。その関心の狭さや表面的な理解を壊し、社会的な広がりのなかで問題をとらえなおす作業は、高校生には非常に難しいものだ。しかし、それができなければ、自分の夢や目標の本当の素晴らしさや可能性を理解することはできない。その作業は、まずは(2)の「調べて書く」作業を通して、軽薄な自己、狭い経験の枠組み、先入観などを壊すことで行なわれる。しかし、それだけでは不十分で、「調べた」ことの意味を深めて経験の本質を理解し、真の主体性を確立する段階が不可欠である。それが、(3)の総合的な段階に求められるのだ。

三　他者と向き合い、事実と向き合う──原発問題と取り組んで

次に慶応大学の志望理由書(生徒作品⑧ 164頁)を紹介した小川弘樹(仮名)君を取り上げる。彼は変わり種だ。高校を中退し、その後鶏鳴学園で学んで、大学進学を果たした。

小川君は広島県の出身。二〇〇九年四月に県立高校に入学。しかし高校の授業への不満、友人たちからの孤立などでぎつい喘息になり、結局二か月で中退してしまう。八月には高校卒業認定資格取得。しかしその後の展望はなく、地元の塾にいくつか行くが「どれもだめだった」。雑誌『東洋経済』の塾特集で鶏鳴学園を知って、東京で大学進学のための勉強をすることを決める。二〇一〇年三月に上京し一人暮らしを始め、鶏鳴に通い始める。

入塾早々の六月に、経験作文の課題で小川君が書いたのは高校中退の経緯だった。しかし、それは独りよがり

の文章だった。高校中退のことを、友人、教師、家族の誰とも相談していない。それでいながら、家族からの経済的な支えを受けて、東京での生活が可能になっている。私は、家族（特に両親）としっかり話をし、それを文章にまとめることを提案した。

聞き書きは、高校生に他者と向き合うこと、他者と本音で語り合うことを教える。それがなければ他者を理解することはできず、自分自身をも理解できない。その相互関係の重要さを実感できることが大きい。

また、高校生が自立するには、父や母の生き方や価値観を相対化し、それを乗り越えなければならない。それには、何よりも、父や母と、向き合うことから始めるしかない。

小川君は夏休みに帰省し、家族のみんなと二週間かけて話し合ってきた。それを秋の作文の課題で提出。これが彼が書いた最初の聞き書きだ。

小川君の家族は本人以外に、祖父母、両親と二人の妹。両親は公立の学校の先生。祖父は二十年のサラリーマン生活の後に起業している。小川君が学校を中退後、東京に出てくることを応援したのは祖父らしい。夏休みに行われた家族会議の様子を小川君の文章から引用する。

祖父「今みんなが知りたいのはお前が今何をしとるんか、したいんかとか、なんで高校を辞めたかよ。」

祖母「なんでこうみんなに、親とか、じいちゃんばあちゃんに相談せんかったん。あんたは殻に閉じこもってしもうた。それから親は親でなんで子どもとしっかり親密に話をせんのんな、いうてこの人らが私に怒られたんぞ。そこであんたは私らがしつこうにきいても、このままじゃいけんとしか言わんかった。理由も何もようわからんままじゃったろう。あんたは建て前でものを言っとるように見えた。」

小川君は語り始める。「辞めた時は正直言ってなんで辞めたんかはっきりとはわからんかった。というよりむしろその時の自分を直視するのが恐かった。それに、学校の中で孤立して親を心配させるというよりも、ただ自分はそういう上っ面な友達しかいないというのを親とか家族に知られるのが嫌だった。弘樹には昔からたくさん友達がおるって思われとったのもあって余計に言えなかった。例えば五月のゴールデンウィークに一回帰った時にも、父さんやおばあちゃんに、加藤君や洋二郎君には会わんのんか?とかって聞かれとったけど、そのときも『ああ今から会いに行く』って適当なことを言って本屋で一日時間を潰してたりした。実際に孤立している自分をどこかでごまかしたかったし、知られたくなかった」。

この会議の前後に、小川君は祖父や両親に仕事についてのインタビューも行っている。両親(特に父)と祖父の生き方の違いが見えてくる。守りの父と、攻める祖父。そして自分は祖父のように生きたい。ここでも二つの生き方が対比され、選択が迫られる。ここに対立という論理が立ち現れる。

こうした話し合いができたことは大きかったと思う。相互に「突っ込み」「突っ込まれ」の中で本音が飛び出し、理解が進む。彼は家族の気持ちを理解し、同時に自分の本心とも向き合うことができた。こうした厳しい「自己否定」をくぐりぬけて、彼の「主体」は一回り大きくなれただろう。彼の高校中退には、こうした「自己否定」を避けた面があったのだと思う。それが克服されていった。こうして、彼の気持ちに一区切りがついたようだ。次の課題はテーマづくりだ。

二〇一〇年の十一月に鶏鳴で塾生の父親数人に仕事の話をしてもらった。小川君のクラスでは原発のプラント設計者Aさんに話を聞いた。小川君は以前から原発問題に関心があったから、インタビューに備えて本を二冊読み、当日は労働者被曝や原発の安全性の問題をぶつけていた。Aさんは原発は設計上は絶対に安全だと説明したが、労働者被曝の問題は知らないようだった。

それからわずか三か月、二〇一一年の3・11が来た。福島第一原発の建物は水素爆発で吹き飛び、メルトダウンにより大量の放射能が放出された。小川君は四月に中国電力が原発建設を進めようとしている山口県上関町に現地取材を敢行。上関町を取材先に選んだのは、実家に近かったのと、中国電力(中電)の計画発表後三十年近くも原発建設を阻止してきた地域だからだ。彼は原発反対派の拠点の祝島で反対派に取材する。

福島原発で下請け労働者として働いた経験があるIさん（八十八歳）はこう語る。「上関町の八漁協に中電は補償金として百二十何億を支給しとるんですよ。祝島にも五億くらいきとるんですけど、受け取らんと、本部局へ預けとる。その次もまた五億くらい送られてきとるんですけど、それも祝島は受け取ってないんよ。」「祝島が金を受け取ってなかったから、中電は強行できんのよね」。しかし、小川君にとって大きなショックだったのは偶然出会った賛成派の四代の漁協幹部の言葉だった。「ここはのう、三十年前から人口が四百人から百二十人にへってのう。原発がきとったら、もう少しようなっとったかもしれん、ゆうのは悔しいおもいもある」。賛成派の心情に触れて、小川君は「過疎というのは目の前で親しい人や嫌いな人が刻々といなくなっていく削りとられる感じでもあると思う」と述べている。彼が反対派だけではなく、賛成派の気持ちにも心を開き、それに共振していることがわかる。

彼は翌日には島根県の松江市にある島根原発の原子力館を訪れている。彼の疑問をさっそくぶつける。「原発が過疎の切り札となった例は全国でどのくらいあるんですか？」。そこでの答えは「確かに雇用は増えるかもしれませんが、過疎の歯止めとなるのは難しいです。」

この取材の後、小川君は原発を受け入れた地域の経済問題を調べ始め、この問題の専門家である清水修二氏（福島大学）に出あう。彼にインタビューを行い聞き書きにまとめた。これらの調査をもとに、鶏鳴学園の夏の講習で、意見文、小論文、志望理由書などを書き上げた。

彼の豊富な活動と思考の運動が、志望理由書（生徒作品⑧）「二、考察と今後のテーマ」の問題提起に迫力と明確な論理性を与えていると思う。

「今原発がある地域は原発の交付金に依存していると考えた。私はそれに頼らない町づくりができる法律や地方自治を考えたい。原発誘致の交付金による政策でなく、内発的発展を考える政策はできないか」。ここで「内発的発展」と「依存」で対立した二面を押さえている。欲を言えば、「依存」を「外的強制による発展」と言い換えられれば、対立がより明確になっただろう。

彼は八月に慶応大の法学部、総合政策学部のＡＯを受けるが不合格。翌年の一般入試で環境情報学部合格。彼を落とすようでは、慶応も大したことがないなあ！

小川君のように、過去に大きな出来事（不登校から中退）があった人は、その意味を考えることから始められるだろうし、それが自然だ。しかし、進路・進学をその経験に、狭く直接的に結び付けてはならないだろう。例えば、不登校や中退から、学校や不登校の問題をテーマにし、教育学部に進学したりするのは短絡的だ。

彼が家族と胸襟を開いた話し合いから学んだことがそのまま原発問題につながっているわけではない。しかし、そこで学んだ本音で語り合うことの大切さ、物事の両面性などが、彼の取材の中に生きていると思う。最近では、「（価値の）多様性」といったことばがハンランしている。しかく多様性とは対立を避けることからは生まれない。きっちりと対立し、その上でそれを乗り越えた時に生まれる視点だと思う。

彼は原発問題を当面のテーマにすることになったが、それにもある種の偶然が作用している。それでよいと思う。そのテーマをどれだけ深められるかが問題なのだ。

四　兄や両親と向き合う──異文化兄妹

しかし、宮本さんや小川君のようなケースは、今では例外的ではないだろうか。多くの高校生は過去の人生経験に特別大きな問題がないように見える（本当はそうではないが、気付けないでいる）。そうした場合は、進路・進学のための調査活動をすることが突破口になるかもしれない。将来のための調査や人への取材をする中で、過去や現在の問題が浮かび上がることがあるようなのだ。

高橋百合子（仮名）さんには「世間の枠からはみ出た人間」「ただのプータロー」の兄がいた。その兄の聞き書きをすることで、彼女に大きな変化が生まれた。

彼女は二〇一〇年高二の四月に鶏鳴学園に入塾した。ごく普通のいまどきの女子高生に見えた。まだ興味・関心のあるテーマもなく、将来の夢も漠然としていた。高校二年の夏に一週間ほどの語学研修に参加し、ホームステイをした。鶏鳴の秋の作文の授業でその経験を書き、「異文化」に興味が湧き大学では「国際系」で学びたいと書いた。しかし、それは外国に行った高校生なら誰もが語る程度のレベルだった。

彼女は高三の四月には立教大（異文化コミュニケーション学部）、上智（総合人間学部社会学科）に自己推薦入試で受験することを決めていた。さて、ここからの指導が重要である。このままでは浅薄な内容の志望理由書しか出てこない。

私は、日本国内にもいくらでも「異文化」の問題があることを説明し、そうした現場取材と聞き書きを課題にした。しかし彼女はなかなか取材先を見つけられない。

六月に入って、「いい取材先を思いついた」とにこにこして話しかけてきた。「兄にインタビューをする」。何のことか最初はわからなかったが、彼女には四歳上の兄がいると言う。中学から不登校、大学中退で現在はサブカルチャー系雑誌のライターをしている。彼女は兄を避け、これまでほとんど関わらないようにしてきた。話を聞いたこともない。「それだ！　それが面白い！　兄妹間の異文化だ」と、私は興奮気味に話した。

兄への聞き書きは六月に提出された。ここで彼女は兄に、不登校になった経緯を正面から質問している。「自分が学校に行けない理由は何だと思うか」「学校を辞めろと言われた時はどんな気持ちだったのか」「同世代の人でちゃんと学校に行けている人のことをうらやましいと思うか」。兄はこれらの問いの一つ一つに丁寧に答えている。

「大学を出ていないと何かと不利になることが多いがどう思うか？」への回答。「それも大学、世の中がおかしい。よく周りは『がんばれがんばれ』いうけど先が見えて言ってることなんですか？って思うんだよね。頑張っても負けたら頑張りが足りなかったたって評価されるのってズルイよな。フェアに試合しようぜ。」

聞き書きの最後に、彼女はこう書いている。

「私はどうして同じ両親から生まれたのにこんなにも性格が逆なのだろうと何度も思った。もしかしたらどちらかが養子なのではないかとつい考えてしまうほど逆だ。（中略）私は本当に兄に対して興味がなかった。『私のお兄ちゃんは変わった人』と思って勝手に目をそむけていた。昔は『兄弟比べられて嫌だよねー』などという会話に共感はもてなかった。なぜなら勉強でも運動でも、人間付き合いの面でも私は兄よりも勝っていると思っていたからだ。しかし、年を重ねるごとに文章力でも表現力でもきちんと自分なりの意見を持っている面でも羨ましいと思ってきた。むしろ兄のほうが人にはないものを持っていて、よっぽど人として面白いと思った」。

この聞き書きでは途中に母への取材が挿入された。彼女と母は似ているらしく、その母がどのように兄を理解し受け入れたのかを、知りたかったようだ。

兄への聞き書きに続いて、彼女は父の仕事の聞き書きを行った。これは鶏鳴での必修課題なのだが、彼女にとっては特別の意味があったろう。彼女の家族構成は両親と兄と自分の四人であり、父の視点からの兄の姿を知れば、自分の家族の全体像が浮かび上がる。

私は彼女の取材活動の迫力に圧倒された。兄と自分、母と自分、母と兄、父と母、父と兄など、彼女はさまざまな対立軸で考えている。そして、それは自分の家族全体の構造の理解を含み、その中での自己理解の深まりをもたらしている。

彼女は、兄や母、父への聞き書きで、自分の考えをしっかりまとめた。夏の講習ではそれを踏まえて、意見文をまとめ、小論文の練習をし、志望理由書を書きあげた。九月以降も練習を重ね、二つの大学に志望理由書と課題作文を提出した。立教大は不合格だったが、小論文や面接を経て上智には合格。

上智大学に提出した課題作文「異文化兄妹」（生徒作品⑨ 166頁）には、高橋さんの内面がよくまとめられている。

全体として、兄と著者がたえず比較され、兄への対応を巡っては、著者と母と世間の三者が比較される。したがって、「Aでなくて、Bである」という対（反対）の論理が多用される。終始、問い（「問い」と入れた）と答え（「答え」と入れた）が繰り返され、認識が深まっていく過程に注目してほしい。

彼女は「プータロー」の兄との関わりを長く避けてきたのだから、その兄に思い切ってインタビューをすることには勇気が必要だった。「兄に劣等感を感じるようになっていた私にとってインタビューをするということは、自分の欠点が兄によってさらけ出されてしまうのではないか、と思い非常に恐かった」（三節）。

彼女はこの「怖さ」の正体を見つめていく。人は異なる文化には背を向ける（三節）。なぜなら「自分が否定される可能性があるからだ」（四節）。そして自分が兄を「世間」の目で見ていたことを反省し（四節）、この問題を、しっかりと考えていくことを決意する。

ここには論理が極めてシンプルに凝結している。異文化への恐怖（他者への恐れ）→他者を無視する段階から他者と向き合うまで→自己否定（他者による自己の否定）→自己相対化（自己理解の深まり）→他者理解の広がりと深まり（新たな自己の確立）→最初の「異文化への恐怖（他者への恐れ）」に戻る

この論理は、彼女が現実の問題、自分自身の内面の葛藤の中からつかみとったものだ。それがそのまま論理の学習になっている。この論理の形を理解していれば、この形が、さまざまな評論にも現れ、さまざまな現実の中にも現れていることがわかるだろう。これが本当の小論文対策ではないか。そして、こうして生まれる論理や、志望理由書こそが本物なのではないだろうか。

第五章　「聞き書き」（インタビュー）を含んだ、理科・社会科のレポートの書かせ方

PETボトルは何処へ

仲良くしよう。

3B　H・Y

3D　N・Y　I・Y

1、テーマ設定理由

私たちは、以下の理由により「*PETボトルのリサイクル*」について調べました

このテーマにした理由は、ここ数年*500ml*サイズの　PETボトルがとても目立つようになったからです。特に私たちのような若い世代で多く使用しているようです。一体いつからPETボトルを使用するようになったのか。そんな素朴な疑問から、この研究が始まりました。

容器包装リサイクル法施行後も、以に鉄砲町で増え続けているPETボトル。その大半がゴミになっている

PETボトル
再利用品
このマークがBEP

いま、私たちはコンビニエンスストアーに行って何を買いますか？写真を見ての通り、PETボトルとカンは同じ場所に置いてあります。しかし、私たちは迷わずPETボトル買っていることに気づきませんか？まるでカンの存在を忘れています。

ふたがあれば、カンのように飲みきる必要もないし、ちょっとずつ飲んではふたを　する。

これは、我が*小金高校3年生のみによるアンケート*をした結果です。

PETボトルが無くなったら困る？

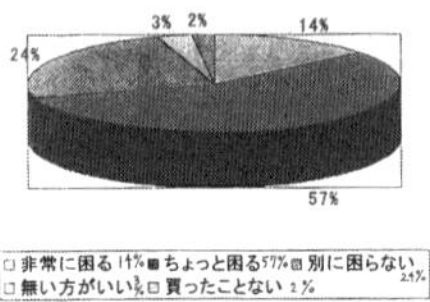

・他の飲み物(ビン・缶・紙パック類)ではふたが無いために持ち運びが不便だ、と言う意見が多数

このアンケートによると、PETボトルとカンの差は、ふたがあるかないかが決めてということが分かりました。　　持ち運ぶことができる　。　　PETボトルは、運動会や遠足の水筒代わりにもなり、暑い夏飲みきったPETボトルを洗って家の麦茶を入れてこおらして持っていく。そして少しずつ溶かしながら、冷えた麦茶をいつでも飲むことができます。これはとても便利なものです。

しかし、カンとPETボトルどっちが環境にやさしいか考えてみたら、皆さんきっとカンと答えるでしょう。なぜなら、私たちはカンがまたカンにリサイクルされることを知っているからです。では、PETボトルはどうでしょう。

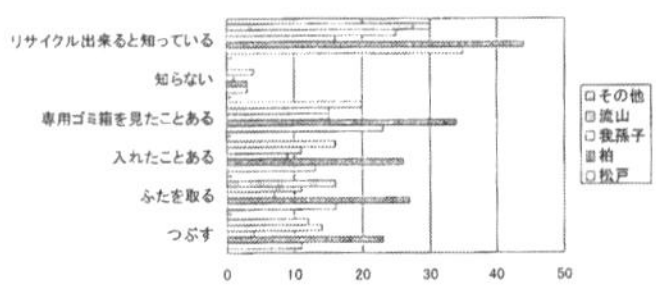

このアンケートを見る限りは、PETボトルがリサイクルされていることをわずかながら知らない人も居ますが、大多数の人が知っているようです。

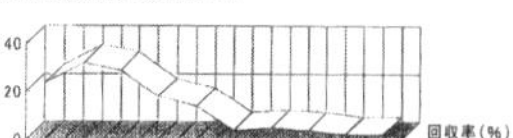

	0〜10	11〜20	21〜30	31〜40	41〜50	61〜70	71〜80	81〜90	91〜100
回収率(%)	24	32	29	18	14	5	4	2	2

また回収率の予想も結構当たっています。しかしながら、*リサイクル後のことを知っている人は少ないようです*。私たちもその中の一人でした。

このような理由で、私たちはPETボトルのリサイクルについて調べてみました。学校で無残に捨てられているPETボトルもリサイクルされているならやるべきだし、知るべきだと思ったからです。

2、これまでの活動

7月下旬　PETボトル推進協議会に資料をもらう。PETボトルがどうリサイクルされているかなどが書いてあり、*研究目的は達成された！と思えるほどの資料*でした。

8/25　しかし、どこかにはフィールドワークしなければならぬということで、人形町の *PETボトル推進協議会*へ直接行きました。送ってもらった資料に対しての不明な点や、今の PET ボトルのリサイクルについての疑問点を、　A　さんに聞きました。　　　　リサイクルグッズや、いろいろな国の PET ボトルを見せてもらいました。メッセンジャーがいました。100円のパンツを買って人形町を後にし、帰りに*松戸市役所*により、松戸市ではどうやっているのか聞きました。

10/6　3年生を対象に*アンケート*を実施しました。クラスによってかなり回収率にばらつきがありました。さすが*山田先生のクラスはNO．1*でした。ご協力ありがとうございました。

10/7　　B社　　というPETボトルのリサイクル工場に行きました。私たちは山田先生の車に乗ったのですが、なんと靴を脱いで乗車！流れてくるのは井上陽水、小田和正！語りは山田先生の甘い青春時代！雨の中でしたが楽しい旅でした。

読む前に、知ってて欲しい用語達

・フレーク　PET ボトルを粉砕しただけのもの。8mm 角くらいです。
・ペレット　フレークをさらに精製して、ビーズ状にしたもの。
・バージン　リサイクルで無い PET 樹脂。

3、PETボトルリサイクル推進協議会での出会い

8月25日　人形町にある PET ボトルリサイクル推進協議会へ訪れました。私たちに対応してくれたのは、一見怖そうだが2時間も私たちに付き合ってくれた優しいおじさんでした。話し合った部屋は PET ボトルのリサイクル品がずらりと並ぶ PET ボトルの部屋でした。7月中に資料を推進協議会から頂いていたので、その資料を見て私たちが疑問に思ったことを質問しました。

作業服など、PETボトルをリサイクルした衣類

本章で掲載する生徒作品はレポートであるために、横書きで書かれています。そこで本書でもそのままに、左ページから右ページへの順で掲載しました。原型のままにしたものです。

生徒作品⑩

「PET ボトルは何処へ」

理科系のレポートから、ユニークな作品を紹介する。千葉県立小金高校の総合学習「環境学」から生まれた作品。生物の川北裕之と彼を支える教師集団が中心になり、高校三年生の自由選択科目として実施された。生徒たちは班ごとに研究テーマを設定し、フィールドワークを含む調査研究をしたうえでレポートをまとめ、発表する。

本作品は 1999 年度のある班の制作。イラストが踊っており、全体に実に生き生きとした調査研究ぶりがうかがわれる。なお、このレポートだけはあえて生徒作品のままを掲載する。全体をまず小さいサイズで掲載した。個々の文章よりも、このレポート全体から発するパワーやリズム、激しい心の揺れや気分などを感じ取ってほしいからだ。そしてその後に「1．テーマ設定理由」「4．いざ、工場へ！」「8．まとめ」「9．感想」の本文を大きなサイズで掲載した。「4．いざ、工場へ！」の生徒のイラストを是非味わってほしい。これ以上のレポート内容については本文（214 頁以下）で説明したので、それをお読みください。

3　総合　13版　1999年（平成11年）11月1日　月曜日

回収ペットボトル 引き取り「限界」

行き場なく自治体悲鳴

「業界は回収の努力を」

くらしあした

容器包装リサイクル法

1999年
11月1日
朝日新聞

れはペンやファイルや服になりますが、それらも結局いずれゴミになります。PET ボトルを回収して PET ボトルになるという循環がない限り、いずれゴミとなってしまうのです。ほんとに地球環境を守るためには、作り出す側でしっかりした再生のしくみが確立されてからでないと販売してはいけないという法律があるべきです。そして燃えるゴミの日がなくなることが理想です。

—47—

実際、新聞記事にもあるように、PET ボトルを廃止してリターナブル瓶にするべきだという市民団体の動きもあります。アンケートでも、「ドイツでは PET ボトルのリサイクルがされているが日本でもやるとしたら」の問を、約８割の人が肯定的にに解釈しています。

Petボトルの使い回し

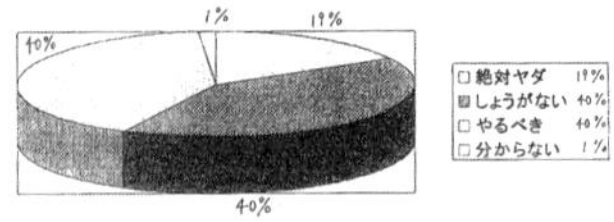

・衛生面での心配を持ちつつも現状では必要との判断

そこで、私達は考えました。ちょっとすぐに手を出せる領域ではないから、ずるいと言えばずるいけれど、考えるのは勝手でしょう。

６、理想社会

これは、私たちが考えてみた理想社会です。こうなったらいいなあと単純に思ったものです。

①まず、一番手っ取り早い方法は義務教育に環境学を取りいれることです。環境という授業を義務的に行うことで、その教育を受けた子供は否応無しに地球環境について考えるでしょう。ゆくゆくそれを英語や国語のように定期テストに取り入れ、高校入試の必須科目にしてしまえばいやでも環境について関心を持つはずです。

②リサイクルはボランティアではありません。リサイクルできるものならみんなリサイクルを実施すべきなのです。それが当たり前なのです。将意でするものではありません。

③再生できないものは作らないことです。結局ごみになってしまうなら最初から作るべきではありません。だから、今燃えないごみとして埋められているものがなくなればいいのです。

④政府と企業の癒着を断つべきです。簡単に言っていますが、これが一番言いたいのかもしれません。いつまでも企業が得する法律を作っている場合ではないのです。政府の皆さんは、国民の代表として国民が喜ぶ法律、地球が喜ぶ法律を作るべきなのです。

７、ひとまず、本当に今できることは

消費者→きれいなＰＥＴボトルをリサイクルに出すことです。きれいなＰＥＴボトルを出せば、もっときれいなペレットやフレークができます。

企業→完全にそのものに戻せるものの開発を急ぐべきです。ラベルやふたもリサイクルできるものにするべきです。また、リサイクルする人の側がやりやすくなるようなリサイクルの仕方も考えるべきです。ＣＭなどでも何とかならないでしょうか。なっちゃんが「りさいくる！」とか言えば視聴者は釘付けです。

行政→容器包装リサイクル法の見直しをするべきです。今 自治体で回収したり場所を確保したりしているものをすべて企業の負担にするのです。生産したぶん、回収に苦しむのは自治体ではなく企業のはずです。

８、まとめ

リサイクルはとてもよいことです。しかしそれはカンや紙のようにリサイクルがうまくいっているものに限ります。この研究を通してＰＥＴボトルのリサイクルは全てがうまくいっているとは言えないのではないかと思えてきました。

なぜなら、私たちは*リサイクル＝いいことという関係しか見えておらず*、ＰＥＴボトルをリサイクルに出したという満足感だけでその後のことを考えていなかったようです。それではリサイクルしたとはいえないでしょう。つまり、これからの地球環境のためには何かしたいという意識だけではだめです。そのためのちゃんとした知識とその知識や意識を使う行動力、そして使う場、いわゆる法律が必要なのです。そうしなければいつまでたっても何も変わらないでしょう。いま、私たちが動くべきなのです。ひとりひとりの働きがいつかは大きな運動につながるはずです。ひとりでやっていてもすぐに結果は出ませんが、

それでもそれをやる勇気を失くしてはなりません。

９、感想

Ｈ：リサイクル工場の見学に行くことで PET ボトルのリサイクルをより身近に感じることができた。フィールドワークの重要性を理解した。周囲の人に呼びかけて、PET ボトルをできるだけ買わないように、それが無理でもリサイクルしやすい状態で捨ててもらえるように呼びかけていきたいと思う。新しい資源がどんどん発見されている現在、色々な製品を生み出しているが、その処理方法を考えずに商品化してしまっている。PET ボトルもそのひとつだろう。未来の人類の為にすることが、結局地球全体の為になるのだから、現在だけを考えずに開発を進めていってほしい。

Ｉ：ずっとめんどくさかったけど、やってるうちに手放せなくなってしまった。

４つのＲ

これは本で見たものなのですが、思わずこのようになればいいと思ったものです。

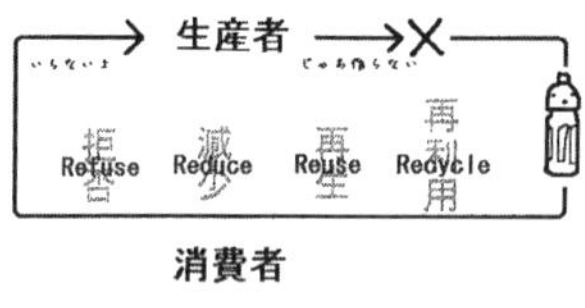

まず、大前提に生産者は消費者が要求するものを作るものということです。これがこの４つのＲでの仕組みのキーポイントです。

消費者がＰＥＴボトルを買いました

↓

リサイクルに出すようになりました　（これがＲＥＣＹＣＬＥ）

↓

リサイクルにより、使いまわしができるようになりました　（ＲＥＵＳＥ）

↓

使いまわしにより、ＰＥＴボトル自体が減少しました（ＲＥＤＵＳＥ）

↓

ＰＥＴボトルが減少し、目立たなくなれば消費者が自ら買うのをやめます（ＲＥＦＵＳＥ）

消費者にとって必要がなくなったのです

↓

こうなったら生産者もＰＥＴボトルを作るのをやめざるを得ないでしょう？

ほら、ＰＥＴボトルがなくなってしまったではないか。これが４つのＲなのです。

この図から見ると現在一番初期段階であるリサイクルの地点にいることがわかりますね。このまま順調に行けばＰＥＴボトルは将来なくなるはずです。

私たちが一番気になったのは*なぜ近年急激に PET ボトルの需要が増えたのか*と言うことです。
やはり、清涼飲料の増加が原因でした。

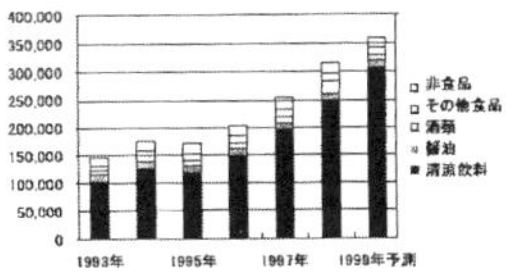

1973 年　アメリカのペプシコーラが PET ボトルを利用するようになる。
1977 年　日本でもキッコーマンしょうゆで PET ボトルデビュー。
1982 年　厚生省で安全性が実証され、清涼飲料に対して認可になる。
PET ボトルリサイクル推進協議会発足。
この時点ではまだ 1.5L のみで、500ml は自粛していた。
1996 年　外国から 500ml サイズのミネラルウォーター（ボルビック等）が入ってきて、
これはいいじゃないかーという消費者のニーズにこたえてしまい、今に至る。
若者の間でファッションにまでなる。
1997 年 4 月　容器包装リサイクル法施行（詳しくは８ページの新聞記事を）

こうして今 PET ボトルのリサイクルは注目を浴びています。PET ボトルは土に還ることの出来ない容器です。だからリサイクルが推進されているのです。1982 年からリサイクルが始まり、順調にリサイクル量は増加しています。

PET ボトルの回収量及び回収率

	回収量（t）	生産量（t）	回収率（%）
１９９３年	５２８	１２３，７９８	０．４
１９９４年	１，３８６	１５０，２８２	０．９
１９９５年	２，５９４	１４２，１１０	１．８
１９９６年	５，０９４	１７２，９０２	２．９
１９９７年	２１，３６１	２１８，８０６	９．８
１９９８年	４７，６２０	２８１，９２７	１６．９
１９９９年（予測値）	５９，３００	３２７，１５０	１８

またリサイクル後はどうなるのか。まずリサイクルの仕方には３つのパターンがあります。
・サーマルリサイクル　これは温水プールなどを温めるための燃やす燃料として使う方法です。
・マテリアルリサイクル　粉砕してフレークにし、ファイルやプラスチック製品になります。（1.5l の PET ボトルからボールペン 6 本できます）
・ケミカルリサイクル　精製してペレットにし、PET の原料 PET 樹脂にします。これは卵のパックなどになります。

また、1 度日本のコカ・コーラは、PET ボトルをまた PET ボトルにしようと *1/3* ずつ、バージン・再使用・バージンと、はさんだかたちの PET ボトルを作りました。全体の 25%が再生された PET 樹脂です。ラベル・蓋などの不純物が多いため 100%再生された PET 樹脂の PET ボトルを作るのは大変困難なことです。またこの 25%再生の PET ボトルはコストがかかるためコカ・コーラは止めてしまいました。
また、お茶や洗剤に使用している緑のカラーボトルは、透明な PET ボトルと同様にはリサイクルできません。グリーンペレットやグリーンフレークにはなるのですが、黒い糸にしかなりません。色がつくことで不純物になるのです。2000 年には緑の PET ボトルはなくなる予定です。洗剤やスプライトのボトルも透明になるはずです。しかし、お茶などは透明だと直射日光が入ると腐ってしまい、緑はそれをさえぎる役目をしているためカラーでないといけないそうです。

これらを聞いた時点では、PET ボトルのリサイクルは順調で、私たち消費者がリサイクルにもっと関心をも持てばいいのだと思いました。そうすればコストのかかる PET ボトルのリサイクルもうまく行くし、PET ボトルというゴミもなくなります。だから、私達はこのレポートの結論を、呼びかけよう！関心を高めよう！にしようとしていました。
しかしそれだけではないことに気づいたのが工場見学でした。

4、いざ、工場へ！

10 月 7 日に、PET ボトルリサイクル工場の　　B 社　　に木曜日の班が行くということで、便乗しました。まず工場の敷地内に入ると、PET ボトルやアルミ缶の山がたくさんあり（つまりゴミっ溜め）、すごい臭いでした。そして PET ボトルがフレークになる過程を実際に目で確認。まず PET ボトルは少しずつベルトコンベアーに乗せられて、*手作業*でラベルや塩ビ

3

ボトルなど不純物となるものを取り除きます。手作業では大変じゃないですか？と尋ねたら、機械ではまだ除去しきれずかえって２度手間になってしまうそうです。この後 PET ボトルのみが乗った状態になったベルトコンベアーは、粉砕機に向かいます。この機械が*すごい音*。至近距離の人ともまともに会話が出来ないほどです。粉砕機の中では刃が回っていて、この刃は*パチンコ玉１つ程度の金属*でもだめになってしまうので、コンベアーには金属探知器がついていて、探知すると止まるようになっています。この機械で PET ボトルは*こっぱみじん*にされ、フレークになります。この段階ではまだ、フタ（pp）や取り除ききれなかったラベルも一緒に混ざっているので、水が溜められている装置へ送られます。そうすると PET フレークはしずみ、ラベル・フタは浮くので、大体除去できます（それでもできなかったものは、*これまた手作業*）。その後脱水装置にかけられ、PET フレークが完成します。ふう。

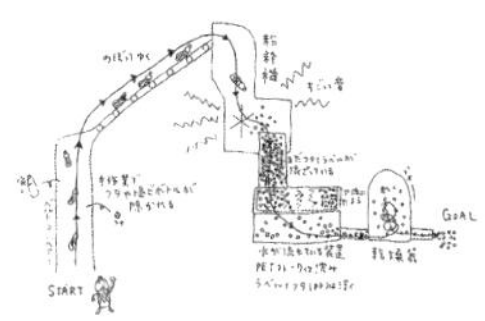

なんとも、*何かとハイテク！*が目立つ世の中で、このような*臭くてうるさいひどい場所*で手作業をしている人がいるという実体。その作業をしているのが知的障害者の方ということを目の当たりにしたら、果たして「リサイクルしよう！」と呼びかけよう、という結論でいいのだろうか？ともやもやした気持ちになりました。リサイクルと言うとすごくいいことをしているような気がしていたし、工場でフレークにされることも知っていた。でも実際作業に携わっている人のことなんて考えていなかった。何でもそうだけど、きれいっぽいことの裏では絶対*汗水流し*ている人がいるのです。

しかもこのような段階を経てせっかくフレークになっても、もともとの PET ボトルが汚ければ、汚く黒ずんだフレークしかできません。汚ければ汚いほど価値はどんどん下がっていきます。一人一人がちょっとゆすぐ手間を持てばいいのです。ひとまず今すぐにでもできる協力はきれいな PET ボトルを出すことなので、ちゃんと洗おう、と思いました。
出し方は、一番最後のページを参照してください。

ここまでの調査をまとめている時に、11 月 1 日の朝日新聞に記事が出ました。

5、PET ボトルリサイクル、予想上回り？

新聞記事を読んでください。次のページ

このPETボトルリサイクルについての最大の問題は、税金により自治体が回収している、という点だとわかります。私達が思うに、*容器包装リサイクル法が定めた方法自体が失敗だったのです。*PET ボトルを作る企業や飲み物を詰めている企業はお金を出しているだけで、その後には何も関わっていません。何故企業が自分の利益のために作ったものを、税金で回収しなくてはならないのでしょう。確かに買っているのは私たち消費者です。でも売ってないものは買いません。

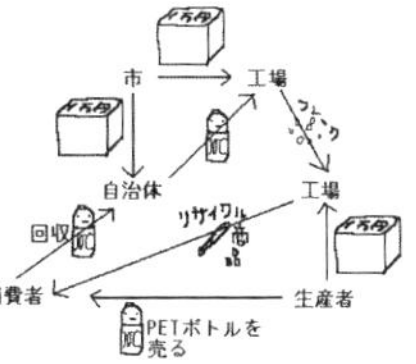

また、上図のように、缶の場合、缶を回収して缶になりますが、PET ボトルの場合、回収後、そ

4

〈以下、部分的に本文を再掲する〉

1. テーマ設定理由

私たちは、以下の理由により「PET ボトルのリサイクル」について調べました。このテーマにした理由は、ここ数年 500 ml サイズの PET ボトルがとても目立つようになったからです。特に私たちのような若い世代で多く使用しているようです。一体いつから PET ボトルを使用するようになったのか。そんな素朴な疑問から、この研究が始まりました。

いま、私たちはコンビニエンスストアーに行って何を買いますか？　写真を見ての通り、PET ボトルとカンは同じ場所に置いてあります。しかし、私たちは迷わず PET ボトルを買っていることに気づきませんか？　まるでカンの存在を忘れています。

ふたがあれば、カンのように飲みきる必要もないし、ちょっとずつ飲んではふたをする。

これは、我が小金高校 3 年生のみによるアンケートをした結果です。

（アンケート結果のグラフ略）

このアンケートによると、PET ボトルとカンの差は、ふたがあるかないかが決めてということが分かりました。

PET ボトルは、運動会や遠足の水筒代わりにもなり、暑い夏飲みきった PET ボトルを洗って家の麦茶を入れてこおらして持っていく。そして少しずつ溶かしながら、冷えた麦茶をいつでも飲むことができます。これはとても便利なものです。

しかし、カンと PET ボトルどっちが環境にやさしいか考えてみたら、皆さんきっとカンと答えるでしょう。なぜなら、私たちはカンがまたカンにリサイクルされることを知っているからです。では、PET ボトルはどうでしょう。

このアンケートを見る限りは、PET ボトルがリサイクルされていることをわずかながら知らない人も居ますが、大多数の人が知っているようです。

また回収率の予想も結構当たっています。しかしながら、リサイクル後のことを知っている人は少ないようです。私たちもその中の一人でした。

このような理由で、私たちは PET ボトルのリサイクルについて調べてみました。学校で無残に捨てられている PET ボトルもリサイクルされているならやるべきだし、知るべきだと思ったからです。

特に、自分の手の届かない領域の話をするのは、無責任な気がしてもどかしかった。
でも私もその内社会に出るはずなので、そうしたときに、ここで感じた無責任を
そのままにしないで行動しよう　　！

Ｎ：最近、私は「人間は食物連鎖を壊してしまう*地球の害虫*ではないか！人間がいなければ地球は破壊されないのではないか！」とよく考えるようになりました。
ＢＵＴ！！私達も地球に存在する限り、地球にとって必要不可欠な生物であるはず、故に人間も地球のために存在するべきだと思う。それはめんどくさいことかもしれないけど、一番重要なことなんだよねえ。
最後に、私はこの生物Ⅱを植物や動物のことがもっと知りたいと思って選んだのにこんなことになるとは思ってもみませんでした。でも、生物というものをより大きなものとして触れ合った気がしました。

とりあえず自然とPETボトルを買わないようになりました。小さな一歩。

The・END

7

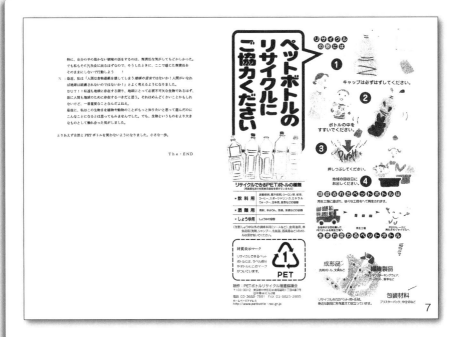

なんとも、何かとハイテク！　が目立つ世の中で、このような臭くてうるさいひどい場所で手作業をしている人がいるという実体。その作業をしているのが知的障害者の方ということを目の当たりにしたら、果たして「リサイクルしよう！」と呼びかけよう、という結論でいいのだろうか？　ともやもやした気持ちになりました。リサイクルと言うとすごくいいことをしているような気がしていたし、工場でフレークにされることも知っていた。でも実際作業に携わっている人のことなんて考えていなかった。何でもそうだけど、きれいっぽいことの裏では絶対汗水流している人がいるのです。(3)

しかもこのような段階を経てせっかくフレークになっても、もともとのPET ボトルが汚ければ、汚く黒ずんだフレークしかできません。汚ければ汚いほど価値はどんどん下がっていきます。一人一人がちょっとゆすぐ手間を持てばいいのです。ひとまず今すぐにでもできる協力はきれいなPET ボトルを出すことなので、ちゃんと洗おう、と思いました。

出し方は、一番最後のページを参照してください。

ここまでの調査をまとめている時に、11月1日の朝日新聞に記事が出ました。

8. まとめ

リサイクルはとてもよいことです。しかしそれはカンや紙のようにリサイクルがうまくいっているものに限ります。この研究を通してPET ボトルのリサイクルは全てがうまくいっているとは言えないのではないかと思えてきました。

なぜなら、私たちはリサイクル＝いいことという関係しか見えておらず、PET ボトルをリサイクルに出したという満足感だけでその後のことを考えていなかったようです。それではリサイクルしたとはいえないでしょう。つまり、これからの地球環境のためには何かしたいという意識だけではだめです。そのためのちゃんとした知識とその知識や意識を使う行動力、そして使う場、いわゆる法律が必要なのです。そうしなければいつまでたっても何も変わらないでしょう。いま、私たちが動くべきなのです。ひとりひとりの働きがいつかは大きな運動につながるはずです。ひとりでやっていてもすぐに結果は出ませんが、

それでもそれをやる勇気を失くしてはなりません。

9. 感想

H：リサイクル工場の見学に行くことでPET ボトルのリサイクルをより身

4. いざ、工場へ！

10月7日に、PETボトルリサイクル工場のB社に木曜日の班が行くということで、便乗しました。まず工場の敷地内に入ると、PETボトルやアルミ缶の山がたくさんあり（つまりゴミっ溜め）、[1]すごい匂いでした。そしてPETボトルがフレークになる過程を実際に目で確認。まずPETボトルは少しずつベルトコンベアーに乗せられて、手作業でラベルや塩ビボトルなど不純物となるものを取り除きます。手作業では大変じゃないですか？　と尋ねたら、機械ではまだ除去しきれずかえって2度手間になってしまうそうです。この後PETボトルのみが乗った状態になったベルトコンベアーは、粉砕機に向かいます。この機械がすごい音。至近距離の人ともまともに会話が出来ないほどです。粉砕機の中では刃が回っていて、この刃はパチンコ玉1つ程度の金属でもだめになってしまうので、コンベアーには金属探知器がついていて、探知すると止まるようになっています。この機械でPETボトルはこっぱみじんにされ、フレークになります。この段階ではまだ、フタ（pp）や取り除ききれなかったラベルも一緒に混ざっているので、水が溜められている装置へ送られます。そうするとPETフレークはしずみ、ラベル・フタは浮くので、大体除去できます（それでもできなかったものは、これまた手作業）。その後脱水装置にかけられ、PETフレークが完成します。ふぅ。[2]

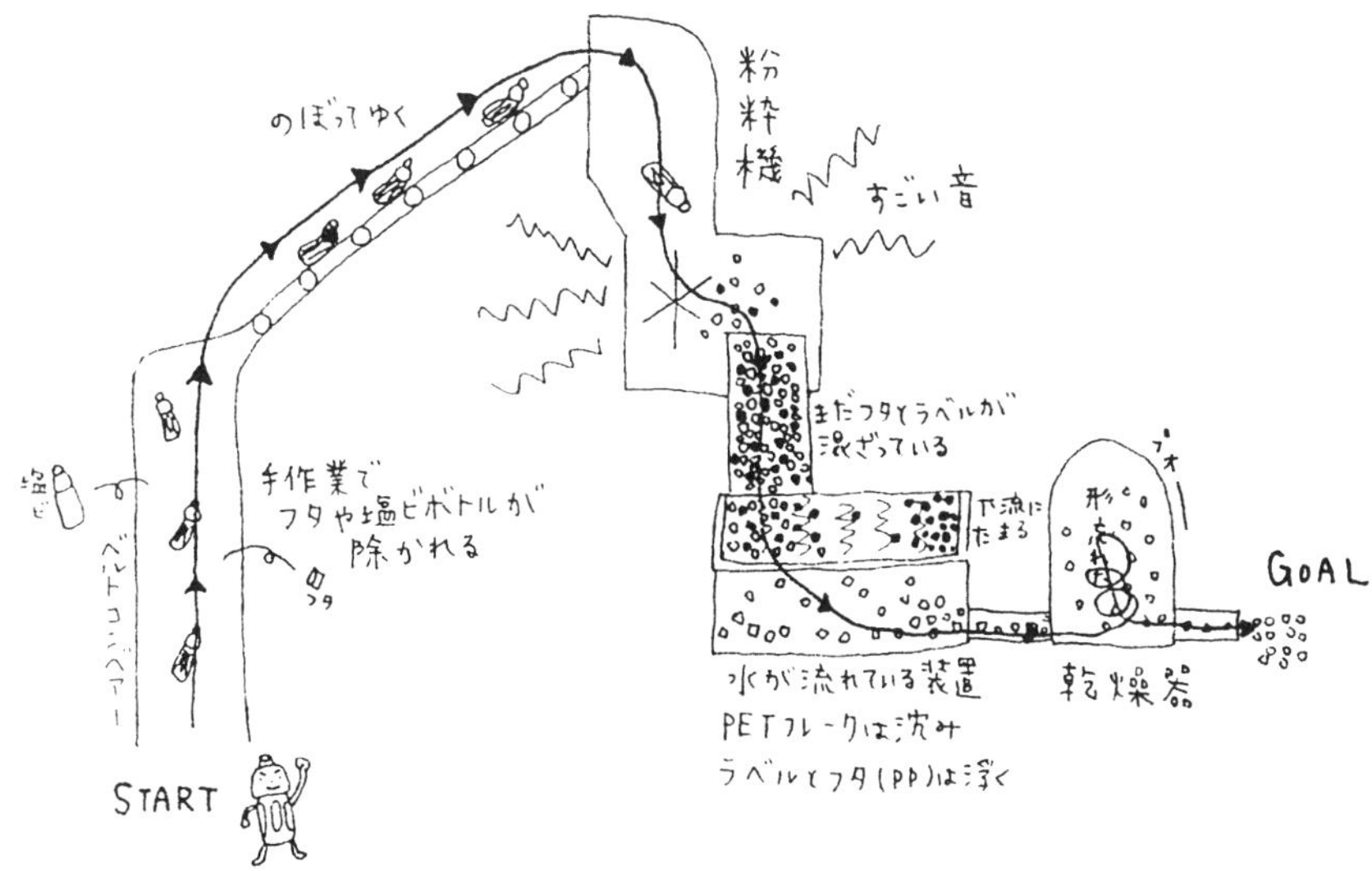

生徒作品⑪

「医者になって何ができるか」

社会科のレポートを紹介する。海城学園社会科の高校１年次の「総合社会」から生まれた作品だ。掲載したのは、「自分探し」に取り組んだレポート、いわゆる仕事の聞き書きである。2009年度の作品で指導は社会科の林敬教諭による。大学生レベルの調査と文章力にも驚くが、私が惹かれるのは、高校生の揺れ動く心情が正直に書かれている点だ。（222頁参照）

医者になって何ができるか
―社会科学的アプローチで発想したエキナカ診療所―

東京　高校１年　黒見　拓矢

はじめに

１学期に日本の医療崩壊についてレポートを書いた際に「コンビニ受診」の問題を痛感した。コンビニ受診とは、深刻な病気や怪我などの緊急性があるわけでもないのに、夜開いていて便利だからという理由で軽症患者が救急診療を利用することをいう。新聞などで報道されている通り、日本の救急医療は危機状態にある。いつ呼び出されるかわからない過酷な労働条件が敬遠されて深刻な医者不足となっており､真の救急ニーズにも十分に対応できない状態である。妊婦が病院を「たらい回し」にされて亡くなった事件も記憶に新しい。この状況で軽症患者が救急外来につめかければ益々本来の救急対応ができなくなる。コンビニ受診は深刻な問題なのだ。

ところがインターネットで医療崩壊問題を調べている中で「コンビニ受診大歓迎」という言葉を見つけた。コンビニ受診をなくそうというのが重要課題なのに、この人は何を言っているのだろうと興味を持ち、今回お話を伺ったのが久住英二医師である。久住先生は、中央線立川駅のエキュート立川で夜９時まで診療を行う日本初の「エキナカクリニック」である『ナビタスクリニック立川』を開設された方である。先生は「駅という利便性の高いところで夜９時まで診療することにより患者さんたちに気軽に立寄ってもらえるようになればよい。これで大病院の救急窓口のコンビニ受診軽減に繋がれば救急問題の解決にも繋がると期待している。」とコメントされている。つまり大病院のコンビニ受診を私が引き受けましょうということだ。

医療崩壊を調べてみると、医師という職業が思ったより過酷な職業であり、近に感じることができた。フィールドワークの重要性を理解した。周囲の人に呼びかけて、PET ボトルをできるだけ買わないように、それが無理でもリサイクルしやすい状態で捨ててもらえるように呼びかけていきたいと思う。新しい資源がどんどん発見されている現在、色々な製品を生み出しているが、その処理方法を考えずに商品化してしまっている。PET ボトルもそのひとつだろう。未来の人類の為にすることが、結局地球全体の為になるのだから、現在だけを考えずに開発を進めていってほしい。

I：ずっとめんどくさかったけど、やっているうちに手放せなくなってしまった。特に、自分の手の届かない領域の話をするのは、無責任な気がしてもどかしかった。でも私もそのうち社会に出るはずなので、そうしたときに、ここで感じた無責任をそのままにしないで行動しよう！

N：最近、私は「人間は食物連鎖を壊してしまう地球の害虫ではないか！人間がいなれば地球は破壊されないのではないか！」とよく考えるようになりました。

BUT !!　私達も地球に存在する限り、地球にとって必要不可欠な生物であるはず、故に人間も地球のために存在するべきだと思う。それはめんどくさいことかもしれないけど、一番重要なことなんだよねえ。

最後に、私はこの生物Ⅱを植物や動物のことがもっと知りたいと思って選んだのにこんなことになるとは思ってもみませんでした。でも、生物というものをより大きなものとして触れ合った気がしました。とりあえず自然と PET ボトルを買わないようになりました。小さな一歩。

The・END

1999 年度作（指導　川北裕之）

（傍線は中井）

医療を低く見るのはおかしいという意見だ。

先生は、医科学研究所時代には医学を効果的に患者に届けるための研究に従事された。この実践的研究の一つが、新宿西口の『コラボクリニック新宿』プロジェクトだ。この研究では、サラリーマンなど平日の昼間に病院に行けない人向けの夜間診療所を生活動線上に設ければ潜在需要を発掘でき、診療所として経営も成り立つという仮説を立て、西新宿のオフィス街と新宿駅を結ぶ動線上の雑居ビルの一室を借りて夜間クリニック(午後6~9時のみ)を始められた。保健室に毛の生えた程度のクリニックだったそうだが、これが大繁盛で3時間の間に50人も患者がきたこともある。仮説は見事に証明された。以上から先生は次のように結論付けられる。第一に、西新宿のような軽い患者だけを診るクリニックが大病院と分業することも十分可能であること。第二に、そのクリニックが夜も開いていれば、大病院の救急科で受診する軽症患者を吸収できること。よって大病院の救急部門は負担減となり本分の救急医療に専念できる。第三に、生活動線上にあり夜も開いていれば経営も十分成り立つこと。以上を根拠に「ナビタスクリニック立川」を開設された。生活動線という観点では、駅近とエキナカは同じようではあるが実は大きな差があり、駅から出て歩いて行くことは受診者にとって心理的障壁が高くなるようだ。また「かかりやすい時間帯」に開いていることも重要だ。エキナカの家賃は相当高いけれどもそれを十分補う患者が集まるので経営的に心配はないらしい。先生は、今回エキナカに開設できたことは幸運にも恵まれたと話された。JRは他の私鉄との差別化戦略としてエキナカ診療所を作りたいという希望をもっていた。JRは夜間診療も希望したがこれを受ける機関がなかったようだ。ここで久住先生の出番だ。先生は、夜間診療の重要性について既に西新宿の実験で認識済みだったのでこれを了承、「ナビタスクリニック立川」の誕生となる。先生は「生死に係われば治療実績がモノをいうが、軽症ならアクセスが一番。駅中の軽症クリニックなら成り立つ。」と判断された。先生の次の目標はコンビニ病院としてのブランドの確立だ。中小のクリニックを選ぶ際に、「ナビタスなら」とブランドが確立していれば患者も安心できるという考えだ。だから、ナビタスを沢山作り、ナビタスなら大丈夫というブランドを確立したいと話される。

先生は、以上のサービスの提供という側面とは別に、医者という職業の大きな役割のひとつが、人を納得して死に導くことだと説明される。人は必ず死ぬ。運命として死んでいく人に対していかに死を納得させるかが医師の大事な仕事医療費削減や医師の偏在など医療現場の未来にも深刻な問題が数多い事が分かる。この状況下でこれから医師を目指そうという若者達は、夢をもって医師になれるのか、医師になって何かできるのかと疑問を持つようになっていた僕にとっては何かヒントがありそうな面白い存在に見えた。少し視点を変えることによって僕たち個人でも問題解決に寄与できるかもしれないと思えた。そこで久住先生に医師という職業についてお話を伺ってみることにした。

このレポートでは、まず先生の学生時代等のバックグラウンドとエキナカ診療所という画期的アイデアに辿りつかれるまでの経緯を振返りながら、先生の医学や医師という職業に対する姿勢や思想・哲学を検証しつつ、医師という職業に必要なものは何かについて考えてみたいと思う。

第1節　久住医師のバックグラウンド

先生は1973年生まれの36歳で、1999年に新潟大学医学部を卒業された。医学部を志望したのは何となくといったところで、特別使命感があったわけでもなく極普通の高校生だった。（中略）

先生は、医学部の卒業時に大学の医局ではなく東京の虎の門病院を研修先に選ばれた。大学の外に出てみたかったことと、虎の門病院だと特定の診療科に縛られず、循環器・消化器など幾つかの診療科を経験できるという利点があったからだ。先生は血液を専門に選ばれているが、これは内科でありながら他の内科と違い治療について外科に頼る必要がないこと、遺伝子診断など先端研究とリンクしている面白さがあることが理由である。虎の門病院での研修を終えられた後には、お世話になった先生の縁で東大の医科学研究所に所属され、医学・医療を社会科学的な見地から研究されることになる。この社会科学的アプローチが後のエキナカ診療所の開設に繋がるのだ。

第2節　医者としての思想とエキナカ診療所への道

先生のお話の中で一貫しているのは「医学と医療は違う」「適切な医療がなければどんな優秀な医学研究も意味がない」という医療への強い思いだ。先生によれば、医学は原理を追求する科学である。例えば、治療法のＡとＢのどちらが同じ状態にある人間に対する効果があるかを研究する。一方、医療というのは個人差のある個々の患者に対してどんな治療を施すのがベストなのかを考えて治療することをいう。医学界では、医学研究は独創性が必要だから偉く、医療は誰がやっても同じだから一段低いという見方があるらしい。しかし、先生は、どんな偉大な研究成果も患者に届いて初めて人類を幸福に出来るわけで、という職業柄、人の死に対しては割切りがなければやっていけないのだろう。ただ、死を眼前とする患者やその家族にとってそこまで割り切れるものかどうかは疑問が残る。何れにせよ人間に対する深い洞察と愛情がなければ、死と向かい合う患者を医学的にも人間的にも救うことは出来ないだろう。医学という技術・ハードを実際の人間に活かすソフトな部分が必要なのだ。それが、医師が大事にしなければならないものなのだと思う。

医師個人の哲学やコミュニケーション能力とは別に、より良い医療を提供できる機会を維持できるかどうかには経営力と発想力も必要となるということもナビタスの話でよく理解できた。良い技術があっても医療体制として維持できなければ何もならない。これらの能力を総合的にバランスよく持っているのが良い医師なのだろうと僕は思う。

おわりに

今回のインタビューを終えて身の回りの医療について振返ってみた。僕が小さいときからお世話になっている近所のクリニックが土祝日も休まず平日は夜9時まで診療をしてくれていることに改めて気付いた。これは実は大変なことだったのだ。2人の先生が交代で診療にあたり、院長先生は僕が小さいときから診療中に必ず僕の名前を何度も呼んでくれた。もちろんカルテを見れば名前は書いてあるのでずっと憶えてくれているわけではないと思う。それでもそれは大変な「ちょっとしたこと」なのだと気付いた。常に不安を持ってやってくる患者にとっては、そのようなちょっとしたことも心を安らげてくれる大事なコミュニケーションなのだと、今回の久住先生のお話を伺ってから思うようになった。(中略)

最後に、診察後でお疲れのところ、2時間も熱く語って下さった久住英二先生に心から感謝したい。僕はインタビューでナビタスを訪れた時に、待合室で待つ多くのサラリーマンの姿を想像していた。しかし、サラリーマンの他に多くの親子が居て、TV画面の「アンパンマン」の映画を観ている小さな子供たちも居た。会社帰りのサラリーマンだけではなく幅広い世代が受診している事を知り嬉しくなった。ナビタスクリニックの益々の発展を祈っている。

(注と参考文献は省略した)

取材先:ナビタスクリニック立川　院長久住英二氏

(2009年10月24日午後5時～7時まで対面取材)

2009年度作(指導　林　敬)(下線は中井)

だとおっしゃる。死を自分なりに納得さえできていれば、無駄な「延命治療」など望まなくなる。人の生はその長さでなく、濃さ、死の際の納得性が大事なのだと。このことを患者に教育するのはかかりつけの開業医の役割だとされる。先生は良い医者の資質は数学や物理などの理数系が得意かどうかではなく、実は宗教観とか死生観といった文系的な要素も重要な職業だと思っているとのことだ。患者という人間と心を通わせて治療や死に対して納得を得ることが大事なのだ。だから「患者に対して偉そうにしている医者」というのは間違った医者だと指摘される。以上の究極的役割を担っている以上、患者と同じ目線での意思疎通ができなければならない。偉そうな医者がいる限り医療の問題は解決できないと思うと。医者になって良かったと思うのは、患者が完治して元気に暮らしているところをイメージできる時であり、人間の生き様について深い洞察を得られることだと述べられた。最後に、君がどんな仕事につくのかは分からないが、とにかく他人の人生の邪魔をしないこと、他人の人生の役に立つ仕事をするということこそ一番面白みがあるのではないかと話を締めくくられた。

第3節　医者という職業について

今回、久住先生のお話を伺って、その中に一貫して流れる「医学の成果を患者に届けるにはどうしたらよいのかを考えることが大事だ」という信念に感銘を受けた。このように、自分の職業に対して明確な信念を持つことの大切さを感じた。先生は、この信念に基づき実践的な研究を行いナビタスの開業に結びつけられた。また医療問題という社会問題の解決にも貢献できているのが素晴しいと思う。医療問題に対して個人は無力ではないのかと感じていただけに、やりようによっては個人も一石を投じられると希望が持てた。もちろん救急医療の現状には、医師数が十分でない、訴訟リスクを恐れて専門外には手を出したがらない等々他にも様々な問題があるので一朝一夕には解決できないことだが、個人として少しでも貢献できるのは職業冥利に尽きるのではないか。

また、医師という職業は理数系が得意だから向いているというほど単純ではないという指摘にも考えさせられた。医学研究は別かもしれないが、医療に従事するということは、人とコミュニケートすることであり、治療側の死生観などの哲学的な要素も治療に影響するだろう。単純に理数系が得意ということでなく、人間としての深さが必要となるだろうと思った。多少の延命のための治療の是非や、人生は長さではなく死の際に納得できる人生の濃さであるというように単純明快に割り切れるものかどうかは16才の僕には分からない。医師高校生が自分の問題意識やテーマを作って行く上で、調査や取材活動から考えたことをレポート（意見文）にまとめることは基本中の基本です。すでに述べたように、そこから志望理由書や小論文が生まれてくるのです。そのレポートの指導方法について、この章では取り上げます。

全国にはすぐれた理科や社会科の先生方がいて、文献や実験を踏まえたすぐれた生徒レポートが生まれています。意欲的な先生方はさらにフィールドワークをも指導し、インタビューや聞き書きをも入れ込んだようなレポートも多数生まれてきています。

しかしそれらにも不十分な点があるのではないでしょうか。本書の立場から見て、どのような問題や課題があるのか。それへの対策をも含めて考えたいと思います。

また、理科や社会科のレポートと国語科の聞き書きが分裂していることをどう考え、どう解決すべきか、という問題にも、一応の私見を出しておきます。

まず最初に、現在広く一般に行われているレポートの形式や方法を確認します。それは、基本的には木下是雄が『理科系の作文技術』で提示した方法とそれに準ずるものになっていると思います。したがって、それを最初に取り上げます。

一　木下是雄の『理科系の作文技術』――隠れたベストセラー

理系のレポート、論文と言えば、物理学者だった木下是雄の『理科系の作文技術』（中公新書）が有名だ。大学研究者の隠れたベストセラーだと言われ、三〇年近く前の本だが、今もよく売れているようだ。二〇〇九年五月刊行の版で、すでに六六版を数えている。理科系のレポート、論文などの作文技術だけではなく、パラグラフ理論（後述）を日本に紹介したことでも有名だ。

『理科系の作文技術』では、「理科系の人が仕事のために書く文章で、他人に読んでもらうことを目的とするものだけを対象とする」とされている。「理科系の」とされたが、ここで示された方法は理科系に限定されるものではない。木下は文系の大学生向けの『レポートの組み立て方』（ちくまライブラリー）で文系のレポートも同じであることを示している。

木下は従来の国語教育の心情主義に反対し、事実に即した認識を論理的に構築できる能力を養成することを目標とした。木下は、「いい文章」というときに人がまっさきに期待する、「人の心を打つ」「琴線に触れる」「心を高揚させる」「うっとりとさせる」というような性格をいっさい無視する、と宣言する。

木下は言う。「レポートに書くべきものは、事実と、根拠を示した意見だけであって、主観的な感想を排除しなければならない」。そして「この点に、レポートといわゆる作文との大きなちがいがある」。

これは、事実に即して考えるための原則だろう。つまり恣意的な主観的感想を排し、徹底的な客観主義に立とうとするものだ。

木下の示すレポートの書き方はこうだ。

①事実と意見を峻別し、②事実と意見のそれぞれから、書くべき内容を精選し、③それらを順序よく明快・簡潔に記述する。③のためにはイイタイことを「目標規定文」でまとめ、その目標に収束するように全体の構成を練る。ここでパラグラフ理論を使用する。

レポートの構成は「序論、本論、結び」の組立を薦めている。

「序論」では、その主題を取り上げた動機や理由を書く。つまり、主題（テーマ）、なぜその主題を取り上げたか、その問題がなぜ重要なのか、問題の背景、問題への取り組みの方法などだ。

「本論」は、「調査の方法」「得られた結果」「考察」からなる。長い時はいくつかに分け、小見出しをつける。考察は、調査の結果から自分の結論にいたる過程を示す。

「結び」ではまとめとして、調査結果についての自分の判断を簡潔に書く。

そして、レポートにおける文章の種類は、事実を書く「記述文」と「説明文」、意見を書く「論理を展開する文章」だけで良いことになる。（「記述文」とは「描写文」のことだろうか？　中井）

以上の木下の見解は、理系、文系を問わず、多くの大学の先生方のものである。また、多くの高校の先生方の考えでもある。高校生のレポート指導などに熱心に取り組まれている理科や社会科の先生方も、こうした前提で指導しているようだ。

二　全教科での言語活動

今回の学習指導要領では全教科での言語活動を提唱しているが、実は木下こそ、この理念の先駆者であり、その先駆的実践者であった。

木下は学習院大学の学長に就任すると、学習院の小学校から大学までの先生方（国語科・文系だけではなく教科横断）と「言語技術の会」を組織し、小学校から大学までの一貫した言語教育の体系と教科書を作った。日本の言語教育に対しての大きな問題提起だった。

木下は欧米の国語教育（自国語教育）を研究し、そこにはコミュニケーションの道具としての言語技術と、読解（テキストを理解し鑑賞する）の二要素から成ることを知る。コミュニケーションとは事実・状況・意見・心情（気持ち）を他人に伝えること。（どうもこの「読解」が文学教育らしい。中井）

こうした欧米と比較した時に、日本の国語（日本語）教育は言語技術教育が最も不足し、それを強化しなければならないと考えた。「もっとも、言語技術の対象のうち、心情の伝達に関しては従来の作文教育が成果をあげている。したがって問題はことばによって事実や状況を正確につたえ、また自分の考えを整然と主張するための言語技術の教育・訓練だ」ということになる。その言語技術教育を、「読み・書き、話し・聞き、考える」のすべてで、小学校から大学までの一貫教育として行ったのが言語技術の会である。

それまでの国語教育（今でも大きくは変わっていない）は文学偏重で心情主義的であり、答えが最初からあると言う意味での「道徳主義」であった。それに対して、心情的な甘さを排除し、事実に即した認識を論理的に構築できる能力を養成することを目標としたのだ。

私は、木下の問題意識に強く共感するし、偉大な先駆者としての彼の活動を高く評価している。

私は言語技術の会が編集した小学校から中学、高校までの、教科書を通読してみた。そして強い感動を覚えた。ここには、子どもたちが成長する上で必要なあらゆる言語活動が網羅されているのではないか。これにネット社会に必要な技術を追加すれば、現代でも十分に通用する。否、今もこれを越えるレベルの教科書は生まれていないのではないか。

私が一番感心したのは、多様な言語活動が一つの原則で貫かれていることだ。それは木下の根本原則であり、「事実と意見の区別」「パラグラフ理論」であり、「レポートの書き方」で強調される文章作成法である。木下是雄の『理科系の作文技術』と『レポートの組み立て方』は、教師なら必ず一度は読むべき本だろう。

三　木下是雄のレポート指導法の原則

木下がまとめた原則を確認し、それぞれへの私見を述べる。

①文章（考え）のまとめかた

木下は、最初にイイタイコト（結論）を「目標規定文」にまとめ、「その目標に収束するように文章全体の構想を練ること」を求める。これは、表現における基本中の基本であり、すぐれた書き手の多くは同じ事を述べている。

こうした基本の正しさはもちろんだが、言語技術の会の本当のすばらしさは、この方法をあらゆる言語活動で貫こうとした点にあるだろう。私の鶏鳴学園でも、これに習い、この原則を文章、口頭発表、スピーチ、取材などのすべてで求めている。

ところで、この方法は確かに基本中の基本なのだが、そこには前提があることに注意していただきたい。生徒がすでに、対象を十分に捉えきっており、結論を出せる段階になっていることだ。そうでなければ、この方法から生まれる文章の多くは表面的で型通りのものになりやすい。対象と深く切り結んでいない場合には、まずは実際に対象にぶつかるように求めるしかない。

②テーマ設定、テーマの絞り込み

レポート作成で、木下が力を入れているのは、作業の第一段階のテーマ設定である。高校生は大きなテーマを選びたがるが、小さく具体的で、検証可能なテーマに絞りたい。できれば身近な経験から選べたら一番よいのだ。木下はこのテーマ設定の過程を下図のようにまとめていて参考になる。

なお、木下は述べていないが、ここでは、どのテーマを対象として選択するか（対象理解）だけでなく、なぜそのテーマを選ぶのか（自己理解）が重要である。このテーマ設定に成功した場合は、レポート作成の作業の半ばは終わったようなものだ。教師の力量は、ここで試される。

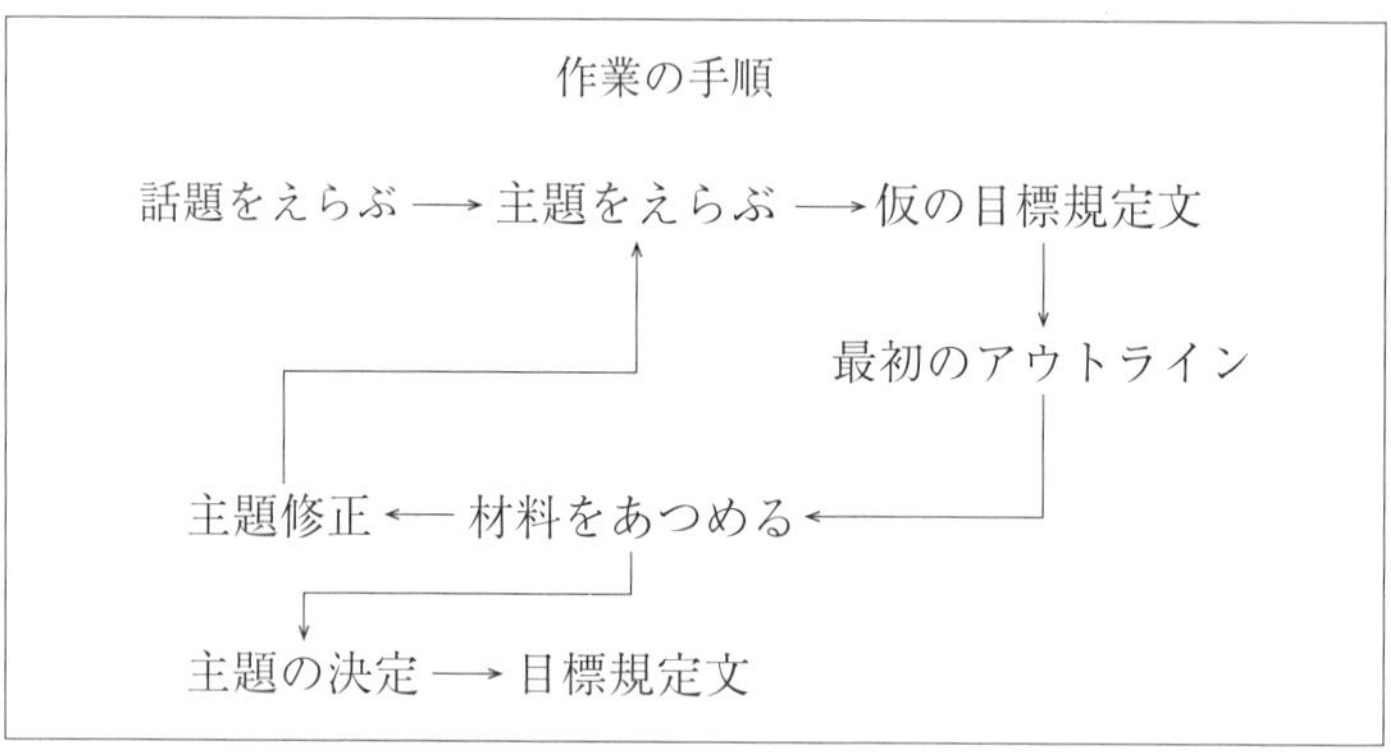

『レポートの組み立て方』39ページより

③ 事実と意見の区別

木下たちは、事実と意見の区別の学習をすべての基礎としている。これは正しいと思う。なぜなら、私たちが目にするすべての記述には、事実と意見の両面があり、意見は事実を根拠として持たねばならないからだ。意見文の最も簡単なモデルは、事実→意見であろう。

しかし、実際は、そのように明示されることは少なく、その多くでは両者が渾然一体となっている。だから、まずはこの二つを切り離すことが必要になる。事実だけのように見えて、秘かに主張が忍び込まれている場合もある。反対に、根拠のある意見のように見えても、実際は根拠がほとんど示されていない場合もある。

新聞記事などでも、誰のどのような意見が示されているのか、その意見はどのような事実（根拠）に支えられているのかを、考える必要がある。言語技術の会の中学用の教科書では、この練習で新聞記事を取り上げている。こうした練習は、テレビやネットなどにまで広げ、メディア・リテラシーの教育として行いたい。

事実と意見を切り離すのは、両者を再度、自分自身の視点から結び合わせるためだ。それが自分の「意見」「思想」になっていくはずだ。こうして事実の重さを知れば知るほど、調査が不可欠になり、取材や聞き書きの重要性がわかるはずだ。

ただし、ここで注意したいのは、事実と（事実についての）意見の区別は、本当は不可能だということだ。どんな事実も、書き手の視点から切り取られたものだ。事実を追いつめようとすればするほど、事実は限りなく逃げていく。もちろん、それを弁えた上で、やはり事実と意見の区別の練習をすることは重要である。

ところで、この事実と意見の「意見」には「主観的感想」は含まれないのだろうか。記事などの記述から事実を引いて残るものとは、事実を書き手がどう意識したかであり、そこには当然「感想」や「感情」も含まれ、それは記述に反映しているだろう。

④パラグラフ理論

パラグラフ理論とは段落構成法を説明するもの。パラグラフとは段落のこと。一つの段落では一つのトピック（小主題）について一つのこと（考え）を言う。パラグラフには冒頭にトピック・センテンスがあり、その段落でイイタイことを概括的に述べられる。パラグラフの他の文はトピック・センテンスの具体化や、他のパラグラフとの関係を示す。したがって、各段落冒頭のトピック・センテンスを並べれば、文章全体の要約になる。

このパラグラフ理論は正しく有効なものだ。私もこの考え方に基づいた指導を読解や表現で行っている。ただし、文系の評論では、段落内部に傍流や逆説があるケースも多いという事実を指摘しておきたい。また、木下は段落相互の関係を問題にするが、その「立体的」関係はあまり意識されていないようだ。私は各段落の冒頭の一文、冒頭の言葉（特に接続詞）、ラストの一文を意識して読めば、各段落のトピック（小主題）だけではなく、テキスト全体の立体的構成がわかる、と指導している。テキストは平面的に捉えるだけではなく、立体的に読めてこそ、そのテーマと結論が本当にわかるのではないだろうか。この点については拙著『日本語論理トレーニング』（講談社現代新書）の第八章を参照していただきたい。

さて、木下から学ぶべきことを確認したならば、次にはその不十分な点を克服することが私たち後に続く者たちの使命となる。

四　主観的感想の行方

木下は国語教育の名の下で、文学主義、心情主義、主観主義的な教育が行われていることに危機感を持った。それは正しい。しかしそのために、レポートから「心情」そのもの、主観的な「感想」そのものを排除したことは、大きな間違いだったと思う。

その結果、行き場を失った「心情」「感想」や「主観性」は、どこに行ったのか。それは結局は国語科が引き受けることになり、そのために、国語科は従来の文学主義、心情主義、主観主義のママでよいことになってしまった。

その結果、国語科は心情で、理科・社会科は事実と論理といった棲み分けをうながし、互いに別の原理で表現指導が行われることを放任してきたのではないか。

そして、ここまで来れば、読者のみなさんも、何かおかしいと思われるのではないか。そもそも木下は国語科が文学教育や心情主義になっていることを批判し、論理教育をするべきだとして活動を始めたのではなかったか。それが、結局は、国語の文学化を強めてしまっては本末転倒だろう。

木下方式の意義と限界を考えるために、第三章で示したカリキュラムの理念と過程を思い出してもらいたい。第一段階の主観性は、第二段階の客観的現実の厳しさでいったん否定され、その否定を潜り抜ける中で確かな主体として確立されていく。

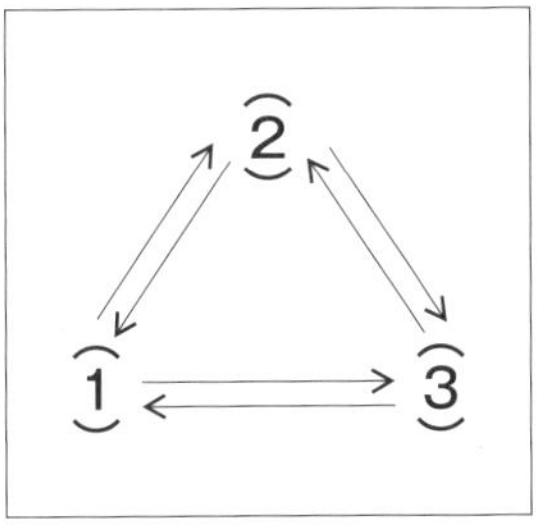

木下方式の意義は、第二段階による最初の主観の否定を強調している点にあるのではないか。客観世界での調査による事実の厳しさで、最初の未熟な自我が厳しく否定される。それは、主体確立の過程の一つの重要な契機である。

しかし、幼稚な自我の否定は、より強靭な自我へと成長するためである。木下は、その否定が、否定の否定にまで進まなければならないことを理解せず、その全体像を示せなかったために、ただ主観性を否定することで終わっている。

大切なことは、その否定をくぐりぬけて、より大きな自我を作ることだから、その過程こそが、自己理解の深化として十分に表現されねばならない。そこで自己（主体）を消しては話にならない。

このことは、特に高校生のレポート指導では重要だ。まさに自己を作る段階だからだ。つまりレポートでは、（2）の段階が中心に書かれるべきだが、その根底には（1）から（3）の流れがあり、特に（3）こそが隠れた真の目的でなければならないのである。

つまり、当初のフワフワした主観性、その心情や感想は厳しく否定され、その先入観や既成概念が吟味される。そして現実で鍛えられた強靭な主体を育まなければならない。それは自己理解と他者理解との一体的な深まりになるだろう。

そして、この段階の重要性は、高校生だけではなく大学生でも基本は変わらないと思う。またプロの研究者であっても変わらないだろう。

以上を確認した上で、少し補足する。研究の成果の報告の段階にあっては、木下方式は標準的方法だ。そこでは事実に即して論理的に展開せよと主張しているのだ。いかにも「客観的」であるように装えと。それは正しい。もちろん研究者といえども、研究の過程においてはさまざまな挫折や試行錯誤を繰り返し、さまざまな心理的な葛藤を経験するだろう。しかし、最終的な論文にはそれは書かない。結論を出す上で必要な過程だけを残し、不要な過程や心情を消す。同じ研究仲間に、わかりやすく読んでもらうためだ。

ただし成果の報告といっても、分野で書き方に違いがあることを指摘しておきたい。木下は物理学者であり、自然科学の分野が前提とされている。木下は文系のレポートも同じだと言うが、自然界を対象とする理系と、人間世界が対象の文系とでは大きな違いがある。さらに理系、文系それぞれの内部でも、大きな区別がある。理系では、実験や観察だけで結論を出せる分野と、環境問題などのようなフィールドワークやインタビューが欠かせない分野の違いもある。文系でも文献の読み込みを中心にする分野と、民俗学や文化人類学などのようなフィールドワークやインタビューが中心になる分野との違いがある。木下方式が有効なのは、文系よりも理系、フィールドワークやインタビューによる研究よりも、実験や観察や文献調査が中心の研究だ。逆に言えば、その反対のケースでは適切ではない場合も多いのではないか。

五　高校生にとっての学習とレポートの理想形

では高校生にとって、学習とレポートはいかにあるべきだろうか。

高校生にとっての重要な学習とは、相対的には理系の調査よりも社会科の調査、理系では社会的な視点も入れた調査(環境問題など)である。正解の出やすい観察や実験や文献調査よりも、フィールドワークやインタビューに重点を置くべきだ。正解が出やすい世界に対しては、彼らの旧来の自己のママでも対応できる。しかし、フィールドワークがもたらす混沌とした世界は、彼らの自己を壊し、自分の未熟さを痛感させる。壊されて初めて、自分が何だったかがわかる。

もちろん、理系の調査も必要だし、観察や実験や文献調査も基礎としては重要である。そして、これらの結果をまとめる際には、木下方式は必須であり、そうしたトレーニングは必要である。私はそれを認めた上で、フィールドワークやインタビュー中心の学習とその学習をまとめるレポートの重要性を強調したいのだ。それこそが高校生の自立を目的とする現在の教育において、緊急の課題だと思うからだ。

彼らに必要なのは、結果ではなく過程である。正解を出すことではなく、答えが出ない中で、辛抱強く、粘り強く、考え続けることだ。きれいな答えを出すことからではなく、むしろ、試行錯誤の過程、そこでのてんやわんやからこそ、彼らは学ぶのだ。

また、こうした学習では個人でなくグループ学習が有効だ。答えの出ない中で、励まし合い、ボケとつっこみを重ねながら粘り強く考えていける。(本章の七節を参照)

では、こうした学習における、あるべきレポートとはどういうものだろうか。

第一に、文章の主語として「私」「私たち」（グループでの場合）を消すのではなく、むしろそれが最初から最後まで貫かれているもの。つまり「私」のある文章だ。

客観主義的に書こうとして「私」を失うと、自分の大切な当初の「問い」「問題意識」を見失いやすい。最後までしっかり「私」をつらぬかせるためにも、表現で「私」を主語に明記させることだ。

第二に、結論そのものよりも、学習過程を過程としてしっかり書くべきだ。試行錯誤の過程や心情を消してはならない。むしろそうした混乱した過程とその中で激しく揺れ動く心情こそを書くべきだ。ただし、心情や喜怒哀楽を書くこと自体が目的なのではなく、それによって調査や探究活動が先に進み、対象理解と自己理解を深めることが目的である。

第三に、きれいな結論や、きれいな証明を目指さないことだ。結論は暫定的なものでしかないことを自覚し、むしろ最初には気づけなかったたくさんの疑問や問いが生まれることを良しとしたい。そしてそれらを正直に書けばよいのだ。

第四に、グループ学習では、仲間内のダイアローグ、本音トークもほしい。

第五に、文章の種類としては、木下が言う、事実の説明と、意見の論理だけではなく、描写が大きな役割を果たすことを言っておきたい。

六　レポートの構成

こうしたレポートでは、構成はどうなるか。全体が序論、本論、結論であるのは木下と同じだ。しかしそのナカミが変わる。

序論では、主題（テーマ）、なぜその主題を取り上げたか、その問題がなぜ重要なのか、問題の背景、問題への取り組みの方法などを書く。これが木下の方法だ。

これには私も賛成である。問題は、それが誰にとってかなのだ。もちろん、学問や科学にとって、研究史において重要だ、という意味であろう。一般的に言えば、客観的な意味で重要だと言うことになる。学者にとって、それが目的であることはそうである。すでに誰かが答えを出していることを研究しても仕方がない。過去の研究史を踏まえて、その先を目指すのは当たり前だ。それが研究業績になる。

しかし、高校生にとっては違う。研究の歴史における意味が重要なのではない。それが自分自身にとってどういう意味があるかこそが重要なのである。つまり主観的な意味での重要性だ。もちろん研究対象、調査対象についての不明な点、疑問点を最初に確認することは重要だ。しかし、それ以上に重要なのは、なぜ自分はその問題に取り組みたいのか、という自分自身についての理解なのである。それを考えることが、自分とは何かを明らかにし、自分の問題意識、自分のテーマを作って行くことに役立つからだ。

したがって、対象側に関する問いを明示した後に、自分にとってのその問いの意味を書くべきだ。

本論

普通はここで、いかに客観的に書くかに腐心するわけだが、そんなフリをする必要はない。逆に、「私」（主観）を前面に出すことが重要だ。そして調査の過程での主観的感想を、遠慮なく書き込んでいけばよい。ただし、その感想は調査の深まりや展開と結び付けられなければならない。

結論

ここには序論で書いた疑問への答えをまとめなければならない。

まずは、対象の側の、客観的な側面での問いの答えをまとめなければならない。ここまでは木下と変わらない。

しかし、私は答えよりも、新たな問いを立てるべきだと強調したい。キレイごとを書いて終わることを厳に禁じたいからだ。

本来、大きなテーマでは、簡単に答えなど出ないのだから、きれいな答えが出たら、疑うべきである。何がわかり、何がわからないままに残ったか。新たな問いは何か。それを書いて終わればよい。

普通はここまでで終わりだが、私たちにとってはここからが肝心である。それは、その答えが出るまでの過程の、自分にとっての意味を考えることだ。今回の調査と取材、レポートをまとめることで、自己理解がどれだけ深まったかを書く。そして、自分にとっての次の課題もまとめておく。

私のレポートについての考えを検討していただくためには、理科や社会科の実際のレポートに即して考える必要がある。そこですぐれた実践二例を紹介する。この二つの実践は、私たちの研究会（高校作文教育研究会）で二〇〇五年に報告をしてもらい、共同討議を行った。

七　理科系のレポートと「主観的な感想」

1　自分のテーマを持つ

理科系のレポートを考えるために例に取り上げるのは千葉県立小金高校の総合学習「環境学」。「総合的な学習の時間」が導入される五年前から実施された授業で、生物の川北裕之と彼を支える教師集団が中心になり、三年生の自由選択科目「生物Ⅱ」の約半分、一単位分を使い、一年間を通した取り組みである。事前学習の後、班ごとに研究テーマを設定して、フィールドワークを含む調査研究をした上でレポートをまとめ、発表する。個人でなく集団制作である。

目を引くのは、事前学習の期間が三ヶ月と長く、そこでも体験学習が中心になっていることだ。休日を利用して、三番瀬で自然観察をする（ついでに潮干狩りも）。三番瀬は東京湾に広がる干潟で、埋め立て問題が起こっていた。また、近くの里山では竹の間伐を体験する。「多様な生物群集を育む森として再生」させる地域活動への参加だ。それらの体験をもとにディベートもする。これは探求学習の「方法」を教えると同時にその予行演習にもなっていたのだろう。

これだけ豊かな事前学習を用意したのは、生徒たちが自分にとって意味あるテーマを設定するためだ。「探求学習では、一番難しいのは、生徒自身が興味のある課題（テーマ）をきちんとした形で課題化できるかである」。川北は、広すぎるテーマ、一般的なテーマではなく、自分にとって本当に知りたいと思うこと、身近なことで興味があるものを選ぶように指導している。

総合学習は、従来の一方的な知識詰め込み型に対する、問題解決型学習であるが、川北はその総合学習にも二種類あると言う。一つは教科的（模倣的）研究で、初めから正解が用意されている。これは研究の手法を学ぶには良いが、生徒にとってのテーマの切実さという点では問題がある。もう一つは、生活的（変容的）研究で、個々の生徒にとって切実で身近なテーマを取り上げるが、すっきりとした解答が出せるとは限らない。

もちろん両者が必要なのだが、川北が追求するのは後者だ。総合学習の目的を、各自が自分の問題意識を深め、自分の進路を切り開くことに設定しているからだ。

この二種の総合学習を比較すると、前者が「答え」と「対象理解」を重視するのに対して、後者は「問い」の深まりと「自己理解」を重視していると言える。木下の方法論は、前者の場合により有効だろう。

では後者の場合に有効な方法とは何か。そのレポートはどのようなものになるのか。構成と文体での違いはあるのか。

2 成功した学習とは何か——くつがえされる予測

川北の生徒たちのレポートも、構成としては木下方式と大きな違いはない。多くのものが、「一、テーマの設定理由、二、研究の方法、三、調査の報告、四、まとめ（結論）」となっている。最後に「感想」の項目を置いている班があることが違うぐらいだ。

では「PETボトルは何処へ」（生徒作品⑩ 187頁）というユニークで、生き生きとしたレポートに即して考えてみよう。全体の構成は次のようになっている。

1、テーマ設定理由
2、これまでの活動
3、PETボトルリサイクル推進協議会での出会い
4、いざ、工場へ！
5、新聞に記事が出て（PETボトルリサイクル、予想上回り？）
6、理想社会
7、今できること
8、まとめ
9、感想

最初の1に「問い」があり、2から5までは調査活動を時系列でまとめたもの。それを踏まえての考察と結論が6から8で、最後に感想をまとめている。「感想」があることに注意。

「1、テーマ設定理由」では、高校生の身近に溢れている五〇〇mlのPETボトルが本当にリサイクルされて

いるのだろうか、という素朴な疑問を提示している。

最初は文献で調べ、ＰＥＴボトルリサイクル推進協議会で説明を聞く（「３、ＰＥＴボトルリサイクル推進協議会での出会い」）。この段階では、リサイクルはうまくいっていると納得した。リサイクルの意識を高めれば問題は解決できる。

しかし、次に訪れたリサイクル工場で彼らは大きなショックを受ける。工場は悪臭と騒音がひどく、そこで働いているのは知的障害者だった。彼らはリサイクルのクリーンなイメージはうそであること、何か根本が間違っていると感じる（「４、いざ、工場へ！」）。

もし調査がＰＥＴボトルリサイクル推進協議会で終わっていれば、それは予定調和の世界のママだった。当初のクリーンなイメージのままのリサイクル観が維持できただろう。しかし、彼らは実際のリサイクル工場を見学し、その甘い幻想を打ち砕かれた。この時初めて、彼らの体をくぐり抜けた問題意識が生まれたのではないか。第二段階の「自己の否定」が徹底的に行われ、それを潜り抜けた主体が生まれようとする。

だからこそ、普段なら見過ごしたかも知れない新聞記事に飛びつくことができ、一応の結論を出せたのだろう（「５、新聞に記事が出て」）。新聞記事には容器包装リサイクル法の矛盾が告発されていた。ＰＥＴボトルが予想を上回って回収されたために各地の自治体がその保管に苦労していること、つまり企業が作り出したＰＥＴボトルを、自治体が税金を使って分別回収し保管しているという矛盾。

こうして彼らは、初めの仮説に代えて、よりよい社会にするためには、義務教育に環境学を取り入れること、再生できないものは売ってはいけないこと、消費者はそれを拒否すべきであること、容器包装リサイクル法は見直すべきであること等を考えるに至る（「６、理想社会」）。

この調査全体を通して、彼らの心が激しく揺れ動き、それが彼らの認識を深めるための大きな力になっていることがわかる。こうした調査報告は、「主観的な感想」をきちんと反映したものでなければならないだろう。

例えば、「4、いざ、工場へ！」のイラスト（193頁）からは、彼らの衝撃と大きな疑問が生き生きと伝わってくる。また、下線(1)や下線(2)、下線(3)など（193、194頁）が、彼らの主観的思いを率直に語っている。

「6、理想社会」では、遠大な理想を言う事への突っ込みも入る。「ちょっとすぐに手を出せる領域ではないから、ずるいと言えばずるいけれど、考えるのは勝手でしょう」。「7、今できること」の小見出し「ひとまず、本当に今できることは」からは、これが当座のものでしかないとの自覚がうかがえる。この自分たちの結論への距離の取り方には、調査の始まりのPETボトル推進協議会の主張を鵜呑みにしていたことへの反省があるだろう。

「8、まとめ」は以下だ。「私たちはリサイクル＝いいことという関係しか見ておらず、PETボトルをリサイクルに出したという満足感だけでその後のことを考えていなかったようです。それではリサイクルしたとはいえないでしょう」。ここには対象理解だけではなく、自己理解（自己反省）の深まりが確かにある。

最後の「9、感想」には次のようなコメントがある。「ずっとめんどくさかったけど、やっているうちに手放せなくなってしまった。特に、自分の手の届かない領域の話をするのは、無責任な気がしてもどかしかった。でも私もそのうち社会に出るはずなので、そうしたときに、ここで感じた無責任をそのままにしないで行動しよう」。

全体としてすぐれた集団制作となっている。しかし、これで終わりではない。川北は、このレポートとは別に、さらに「学びのストーリー」を書かせている。一年間にわたる学習の中で、どう行動し、何を学んだのかを書かせるもので、対象理解と自己理解を更に深めていく試みだ。

高校生にとって成功した問題解決学習とは、当初の自分の理解の浅さを思い知り、学んでいく強い意欲が持てた場合を言うのではないか。

八　社会科のレポート――インタビューを生かす構成と文体

1　理科と社会科の違い

私は、レポートでは、対象理解だけではなく、自己理解(なぜその対象を取り上げるのか、それが書き手自身にどんな意味があるのか)も必要だと考える。それが高校生の進路・進学の動機づけになるからだ。「主観的な感想」が重要になるのは、それが対象理解を深める上で基礎となるだけではなく、自己理解の第一歩でもあるからだ。

この点では理科も社会科も同じである。しかし、理科と比較して、社会科では、「主観的な感想」は一層重要になるだろう。それはそもそもの対象が違うからである。理科系では自然が対象だが、社会科では人間やその社会が対象である。自然が相手であれば、対象と自分を一応切り離すことができる。しかし社会科では対象も書き手も、同じ人間なのである。対象と自己との相互関係はいっそう緊密になり、自己理解と対象理解は切り離せない。

これは文献や統計だけの調査でも同じなのだが、フィールドワークやインタビューや取材ではさらに重要だ。現場そのものが強烈なインパクトを持ち、インタビューの持つ教育力が大きいからだ。

2　海城学園社会科の総合学習

ここで取り上げるのは、私が高く評価している海城学園の社会科の実践だ。海城学園は東京都にある私学で併設型中高一貫の「進学校」。海城の社会科では約二〇年前から問題解決型の総合学習科目を導入した。それが、中学全学年における「社会Ⅰ・Ⅱ・Ⅲ」と高校一年次の「総合社会」(いずれも週二時間)だ。

ここでは集団制作ではない。個々の生徒が、関心のある社会的な問題でテーマ設定し、文献・取材調査やフィールドワークを通じて問題解決策を含めたレポートを作成する。文献だけではなく、必ず現場でインタビューをしている点がすばらしい。それも毎学期一本ずつのレポート作成だ。二〇年近くにわたり、大学生顔負けのすぐれた作品が多数生まれている。

私たちの研究会では、社会科の林敬に二〇〇五年度の高校一年の「総合社会」について実践報告をしてもらった。「総合社会」の学期毎のテーマは「自分探し」「世界探し」「地域探し」。一学期の「自分探し」では、将来像を模索・構築するために、仕事の聞き書きをする。例えば、弁護士志望の者はインターネットで企業批判・告発を行う「見えない相手」と戦う弁護士を取材した。また、職業選択とは別に、中古パソコンの学校などへの寄贈活動を行っているNPO代表を取材した生徒もいた。

三学期の「地域探し」では、自分たちの生活圏の調査が中心。海城のある東京都新宿区大久保地域は外国人の多い街だが、そこを生徒たちが巡検する。ある生徒は、巡検で見聞したことから、自分の地元にも在日韓国人・朝鮮人が多いことに気づき、その聞き書きに挑戦した。

調査結果はいずれも、最終的にはレポート（四百字詰めの原稿用紙十五枚程度）にまとめるが、構成は取材の目的（テーマ）、取材先の人物紹介、活動報告、自分が取材で得たものの総括（答え）からなっている。

3　インタビューの持つ力

こうしたレポートを読んでみて、何よりも驚かされるのは、インタビューが持つ教育力の巨大さである。高校生たちは、相手の回答に驚いたり、逆に問い返されることから、自分の考えや生き方を見つめ直していく。「主観的な感想」が激しく揺れ動く心を伝える。

弁護士志望の高校生が行った弁護士への取材では、当初の「弁護士＝正義の味方」というイメージが壊される。

「自分（弁護士）と検察官の主張は必ずしも正義とは限らず、いわゆる綺麗事のようなものよりも、ドロドロとしている」。この弁護士からの回答は、「僕にとってとても驚くべきものであった」。

また、「弁護士は、もっと真面目そうで、堅い人だというイメージを持っていた僕にとっては、優しそうな弁護士は少々意外だと思った」。「でも、弁護士という仕事は、人の話を親身になって聞くことも大切であるから、人が話しやすい雰囲気を持っている事は、もしかしたら弁護士をしている人が持つ独特の雰囲気なのかも知れないと思った」。

その弁護士は、弁護士としての悩みとして「（裁判での）自分の判断が本当に適切なものかどうか不安になること」を挙げる。そこで高校生は「確かに僕も日常生活で自分の判断が正しいものなのか、ふと考える事もあった」と考え始める。

また、パソコンの寄贈活動をしているNPOへの取材では、NPOの代表は用意した質問にはほとんど「即答」する。しかしそうした中で、「なぜNPOを続けてきたのか」という問いには「今までの即答とは違って、『何でだろう』と自分でもはっきりとはわからないようだった。お金の問題について答える時のように笑いを交えながら即答しなかったのも、それだけ深刻に悩んだからではないかと思う」と考えこんでいる。

また、インタビューに応じてくれた代表以下の三人が「自分の存在意義」を熱弁する姿に「おそらくは、三人とも過去に、一般の会社と呼ばれる枠組みの中で自分の価値を見いだせずに苦しんでいたのではないだろうか」と自問する。

そして、最後にNPOの代表に逆に質問される。「将来何になりたいの」。しかし、彼は答えられない。「自分には今、趣味はあっても、『絶対にやりたい』ということが見あたらない。そのことに気づきはずかしくなった」。インタビューの間、高校生が自分の内面でずっと問答をしていることがよくわかる。

このように他者とのやり取りの中で、最初の「自己」が否定される。その経験がどれほど大きな意味を持っているかがわかる。

4　インタビューの「要約」

「総合社会」で配布される「レポート執筆要項」中の「引用箇所の扱い」では「参考文献から引用する箇所、取材先の意見を載せる箇所では、できるだけ自分の言葉で要約して、最小限度の分量に限る」とある。文献の要約は当然だが、インタビューもそれで良いだろうか。

林敬は「放っておくと一問一答形式になってしまうし、インタビューはラストに書く自説に持っていくための根拠として使うのだから、ある程度まとめなければならない。だから『できるだけ自分の言葉で要約』するのだ」と説明した。もちろん、「最小限度の分量に限る」ことは、制限枚数におさめるためにはしかたがない面がある。インタビューが、例証・根拠なのも当然だ。しかし、中学・高校段階では、最終結論よりも、インタビューそれ自体の方に大きな意味がある場合も多いのではないか。ここは考えたいところだ。

例えば、地元の在日朝鮮人四世の方に取材したレポートでは、「外国籍を持った人の本当の気持ち」を三つほどに整理して挙げている。その一つは「民族的な差別」だが、その内実は「例えば、就職するとき朝鮮人の名前だと、ほとんど断られるし、アパートを借りるときも日本人の保証人がいないと断られる事もあった。また、政治的な側面から見ても、発言権がなく、ただただ税金を取られているだけ」とあるだけだ。インタビューを要約すれば、こうなるのもしかたがないだろう。

しかし、ここは、是非、「差別」の詳しい中身を知りたいし、その語り口を生かしたり、その表情などを描写することで、高校生がその内容を追体験し、自分の問題として考えるようにしたいと思う。

5　インタビューを生かす構成と文体

ではインタビューにふさわしい構成や文体はどのようなものだろうか。

構成だが、海城のレポートは、ほとんどが冒頭に「テーマ設定の動機」が書かれ、最後に「結論」や「総括」がある。「テーマ設定」は丁寧に指導されているし、テーマと自己との関わりもよく書かれている。「動機」（調査の目的）と「結論」はよく対応し、調査活動で深められた対象理解によって、自己理解が一層の深まりを示すすぐれた作品が多数生まれている。しかし、ラストの結論が当初の目的と十分には対応していなかったり、自己反省の深まりが不十分なものも散見される。レポートの最後には必ず、その対象の調査を通しての「自己理解」について書かせたいと思う。それでこそ、インタビューや、そこでの「主観的な感想」が生かされるだろう。

また、文体としては、説明文だけではなく、描写文が必要に応じて使われなければならないだろう。もちろん、説明文の中に、描写が入るし、描写文の中に説明も入る。

インタビュー前の、問題の背景や取材相手の経歴などは説明文になるが、巡検で見聞したことやインタビュー時の取材現場や相手の様子などは自ずから描写表現になっている。

問題はインタビューそのものをどう書くかだ。海城のレポートを読むと、説明文の中に描写を挟むものが多く、その逆も見られる。例えば、先に挙げた弁護士への取材では、インタビューの様子がリアルに再現されるような描写が中心で、そこに説明風の文体がはさまる。

相手の語り口や表情などを再現する描写の文体は、相手の思いや自分の思いを書くためには不可欠だ。相手や自分の主張や意見をまとめるには説明の文体が必要で、それは要約が可能だ。長くなる場合は、描写は肝心な場面にしぼるべきだろうが、「主観的な感想」が激しく呼び起された場面には描写が不可欠だろう。

また、話の内容をくわしく書くならば、その中に語り手自身が表現した描写が入ってくる。そこには、語り手の心の動きが表現される。

こうした文体の使い分け、適宜、必要なところに必要な文体を入れる能力、それが今後は指導されねばならないだろう。そうした教育が、国語科の本来の役割だと私は考えている。

6「医者になって何ができるか」

なお、二〇〇五年度の生徒作品は掲載できなかったため、林敬が二〇〇九年度に指導した作品「医者になって何ができるか」を生徒作品⑪として掲載した。大学生レベルの調査と文章力に驚くが、私が惹かれるのは、高校生の揺れ動く心情が正直に書かれている点だ。

構成は「はじめに」で、「エキナカ診療所」をテーマにした理由とそれに関する作者の問題意識が明示される。第一節は取材した久住医師の略歴。第二節がインタビュー内容。第三節が、当初の問題に対する答え。「おわりに」で、取材を終えての感想が書かれている。

「はじめに」で良い点は、問題意識が明確なことだ。作者の黒見君はただの思いつきをテーマにしたのではない。すでに日本の医療崩壊についてのレポートを書いており、そこで「『コンビニ受診』の問題を痛感した」。それをさらに深めたのが今回のレポートだ。それだけこの問題への黒見君の関心は強いことがわかる。深刻な問題を抱えた医療の状況下で「これから医師を目指そうという若者達は、夢をもって医師になれるのか、医師になって何かできるのか」と問いがたっている。

第二節はインタビュー内容で、出発点となった新宿西口の夜間診療所、立川駅の「エキナカ診療所」である「ナビタスクリニック立川」、医師の使命、最後に高校生へのアドバイスと続く。この四つの内容が簡潔にまとめられている。ラストのアドバイスが黒見君の心に響いていることが分かる。

第三節で出される結論には力があるが、それは当初の問題意識の強さの反映だろう。「医療問題に対して個人は無力ではないのかと感じていただけに、やりようによっては個人も一石を投じられると希望が持てた」。医師になるには「単純に理数系が得意ということでなく、人間としての深さが必要となるだろう」。「経営力とか発想力も必要」。

しかし疑問があれば、無理に納得することはしない。延命治療の是非について「単純明快に割り切れるものかどうかは十六才の僕には分からない。（中略）死を眼前とする患者やその家族にとってそこまで割り切れるものかどうかは疑問が残る」と言う。人間の生と死という問題を前にして、黒見君の心が揺れ動く様子が語られている。

「おわりに」では、黒見君の子どもの頃の経験が語られ、レポートのテーマが彼にとって大切なものだったことがわかる。ラストも待合室の様子の描写が入り、彼の心の動きがストレートに語られる。このようにレポートには社会問題の本質理解だけではなく、現実の厳しさを前にして、自分の弱さや未熟さを自覚する過程が重要だと思う。

第六章　文体の問題

生徒作品⑫「慟哭」

祖父に戦争体験の聞き書きをし、その体験を祖父の視点から物語風にまとめている。当時の状況や祖父の思いが、丁寧な描写で浮かび上がる。

作者の祖父忠治は、昭和二〇年、台湾の八塊飛行場から特攻隊として飛び立つ直前に終戦を迎えた。忠治は特攻隊として戦友を見送り、自らも死を覚悟していた。戦後は生き残った意味を必死に考え続ける。特攻の命を受けてからの忠治たちの日々が高い調子で語られ、忠治の内面の葛藤が、畳み掛けるような問いと答えで綴られる。祖父たちの切迫感や覚悟に、著者が精一杯の思いを寄せて書かれていることがわかる。中学3年生の作品である。

物語は、忠治が南方へ輸送される途中で爆撃を受け漂流したことから始まる。

（260頁参照）

慟哭

東京　中学三年　高部　祐未

突然の爆撃。目覚めた忠治は愕然とした。

―なんだ、これは……。

ただ見えたものは真っ赤な鉄の棒。しかしその瞬間、仲間の絶命の声が耳に飛び込んできた。

「グラマンだ！」

「畜生―。」

そんな声が遠くで聞こえる。退船命令が船に響いた。

忠治の乗る船は兵員輸送船である。昭和十九年十二月三十一日の夜、横殴りの吹雪の中小倉の港を出発した。貨物船を改造したものだがまるで奴隷船のような粗末なものである。船室といってもにわか作りの二階の床を張った物置で、着替えの肌着と洗面具を入れる信玄袋を膝に置いて、脚を抱いて背中合わせに肩を寄せ合うだけの空間しかなく、横になって寝ることもできない。

そんな状態で身動きも出来ない中、次々と即死者が出る。忠治の目には赤い棒が部屋の中を通っていくようにしか見えなかった。グラマンの機銃掃射だと気づいたが、機関室に爆弾投下をうけたらしく船は運行不能で傾き始めていた。退船命令がかかったので皆材木を海に落とし出した。海でつかまるためである。

「はやく船をおりろ！」

―そんなこと言ったって……。

海は十五メートルも下である。ロープをつたっておりるしかない。袖口で手のひらをカバーしながら滑り落ちた。

海面は重油がいっぱいで臭くて呼吸も出来ないほどだ。

—重油圏の外まで泳いで行かねば。

やっとつかんだ材木は潮流でぐるぐるまわり疲労が増すばかりである。船から投下したイカダを目がけて泳ぎ命づなで体とイカダをつなぐと、やっと安定して南へ潮で流されていく。一月の海は歯の根も合わないほど冷たい。寒さに加え朝飯を食べていない空腹と疲労で忠治の体は限界だった。


中略（丸一昼夜の漂流後、味方に救助され、台湾の高雄港へ行く。そこで再び、米軍の空爆を受ける。予定されていたシンガポール行きは不可能となり、八塊飛行場へ移動、特攻の命令を受ける。戦友が次々と飛び立っていく。）


真新しい白いマフラーを着けて、天皇からいただいた酒を一杯と天皇からいただいたタバコを一服し、行って参りますと敬礼する若者達。彼らと彼らを見送る兵達の間に一瞬流れる共通の思いは、後から必ず行くからなという無言の送別ではなかっただろうか。彼らを見送る忠治の目にもまた、そんな思いが映っていた。

三月二十五日、沖縄上陸戦のために米軍が慶良間列島に集結してからは毎日のように戦友を見送る日々が続いた。片道燃料で帰らぬ友の旅立ちの姿を、見えなくなるまで帽子を振って成功を祈る側もまた、胸の張り裂ける思いで明けやらぬ空をいつまでも見送り続けているのである。

友の旅立ちを見送る度、忠治は心の中で叫び続けた。

—戦争って何なんだよ！生きる時間の残り少ないことを知ったやつだけが持つ魂の渇きを天皇は知ってるか？

—出撃の寸前まで万葉集を読んでいた奴もいた。真とは何か、善とは何か、美とは何かを求め続けながら、死への時間を真剣に生きていたかったんじゃないのか？

結局、忠治は片道燃料での特攻をすることなく、信じられない思いで終戦をむかえることになる。お国のために—と自分の生命を捨てる覚悟があっただけに、彼の心は情けない思いでいっぱいだった。そして、朝から晩まで生死の境を漂流したあの日のことを思い出す。海に消えていった多くの戦友達。自分の生命を空に捧げんと志した彼らの魂は海底の藻くずとなってしまった。そんな中で必死に考えた、生き残ったことの意味。死に直面してもなお、生きることの意味を求め続けてゆけるものだろうか。見失ってはならないもの。最後まで、なくてはならないものは何なのか。

海に消えた航空兵も、空に生命を捧げた特攻隊も、共通の思いである。純粋なものにのみ生命を捧げることの出来る心理。死の直前まで、自らの生きる意味を追い続けた者。

昭和二十年八月十五日、忠治の眼に光った涙は、若い生命を空に捧げた戦友達の心の慟哭であったのだろうか。

後略（このあとに「おわりに」として、特攻基地は鹿児島の知覧の他に台湾の八塊にもあったが、外国であるため記録が残っていないと祖父が残念がっていることや作者の感想が語られている。）

二〇〇〇年度作（指導　小野田明理子）

（波線、傍線、二重線は中井）

生徒作品⑬

「出会いはベッドの上だった」

祖父母の人生ドラマを聞き取って叙事詩にまとめた作品。明治から大正、昭和、平成と四つの時代を生き抜いた祖父母の人生が、骨太に描かれている。

タイトルがいい。「彼」と「彼女」の物語という形でずっと描かれ、副題の意味は最後に明かされている。

一人の職人が事故により片足を失い、病院のベッドで出会った看護婦と駆け落ちをする。この劇的な幕開けの後、その後三男三女が生まれ、それぞれが結婚して独立し、家族はまた二人だけになる。孫も八人目が生まれる。しかし一番下の娘は自殺する（育児のストレスか?）。そして平成を迎え、二人の「何でもない毎日」が続いていく。庶民の人生が、ここにある。語り手と聞き手の心が共鳴し、それがこの詩のリズムを生む。

（262頁参照）

出会いはベッドの上だった　―憲行と雪江の物語―

長野　高校三年　大村　尚子

彼と彼女の出会いは東京だった。
しかし彼はもともと東京の人間ではなかった。

中略（「彼」の出生、両親の死、上京までが十七行語られる）
建設会社……。
彼はそこでめきめきと腕を上げ、
一人前の職人としてやっていけるようになった。
ここは彼にとって忘れられない場所になる。
その日彼はモーター付きの機械、すなわちベルトで動く機械で仕事をしていた。
一瞬のミスだった。
飛び散る血と周囲の悲鳴。ひどい音。
『何があったの？』
最初はわからなかった。
わかったのは自分の体が下へ下へと落ちて行くということばかり。
しかし体より先に地面にころがったのは、
千切れ飛んだ血まみれの自分の
『左足』
だった。
彼はベルトにはさんで左の膝から下をうしなったのだった。
無くなっていく意識。
『もう死ぬのかな……。』

彼の視界が白くなっていく。

『……。』

目が覚める。

目覚めることが出来た。

しかしそこはまったく知らない場所だった。

目に映ったのは見たことのない天井と一人の女性。

「……誰？」

真っ白い服がまぶしく光って見える。

こちらに近づいてくる彼女は看護婦だった。


彼と彼女の出会いは病院のベッドの上だったのである。


日に日に二人は話すようになった。

彼女は色々な事を教えてくれた。

彼女といると楽しかった。

毎日が早くすぎて行った。

どんなにキズが痛んでも、
どんなに義足とリハビリがきつくても、
彼女と一緒にいられれば、それが希（原文のママ）へとつながった。

そして彼の足がやっと義足と合い歩行も普通の人と同じとはいかないがそれなりに出来るようになったころ、

ずっと心にあった言葉を彼女に告げた。
「一緒に行こう。」
それは昭和十四年のことだった。
二人は病院を飛び出て
すでに嫁いでいた彼の姉を頼りに諏訪へとむかった。
彼女は彼のために家さえ捨てた。
『かけおち』である。
全てを捨てた彼女を彼は優しく抱きよせた。
それは長野へ行く汽車の中での出来事だった。

中略（この後、三男二女の誕生とそれぞれの結婚・独立が二十六行語られる）

そして家族はまた『二人』になる。
うれしいような悲しいような……。

中略（この後、孫たちの誕生について十行語られる）

二人の孫は全部で、
『八人』生まれた。
だが正確には
『七人』かもしれない。

二人の一番下の子供。女の子。
諏訪実業の定時制に通った彼女。
しっかりしていて絵の才能もあった。
だが遊ぶ時もしっかり遊んだ。
そんな彼女が結婚をして子供を生んだ。
それが八番目の孫。
しかし彼女は子育てのストレスからか
『自殺』
をした。
葬式の時、彼女の子供はまだ赤ちゃんながら、
母親のなきがらを見るなり大泣きをした。
それがまた、自殺した娘の親であり、
大泣きをする孫の祖父母である二人の涙をあふれさせた。その後その子は父親と共に、
新しい母親の元へと行ってしまった……。

それからも二人の生活は続いた。
平成元年。
彼は畑をはじめた。
たいくつをまぎらわすために。
何でもない毎日が続く。
平成十一年。

地域振興券が二人の元にやってきた。
新しくテレビを買った。
テレビがあれば家族が少なくても余りさみしくない。
でも二人は時々、会話が無くてもテレビを消す。
お互いの気持ちが通じていて
その空気が好きだからかもしれない。

彼の名は憲行。
彼女の名は雪江。
二人の間から生まれた二番目の子供。
長男、守孝が、
岡谷市の山浦家から嫁いで来た
くみ子と結婚。
その二人の三番目の子供として生まれて来たのが、私
尚子である。
この詩を書くにあたり、祖母に話を聞いた所、やはり
「娘の死」については話してくれなかった。
言いたくないに決まっている。
そんな事、人間ならわかる。
しかし恋の話にはとても照れていた。
かわいいくらいに。
今の二人はとても柔らかい。
表情も気持ちも……。
しかし私が二人の事を叙事詩にしたいと言うと、
「そんなくだらないこと止めなさい」
と少し怒った。
かけおちも娘の死も
二人にはもう
思い出の中にある
遠い昔の話だったからなのかもしれない………。

一九九九年度作（指導　石城正志）

生徒作品⑭

「陸軍病院で死んだ伯父」

作者の父から、父の家族それぞれの戦争体験を聞き、それを整理してドキュメント風に書いている。長文なので、父の次兄（伯父）に関係する場面のみを抜粋した。長文なの工兵隊であった伯父は、戦争末期、肺結核のため陸軍病院に入院したが、終戦直後に病院で安楽死させられた。

その伯父の最後の場面は劇的な高い調子で書かれている。作者が伯父の無念さや家族の悲しみにしっかりと寄り添い、その思いと強く一体化していることがうかがわれる。

その劇的な表現の一方で、伯父の工兵としての過酷な日々が冷静に描写されている。それが伯父の肺結核発症につながっていると推察してのことだろう。

（271頁参照）

陸軍病院で死んだ伯父

茨城　高校二年　小島　良子

前略（父には、二人の兄がいた。長兄は、太平洋戦争が始まってまもなく出征した。）

父の次兄は昭和十八年福島高等商業学校（現在の福島大学経済学部）を卒業するとすぐに、我孫子にある日立精機株式会社に入社した。

父の次兄は実業学校からさらに、高等商業学校と進んだ。商業学校（注：実業学校をさす）時代はソロバンの学校代表として、全国一をめざしてがんばった。そのため地方大会や全国大会のため家をあけ、競技に参加する事が多く、学校の勉強よりもむしろその方が忙しかったようである。その伯父がさらに上級学校に進むべく勉強したのは、彼の持つ特技を高度の理論で裏づけしたかったのではなかろうか。父の話によると、当時、実業学校から高等商業に入るという事は至難の業であり、一方でソロバン全国一を競いながら、しかも現役で入学したという事は相当努力家であったのだろう。

中略（昭和十九年の初め、父の次兄にも赤紙が来た。）

伯父は入隊すると、工兵隊としてすぐに中国に渡ったが、長兄と同様にもはや生きて帰る事は無理だと知った時、同じように将校になるための道を選んだ。

幹部候補生としての教育を受けるため一時帰国したが、卒業すると又中国に連れ戻されて行った。その時の面会の様子では、工兵というのは冬でも真裸になって凍りつく川の中に飛び込み、兵隊が全員渡りきるまでの長い間、丸太や厚い板をかついでじっと耐えていなければならないのだそうである。ソロバンに一生をかけようとした彼にはそれがとてもつらかったにちがいない。彼はまた詩人でもあり、折々の戦況を詩に書き表して、手紙と共に両親に送り続けていたのである。

中略（昭和二十年、伯父は肺結核が発病し、内地送還、東京第一陸軍病院に入院した。）

危篤の電報を受け両親が再び東京に行ったのは、終戦から約四十日たった九月二十六日の事であった。まだちょっと早いようであるが、交通の事情等も考え、早めにおよびしましたとの話であった。

夕方医者が来て、

「苦しいですか、すぐに楽になりますよ。」

と言って注射をうちに来た時、彼（伯父）は軍服に着がえたいと医者に申し出た。やっとの事で服を着せてもらい、りりしい将校姿に戻ると、二人の看護婦に背中を支えてもらい、兄と弟が無事に帰って来た事を喜び、自分にはもう思い残す事はありません、いろいろと長い間本当に有り難うございましたと言うと、再び横になった。服の腕が無造作にまくられ、わり箸のように細くなってしまった左腕に針が勢いよくさされた。危篤というほどでもなかったのに、果たして医者の言う通り三分位で楽になった。

病院には患者を生かしておくだけの食料も医薬品もなかったのである。治療らしい治療もしてもらえなかった伯父が急に医者から親切に、

「注射しましょう、楽になりますよ。」

と言われた時、日ごろからひらめきの早い彼には、医者が何をしに来たのか既に感じとっていたのだ。だから、注射をうつ前に将校の軍服を着せてほしいと医者に頼んだのである。白衣ではなく、任官したばかりの真新しい軍服姿を両親に見てもらった上で死にたかったのである。

陸軍少尉小島篤はこうして二十二歳の短い生涯を閉じた。

中略（終戦直後の物不足の中で、葬式の準備をする苦労等が語られる。戦後三十五年が経って、伯父の上官であった元部隊長や戦友たちが墓参りに訪れ、伯父の遺品を届けてくれた。）

毎年一回平塚（注：伯父の墓がある）に行くのを楽し

みにしている父を見るとつくづく私は、戦争を知らなくて本当によかったと思わずにはいられない。そして、日本の暗い歴史を忘れようとしている私達になぜか腹立たしさを覚えるのである。

一九八〇年度作（指導　程塚英雄）

（傍線、二重傍線は中井）

本章は、少し難しく、理屈っぽい話になりますが、勘弁してください。これからお話しすることは、ほとんど研究は手つかずのままに残された領域でして、答えなど誰もまだ出せていないのです。長く実践し研究してきた私たちからのプレゼントとして、受け取ってほしいのです。特に若い方々には、今すぐには役にたたないかも知れません。しかし、これから聞き書きの指導を進めて行けば、いつか大きな壁にぶつかったり、深い謎に遭遇したりするでしょう。その時に、読んでみてください。何かのヒントがあるはずです。

一 四種類の文体

聞き書きを初めて指導した先生方にとって、すぐに問題になるのが聞き書きを文章としてどのようにまとめるかであり、それはまずは構成と文体の問題になる。この問題については、第二章で取り上げ、さらに第五章のラストで少しふれたが、本章では特に文体に焦点を当てて掘り下げてみたい。

聞き書きの「文体」で問題になるのは、インタビューの場面での話し手と聞き手のやりとりをどう表現するか、である。もちろん、聞き書きで問題になる文体とはそれだけではない。話し言葉と書き言葉の問題もある。語られた言葉を書き言葉の中でどう表現するか。また、語られた文章には、描写もあれば、説明や意見もあったはずである。しかし、これらの文体の書き分けは、聞き書きだけで問題になるものではない。自分史や経験文、説明文や意見文でも同じである。

聞き書きだけに固有で独自の問題は、ここには聞き手と話し手の二者がいることから生ずる問題である。聞き書きでは、そもそも最初から話し手と聞き手という二つの視点と立場が存在している。だからこそ、その表現方法が問題になるのだ。

第二章では、聞き書きの文体として次の四つの文体を紹介した（97ページ以降）。

一問一答形式（対談再現型）

一人語り形式

相手の発言を入れた説明的な文章

ドキュメント風（記録文風）の文章

この四つの文体について簡単に確認しておく。

「一問一答」形式とは、インタビューの場面での聞き手と語り手の問い（Q）と答え（A）のやりとりを、交互に再現するように書いていく方法である。人に取材して、普通にそれをまとめれば、その多くはこの形式になるだろう。新聞や雑誌の多くの記事はこれである。本章ではこの「一問一答」形式を「Q＆A」と呼ぶことにする。

このQ＆Aの形は、インタビューをそのまま文字化したものに近く、実際の取材内容のそのままの反映に近い。ここではあくまでも語り手が中心で、聞き手は問い（Q）を出すところにだけ現れてくる。新聞や雑誌のインタビュー記事のほとんどはこの形である。生徒作品②を参照。

「一人語り」形式は、聞き手の側からの質問をすべて消し、最初から最後まで「私は〜」「ワシも〜」といったように一人称で、語り手の話だけで書いていく方法だ。ここでは、語り手の口調（語り口）を生かすことで、語り手の人柄やその場の雰囲気を表現することができる。これはきわめて特殊な文体である。生徒作品③を参照。

聞き手と話し手の二つの視点の対立の問題を考える時に、この文体の特殊性がよく理解できる。一人語りの形式は、この対立の問題を見事に解決してしまっている。つまり、ここには自分と他者の区別が存在せず、一人の語り手がいるだけなのだ。究極の解決策と言える。

相手の発言を入れた「説明的な文章」とは、話し手の発言をそのまま「　」内に入れ、話し手を三人称の主語にして直接法でまとめていく文章である。「父は『〜』と語った」、「祖父は『〜』と語ったがその眼には涙が浮かんでいた」、「木村さんは『〜』と語ったが私はその○○の点には疑問がある」、などの文章だ。これは「〜と思ったそうだ」と伝聞体で書くこともできる。文章全体としては説明文（意見文）になろう。語り手の表情などの描写、その場の雰囲気、聞き手の意見を書くことは容易である。ここでは書き手（聞き手）の視点が全体を支え、その内部に語り手が存在する。文章の結論を出すのも、作者自身のはずである。生徒作品①を参照。

「ドキュメント風」（記録文風）の文章とは、話し手の話の内容を、登場人物を三人称の主語として書いていくものだ。例えば、「祖父は怒った」「彼は家を捨てた」「正治は心の中で叫んだ」と書く。語り手の体験や歴史を記録するときに多く使われる。この書き方は、語り手が話したことだけでなく、聞き手が調べた時代背景や語り手に関する情報、及び聞き手の感想や考えを自由に書き込むことができる。生徒作品⑭を参照。

以上、四つの文体を簡単に確認したが、この名称には注意が必要だ。「一問一答」（「Q&A」）と「一人語り」という名称は一般化されており、みながよく知っているが、「説明的文章」や「ドキュメント風」との名称はそうではない。あくまでも本書での便宜的な命名に留まる。そのつもりで読んでいただきたい。

さて、本章ではインタビュー、聞き書きにおける文体の理解を深めたい。文体の使い分けを指導するには、指導者自身がまずは、それぞれの文体の特質、そこに潜む問題を深く理解しておくことが必要だからだ。

そこで本章では上記の四つの文体の他に「理科や社会科のレポート」も含めて考える。インタビューを含むような文章の全体を視野に入れて考えたいからだ。なお「理科や社会科のレポート」とは、第五章で取り上げた木下是雄方式のもので、主観的感想を排除した文体として理解していただきたい。

二　インタビューの基本構造――「話し手」と「聞き手」と「話題」

そもそも、聞き書きやインタビューという形式の特殊性は、ここには聞き手と話し手の二者がいることだ。つまり、最初から話し手と聞き手という二つの異なる視点と立場が存在している。普通の作文では、一人の書き手が、自分の視点で文章を書く。しかし、聞き書きでは二人の視点が対峙し、時に対立する。だからこそ、その表現方法が問題になる。

ここで、インタビューの基本構造を考えてみよう。そこには聞き手と話し手の二者が対峙しているのだが、この両者はインタビューの話題によって関係する。したがって、「話し手」（X）と「話題」（Y）と「聞き手」（Z）がインタビューの三要素であり、この三項から成る媒介関係がインタビューの基本構造である。この三者は統一体として有機的に結びついている。したがって、これを表現する際には、この三者の関係をどう表現するかが問題になるのだ。

この三者の関係を重点の置きどころから考えれば、三つに分類できよう。力点が置かれるのは、「話し手」（X）と「話題」（Y）か、逆に「聞き手」（Z）と「話題」（Y）か、または「聞き手」（Z）と「話し手」（X）の関係か。

普通は前二者のどちらかである。極端な二つのケースを考えよう。

一方は、聞き手の関心だけが前面に出ているもので、極端に言えば、相手は誰でもよい。世論調査やアンケート調査はそうしたものだ。テレビでの街頭インタビューもそうだ。これは全体の方向性は聞き手が決めている。多くの場合、初めに結論があり、それにあったナカミを収集しているだけ

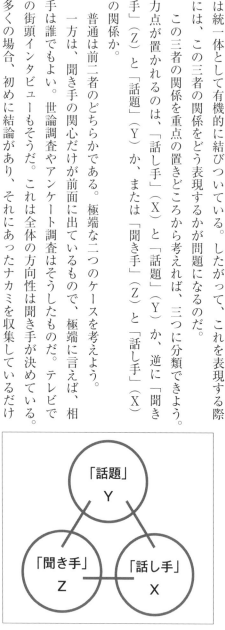

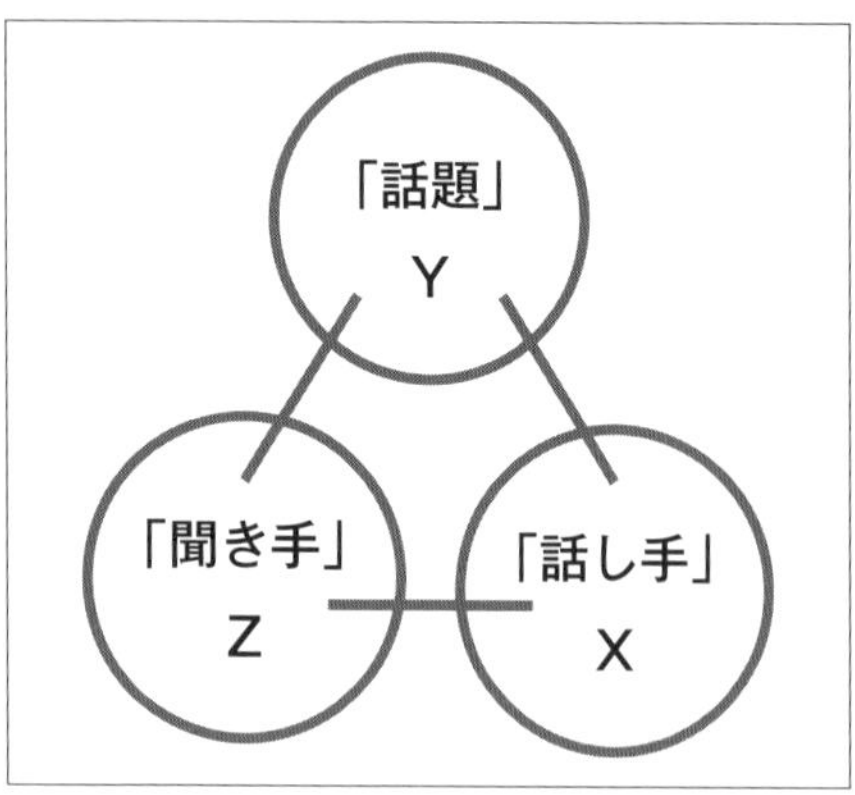

だったりする。この結果を表現するのは文章よりも図表の方が適切なことも多い。

他方、その逆に話し手だけが前面に出ている場合もある。話し手は誰でもよいのではなく、特定の個人でなければならない。そして逆に、聞き手は極端に言えば誰でもよいのだ。講演などがそれで、誰が聴衆かによる限定はあるものの、その話の視点は話し手が設定する。だからそれをそのままに文字おこしをすれば、講演録として完成した文章になる。

こうした両極にあっては、話し手と聞き手はそれぞれが独立しており、互いを必要としない。この両極端の間にあるのが、インタビューであり、本来の取材であろう。ここでは話し手と聞き手の相互関係が存在し、それが取材の成否を決め、内容を決める。

こうしたインタビューにあっても、先の両極端のいずれかに力点はある。

聞き手側に力点がある場合とは、聞き手の主張のための素材や手段としてインタビューがある場合だ。多くの場合、そこで求められるのは単なる情報一般でしかない。単なる情報とは、誰もが知っている事実や、多数に共有されている経験や、ある集団に共有される意見などである。この場合の話し手は、他の人でもよいが、たまたまその人が選ばれたことになる。ここでは「聞き手」(Z)と「話題」(Y)の関係に焦点が当たる。この極端な場合が、先にあげた世論調査やアンケート調査などだ。

それに対して、ある特定の個人の特殊な経験や意見を聞きたい場合は、その個人こそが取材の目的として選ばれたのである。その人がどういう人か、その人の人生や人生観を明らかにすることが目的だ。その場合は、個々の事実や、個々の意見や感想は、全体としてその人の人間性、生き方、人生観を浮き彫りにするための素材となってしまう。そこではその話し手が話し手自身の視点からすべてを語ることが望ましい。聞き手は誰でもよいとも言えるが、話し手が話しやすい相手を選ぶ方がうまくいくだろう。ここでは「話し手」(X)と「話題」(Y)の関係に焦点が当たる。

もちろんこの両極端のいずれかというよりは、この間に比重によってさまざまな場合がある。ここまでは、理解してもらいやすいと思う。ムズカシイのは「話し手」（X）と「聞き手」（Z）の関係に中心がある場合だ。極端に言えば、話題はどうでもよい。そんなことがあるのか。ある。ありていに言って、恋人同士の会話だ。何を話すかが問題ではなく、話すこと自体が、つまり二人が一緒にいることだけが重要な場合だ。そんなことがインタビューでもあるのか。相互関係が重要になる場合がそれになるだろう。これは後述する（246頁）。

三　インタビューの現場から五つの文体への展開

さて以上を前提として、文体の違いをインタビュー現場からの距離と、話し手中心か聞き手中心かという観点から考えてみたい。

次頁の図を見ていただこう。これは上から下へと、インタビューの現場の忠実な再現に近いものから、それに操作が加わってインタビュー現場が消えていき新たな視点からインタビュー内容が再編成されていく過程である。

インタビューの現場をほぼそのままに再現したのが「Q＆A」（一問一答）形式である。これは話し手と聞き手のそれぞれの発言がただ交互に並ぶだけのもので、文章以前の形式と言える。ここでは「話し手」（X）、「話題」（Y）、「聞き手」（Z）の三者とその関係はそのまま再現される。この形式は、インタビューの現場の再現に一番近く、その意味では簡単であり、インタビューのありのままの保存としては最適である。したがって、新聞や雑誌のインタビューや対談や座談会では一番普通に使用される。政治学者の御厨貴による「オーラル・ヒストリー」は基本的にこの形式でまとめている。これは、インタビュー自体が貴重な場合や、その内容が原資料の意味を持つ場合には最適であろう。

次の段階からがインタビューの現場が変形をうける形式だが、ここで話し手中心か、聞き手中心かに大きく分

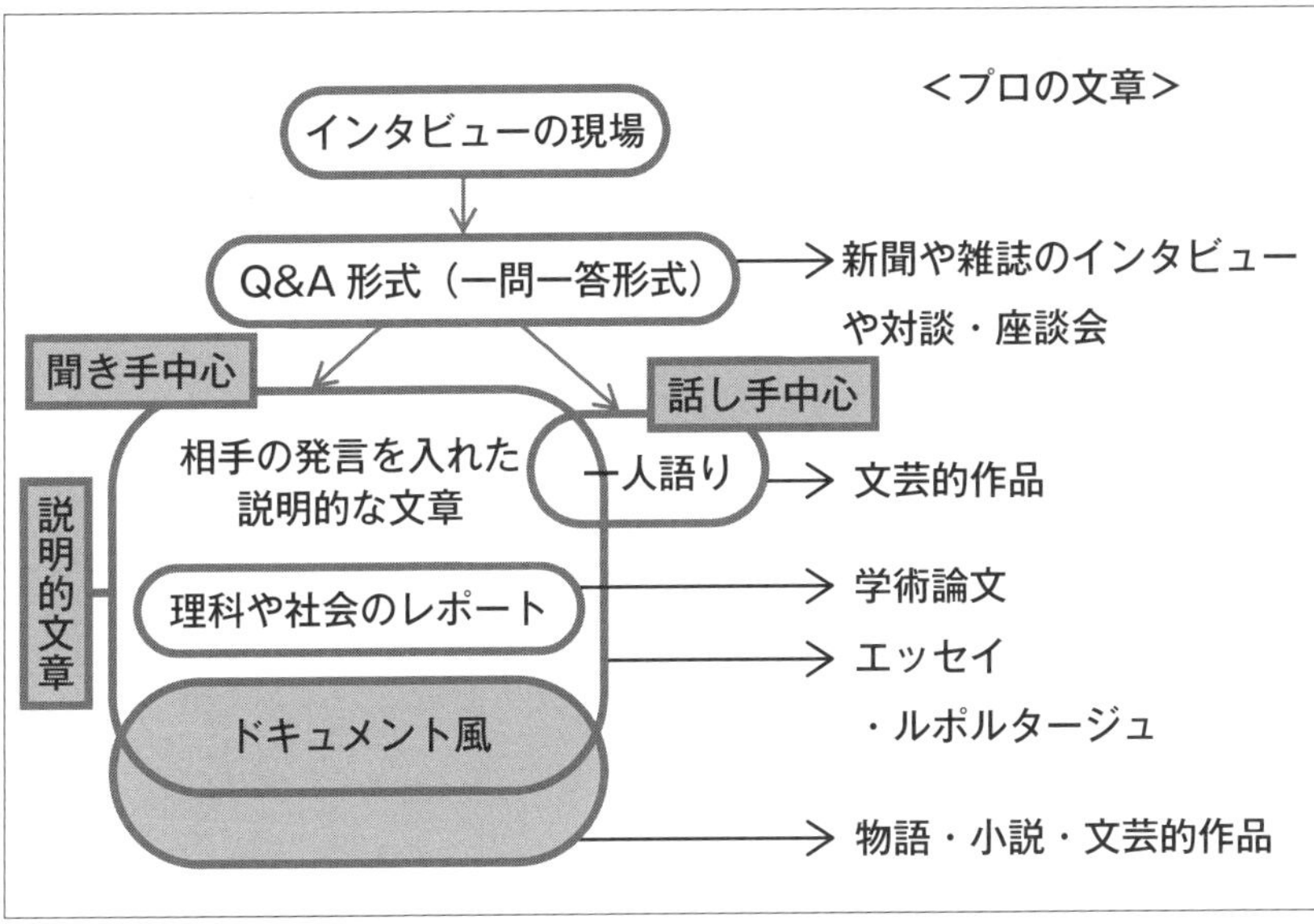

かれるだろう。

話し手中心なのが「一人語り」である。これは聞き手＝書き手を表面から消し、語り手（一人称）の視点からすべてが語られる。「語り」そのものの再現である。これは「Q&A」形式から答えだけを残し、問いを答えに解消してしまったものともいえる。ここでは「聞き手」（Z）は消え、「話し手」（X）と「話題」（Y）の関係だけが保存されている。

他方の聞き手中心の形式が説明的な文章である。この中で一番最初に現れるのが「相手の発言を入れた説明的な文章」であり、これが説明的な文章の基本形である。インタビューという特殊な形式を、とりあえず普通の作文の形式に移し替えたものと言える。「Q&A」形式を元にして、相手の話の部分を「　」の中に入れて、普通の作文のように父は「　」と語った、とし、自分の問いや思いや考えは地の文に入れていく。自分の問いも「　」に入れることもできる。ここでの視点は、聞き手、書き手の側のものであり、文の主語は「私」である。しかし話し手の「　」の内容だけは話し手の視点からのものだ。つまり、この文章では「聞き手」（Z）と「話題」（Y）の関係が中心だが、

「話し手」（X）と「話題」（Y）との関係も残される。

この相手の発言を入れた説明的な文章と一人語りの文章とは、かなり重なりあう部分がある。それは生徒作品⑤を見ていただけばわかるだろう。

さて、この説明的な文章から、聞き手中心の形式は始まるのだが、そこから派生的に現れてくるのが「理科や社会科のレポート」と「ドキュメント風の文章」だ。

取材内容として、話し手のことよりも単なる情報（統計などの事実や組織の見解）が得たいだけで、インタビューは材料収集の手段でしかない場合は「理科や社会科のレポート」になるだろう。インタビュー現場の再現は重要ではなく、話された内容は、聞き手にとって重要な部分だけが引用されたり、要約されたりするだろう。客観的事実が中心であり、「私」を表面から消すような指導もなされている。ここでは「聞き手」（Z）と「話題」（Y）の関係だけが重要で、「話し手」（X）の役割は小さい。この文章が発展したものが学術論文であろう。

これに対して、話し手の経験や生き方にこそ関心があるような場合、「ドキュメント風の文章」が現れてくる。ここでは複数の登場人物が三人称によって主語に据えられ、「父は〜と考えた。その時伯父は〜し」「正治は」などと物語のように書いていく文章である。文章全体は書き手の視点から書かれるが、それぞれの場面はそれぞれの登場人物の視点から描かれる。これも説明的な文章の一つであるからインタビュー現場の描写が残されるものもあるが、次第にインタビュー現場は消え、物語や小説のような文章、劇的な文章になっていく。当初のインタビューの現場が完全に消えてしまえば、「聞き手」（Z）と「話し手」（X）は消え、「話題」（Y）だけが残される。そこに空想や想像が加わって創作的になればもはやインタビューとは切り離された物語や小説の誕生だ。この発展形が世間に流通する小説や物語などの文芸作品である。

「説明的な文章」は広い意味ではその内に「理科や社会科のレポート」も「ドキュメント風の文章」も含むものので、全体としてこれらの文章は書き手の視点からさまざまな調査結果やインタビュー内容を総合的にまとめることができる。これは専門家の文章ではルポルタージュ、ノンフィクション、エッセイなどになるだろう。

最後に、もう一度、「一人語り」の文体に戻る。「ドキュメント風の文章」が文芸作品に使用されると先に述べたが、「一人語り」の文体もよく文芸作品で使用される。しかし、この二つはかなり出自が違う。「一人語り」（一人称）はインタビューの現場から「話し手」（X）と「話題」（Y）がしっかり残される。対して三人称による「ドキュメント風の文章」ではインタビューの現場を消し、「聞き手（書き手）」（Z）だけではなく「話し手」（X）すら消してしまう。

「一人語り」の文体にはどういう意味があるのだろうか。これは何を狙いにしているのだろうか。「語り」における、再現性の大きさがそこにある。語り手の口調や語りの息の長さやリズムから、その人が生き生きとイメージされる。さらに「語り」はその人の暮らし、その暮らしの地域の様子までも浮かび上がらせる力を持つ。

民俗学が一人語りの文体を採用するには、さらに根源的な意味がありそうだ。それは書き言葉以前の、「語り」が本来持っている根源的力であり、その力を最も強く喚起できるのがこの文体なのだろう。柳田国男は「口承文芸」という概念を出すが、まだ文字がなかった時代には、すべては口伝、口承で行なわれていた。『古事記』や『平家物語』、『今昔物語』や『宇治拾遺物語』などに集められている説話まで、私たち日本の文化史でも長い伝統がある。それは古代から中世における重要な文芸や歴史叙述の方法だった。そこには言霊の力があり、「物語り」には物の力（魔術的自然力）の実現という意味があったのだろう。言葉は言霊であり、人々をつなぐ魂なのだ。重要なのは言葉の「意味」であるよりも、リズムや響き、音楽性であり、それらによる共同体の一体性の確認だっただろう。そしてそれは今も私たちの基底にあり、いつでも生き生きと作動する力だ。

以上、インタビューの現場からの距離と、話し手と聞き手の比重の違いという二つの観点で、文体を説明してきた。これを参考にしていただければ、聞き書きの文体については一応の区別ができるだろう。

四　事実とウソと真実の関係

ここから少しムズカシイ話をする。それは事実と意見の区別の問題である。

そもそもそこに問題を見ない人も多い。世間一般には事実と意見は区別できるし、区別すべきであるとされている。木下是雄方式のレポートもこれを前提としている。しかし、本当のところ、事態はそんな簡単なものではない。

「事実」とは、事実としてころがっているのではない。それは語り手側の、その事実についての受け止め方、その事実にまつわる思いや思い出に彩られた形で存在する。思いや記憶の中に存在しているのだ。

本人にとってどうでもよいことなら別だが、大切なことは、その意味と一体でこそ、理解され、記憶される。大切なのはその意味だからだ。そして意味づけとは、事実の解釈や価値づけ、つまり意見に他ならない。したがって事実と意見の区別は厳密には不可能なのだ。

本人の生き方、その人生に決定的な意味を持つような事実や経験は、本人の記憶の中で次第にその意味付けを変えたり、別の意味におきかえられたりして、事実から離れていくことも起こる。場合によっては、記憶が失われていくこともある。

そうであれば、取材において単なる情報収集レベルならいざ知らず、話し手の人生に深い意味を持つようなレベルになると、事実の変形を単なるウソや誤りとするだけではすまなくなる。むしろ、そのウソの中にこそ、その人の生き方、考え方の真実があるとも言える。この事実とウソと真実の関係は、きわめて大きな問題である。

本書に収録された塩野米松氏との対談でもこのことは問題にされた（137ページ）。現代の民俗学者・香月洋一郎氏の『記憶すること・記録すること—聞き書き論ノート』（吉川弘文館）でも、問題提起されている。

ではこの問題をどう考えたらよいのだろうか。

記憶や認識は、「事実」とその意味付けが一体となって行われるのだが、その意味付けは、無自覚に無意識に行なわれ、自覚されていないことが多い。そこで、事実や意見をはっきりさせていくには、無意識だったような対象を、意識化していく作業が必要になる。潜在的だった記憶や認識を、外化し顕在化させていく作業だ。その中で、事実と思い、事実と意見の関係が整理されていくだろう。

話し合いや対談などで、「話してスッキリした」「考えがよく整理された」「思いもつかないことを思い出した」とかと言われることがある。これはそうした作業が行われた結果だろう。インタビューにもそうしたレベルのものがある。

こうした作業は、心理療法や精神分析などとも重なるものだが、それが可能になるには、聞き手と話し手に深い信頼関係が生まれていることが必要だろう。だからこそ、インタビューとは相互関係であり、対立を含んだ共同作業なのだ。そして成功したインタビューには共犯関係のような親密さや秘密があるのだ。ここでは特に、「話し手」(X)と「聞き手」(Z)の関係が重要になる。

もちろん最初からそうした関係はありえない。その過程では激しい対立や葛藤が起こりながらも、それを克服していく中で、そうした作業が進むのだろう。だからこそ、そうした変化は話し手の側だけに起こるのではなく、聞き手の側にも起こっているはずだ。

こう考えると、先に三つに分けた「話し手」(X)と「話題」(Y)と「聞き手」(Z)の三者の関係は、成功したインタビューでは分かちがたく一つになっていることがわかる。

五　深いレベルのインタビューにおける文体の区別

以上の考察を踏まえて、再度、文体の区別を考えると次のようになるだろう。

事実が誰にとっても同じになるようなレベルでは、理科や社会科のレポートの表現法で十分である。しかし、話し手にとって重要な事柄になるとそうはいかない。

深いレベルの取材では、話し手自身にも漠然としていた潜在的な思いを顕在化させ、それを整理していくことが必要だ。その中で、事実のとらえ方も吟味され、変化することも起こる。意見が変わることもある。それはただの変化ではなく、認識の深まりだろう。また、その深まりの中で、聞き手自身の認識も大きく変化していく。

そうであるならば、そうした成果を表現する方法も、それにふさわしいものでなければならない。それには、相互関係で認識が深まる過程をリアルに再現することも必要だし、事実とウソと真実の関係がしっかり分析できるような文体も必要になる。

もちろん、こうした課題を一つの文体で完璧にクリアーできるわけではない。それぞれに一長一短ある。

成功したインタビューを再現するにはQ＆Aは大いに有効だ。「話し手」（X）と「話題」（Y）と「聞き手」（Z）の三者の分かちがたい関係を、インタビューの現場の実況放送的なライブで伝えられる。だから、座談会などはこの形式なのだ。しかしこの形式では、話し手の話の吟味・分析を書き込むのは難しい。

ライブ感は劣るが、インタビューの過程を説明風に再現し、「私」の立場から話の内容の吟味や分析が十分にできるのが相手の発言を入れた説明的な文章だ。話し手の表情やその場の雰囲気、聞き手の意見を自由に書きこむことができる。事実と意見と真実について、分析的にしっかり書き込めるのはこの文体だ。

さらにライブ感は弱まり、場合によってはインタビューの現場が完全に消えてしまうが、「私」を消して、語り手やその話の中の登場人物たちを主人公に据えて表現するなら、ドキュメント風の文章になる。時代背景や語り手に関する情報、及び聞き手の感想や考えを、地の文として書き込むことができる。しかし、インタビュー時の話し手の表情や雰囲気などを直接に伝えるのは難しい。この文体は、話の内容を劇的に再現することで、話し手の思いや聞き手が受けた感動などを間接的に表現しようとする形式なのだ。

最後に、一人語りの文体が残る。これは極めて特殊なものだ。インタビュー時のQ&AのうちQを消し、Aだけを残すのだから、インタビューそのものの再現性は失われる。しかし、話し手の語りとしてはライブ感は増幅される。ただし大きな限界がある。相手の表情や声の調子などを外的に描写することはできない。書き手自身の気持ちや考えも直接には書けない。話の内容の吟味は放棄しているように思われる。しかし、語りのリズムや調子、内的葛藤の独白などを入れることで、ある程度まではそうしたことを表現できるのだ。もちろんそのためには、ひたすら相手になりきるような形での表現が求められる。成功したインタビューでは、話し手と聞き手の間に深い共感、一体感が形成されることがある。その一体感が基礎にある時、この表現方法は成功するだろう。

六　教育の場での聞き書きの文体と構成

1　聞き書き学習における文体と構成

ここまではインタビュー一般とそこでの文体の問題を考えてきた。しかし、私たちが問題にしているのはあくまでも教育の場での聞き書き学習である。

学習においては、プロの作家やジャーナリストのような文章を書くことが目的ではない。学習においては、取材やインタビューそれ自体が目的なのではなく、それを媒介として何を獲得するのかが問われている。聞き書きの学習目標である。

これについての本書の基本的な立場は第三章で示した通りだ。それをいま一度思い出してほしい。高校三年間のカリキュラムで、三段階を設定した。（1）第一段階の生活体験文を核に措定として主体中心、（2）第二段階の調べて書く作文を核に反措定として客体中心、（3）第三段階の小論文や志望理由書。（1）と（2）の総合で、（2）の反措定を止揚した上での主体の訴え。

聞き書きはこの第二段階のラストに位置づけられる。つまり、そこでの重要な意味は（2）の豊かさによる（1）の否定であり、それを通して主体の再創造、つまり（3）を実現することである。したがってこうした聞き書きにあっては、その内部に（1）と（2）と（3）のすべてが含まれることになる。

聞き書き学習内部での（1）では、聞き手の問題意識と、なぜその話し手が選択されたのかがしっかり書き込まれなければならない。（2）ではインタビューそのものが対象となるが、ここでは（1）の段階の主体の弱さが事実や現実の厳しさで問い直されることが期待される。（3）は聞き書きの目標の成就の段階である。当初の先入観や表面的な見方が崩されるだけではダメで、それを媒介にして新たな自己、新たな問題意識を作ることが最終目的だ。

聞き書き学習では、この一連の学習が十分に達成できるような文体と構成を用意する必要がある。本章では、ここまでは文体を中心に考えてきたが、ここからは合わせて文章全体の構成も考えていく。なぜなら、この（1）と（2）と（3）は、一つの文体だけで表現するよりは、それぞれを構成として分け、それぞれにふさわしい文体を使用することが自然だからだ。世間では、インタビューや聞き書きやレポートを、一つの文体で書かせることが多いようだが、そんな必要はないのではないか。それにはあまりに無理があるように思う。

構成を考えれば、普通は（1）が序論や前置き、問題提起の部分になるだろう。（2）がインタビュー本体で、それを踏まえて（3）が結論、まとめ、感想、後書きなどになるのではないか。

（1）と（3）では「私」を前面に出す説明的な文章が自然だ。（1）の中で、時代背景や社会状況、話し手の略歴などの説明部分は客観性に徹する理科や社会科のレポートのような文体がふさわしい。

問題は（2）である。ここでは先に示した基準で一応は指導ができる。Q&Aは基本中の基本であり、説明的な文章やドキュメント風の文章、場合によっては一人語りの文体で書いてみることも良い練習となるだろう。しかし、ここでは学習が目的となっていることを、十分に理解しておく必要がある。

（2）の段階では、当初の先入観や、自己や社会への浅薄な理解を、事実や現実の厳しさによって問い直すことが目的である。

そこではインタビューの現場を消してはならない。インタビューをただの手段にさせてはならない。「話し手」（X）と「話題」（Y）と「聞き手」（Z）の三者はどこまでも再現されるべきで、「話し手」（X）が消えたり「聞き手」（Z）が消えてはならない。

高校生にとっては話し手と聞き手の相互関係からこそ学ぶのだから、それが書き込めなければならないだろう。また、浅薄な先入観を突き崩すには、事実や現実の重さには徹底的にこだわらなければならない。つまり、事実とウソと真実の関係を十分に考えさせなければならず、それをしっかり書き込まなければならないだろう。しかし、それは新たに強靭な主体を作るためなのだから、最初から最後まで「主体」、「私」を失ってはならないだろう。

以上を踏まえれば、学習としての聞き書きでお勧めしたい文体は限られる。Q&A、説明的な文章、ドキュメント風の文章の中でインタビュー現場の消えないものである。

2　インタビューの現場

インタビューの現場は、話し手と聞き手の相互関係で成立する。インタビューは聞き手が問うことから始まる。聞き手が問わない限り何も始まらない。しかし、ただ聞けばよいのではない。質問項目を準備していても、その通りには進まない。事実に迫るには、疑問点を相手に聞かねばならない。時には大きく踏み込んだ質問もし、突っ込まなければならない。「例えば？」「具体的にはどういうことですか？」「それは違うのではないですか？」「〜のような違う考え方もありますが、それについてはどう思いますか？」。

その問う主体のあり方をしっかり書くには、Ｑ＆Ａの文体のように問いが表現に残されることには大きな意味がある。

問うことは高校生にとって重要な経験だ。一般に学校教育では、問うのはいつも先生なのではないか。そして答えるのはいつも生徒だ。生徒自らが問う必要はなかったし、聞かれたことの答えを探すだけでよかった。その転換が取材にはある。そこから問題意識を作ることの自覚をうながすことができる。

取材では、聞き手が問わなければならない。それも肝心な箇所では厳しく突っ込むことが必要だ。しかし突っ込めば、突っ込み返される。逆質問を受けることもある。「では、君はどう考えているの？」「君はどうしたいの？」「君の考えはおかしいのではないか？」。聞き手が予期していなかった事実を突き付けられ、聞き手の前提を壊されることもある。それによって、自分について気づけることも多い。インタビューとは、話し手だけが作るものではなく、聞き手と話し手との相互関係であり共同作業なのだ。

聞き手は未熟な高校生である。話し手である大人の側にある問題意識や考えの深さには到底及ばない。したがって、実際は、大人の側にリードをゆだね、教育してもらっている側面が大きい。幼い質問や、考え方の未熟さに、話し手側からの疑問や反発も起こる。それが爆発することもある。そうしたバトルこそが重要で、そこからこそ学ばせたい。

したがって、インタビューの場面を再現するには、聞き手と話し手の相互作用、聞き手自身の内的ドラマをも書き込めなければならない。それに最もふさわしいのはインタビュー現場のライブ感のままに記録されたＱ＆Ａか、書き手の立場から現場を再構成する説明的な文章だろう。

インタビューの現場には話し手とは別にもう一人の他者がいる。それが聴衆、聞き手、読者だ。取材現場に実際にいるかどうかには関係なく、話し手と聞き手は常に見えない第三者（読者）の視線を意識しながら語り合う。それが他者の自覚をより強くさせる（この点は藤本英二著『聞かしてぇーな　仕事の話』（二〇〇二年、青木書店）にリアルに説明されている）。

それは、その取材内容が文章化され、公表されるという前提で行われることから生まれる。話し手も聞き手も、他者や公的世界に対して被告席に立たされている。それが狎れ合いを排除し、葛藤や対立が起こってもそれを乗り越える力にもなる。

面白いのは、両親や知人への聞き書きである。親子関係や仲間内の関係は他者に対して閉じたものであることが多い。しかし、聞き書きでは互いに第三者を意識せざるを得ず、よそよそしさや装った話し方が入ってくる。それがそれまでの馴れ合いの関係を壊し、普段は聞けない質問を可能にし、普段は言えないことも言えるという空間が生まれる。相手と自分を突き放して見ること、客観化が可能になる。親をも他者として、自分と同じ一人の男あるいは女として、人間として見ることができる。高校生にとって、これは成長への大きな契機となるだろう。

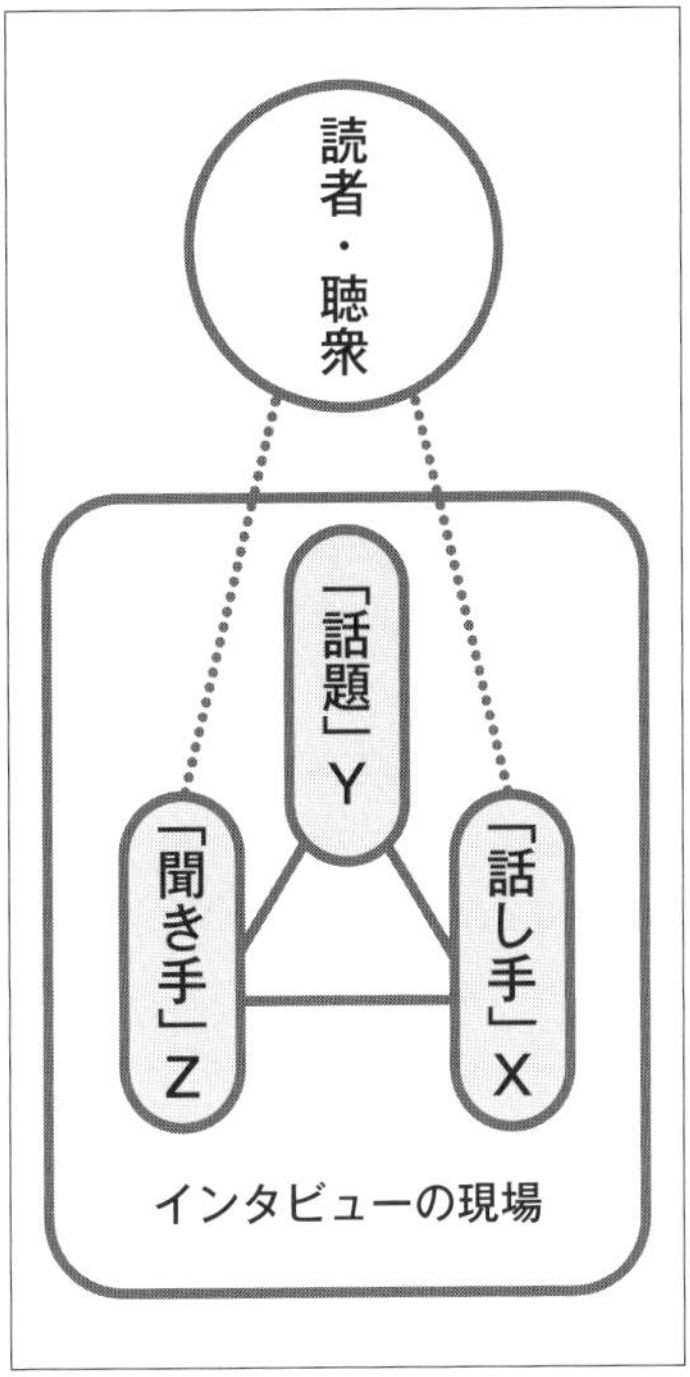

インタビューの現場で起こるのは、他者との対立や内的葛藤だけではない。逆に大きな感動や他者への共感も起こる。相手との一体化も起こる。そこに注意が必要だ。先に説明したように、人は自分にとって重要な問題ほど、事実と意味とが一体となって記憶され、事実を事実と

して取り出すことは難しい。その曖昧さや混乱の中に、むしろ重要なものが隠されていたりする。高校生がそれをすぐに理解はできないだろうが、事実の吟味の観点はいつも意識させるべきだ。それが崩れては、浅薄な先入観を壊すことができなくなるからだ。そしてその作業は新たな主体を生みだすためであり、「私」が消えてはならない。それにふさわしい文体は、第一に説明的な文章であり、第二にドキュメント風の文章でインタビュー現場が消えないものであることはすでに説明した。

3 一人語りの文体

最後に、一人語りの文体が残った。この文体は、学習としての聞き書きでは推奨できないと私は考えている。話し手と聞き手の相互関係やインタビューの経過を書けないし、事実の吟味にも向かないからだ。

しかし、国語科の教員にはこれを推奨する方々が多いから、この文体の意義と限界をしっかりと理解しておきたい。まず、この文体には特有の意義がある。それは（2）の段階の自己否定の徹底だ。ここでは聞き手を消し、話し手の話としてだけ再現される。聞き手にもいろいろな思いがあるが、それはすべて他者の語りに託す。これは他者との一体化であり、究極の自己否定だから、自己を否定するという目的を、徹底的に実現していることになる。他者を生かしきることで、自己を再生できることを学ぶ意義は大きい。

それを十分に認めた上でだが、そこにある大きな欠点も見逃せない。それは話し手と聞き手の心情的な一体感が強調され、事実の吟味や話し手への批判がしにくい点だ。また「私」を直接に表現できないために、インタビューの場における相互関係が直接には表現できない。他者の突き付ける否定を直接に受け止めて、自己内の葛藤や自己内の対話を書くことはできない。それらはすべて別の文章に書くしかない。これは大きな欠陥と言える。

しかし、ここで注意したいのは、聞き書きの文章は構成と文体から成っているということだ。文体にはそれぞれ一長一短がある。そうした文体の欠点は構成で補える。両者を合わせて、教育目的を達成できれば良いのである。聞き書き学習の目的を達成するために、どのような構成で、それぞれにどのような文体を用いたらよいのか。それを考えるために、二つの指導例を次に検討する。

七　高校生のことばをモノローグからダイアローグにひらく

聞き書きを一人語りの文章形式で書く指導をしているのは国語科の教師に多い。兵庫県の藤本英二はそれを代表するだろう。

藤本は一九八七年から二〇〇一年にかけて、国語表現の授業の中で、聞き書きに取り組んだ。その詳しい報告と考察は『ことばさがしの旅　下巻』（一九八八年、高校出版）、『聞かしてぇーな仕事の話　聞き書きの可能性』（二〇〇二年、青木書店）を参照。

藤本の目的は「高校生のことばをモノローグからダイアローグにひらいていく」ことであり、そのために「ダイアローグ（他者との対話）をモノローグ（一人語り）の文体で再現させようとしている」。

彼は社会科などの実施している聞き書きと国語科の指導は違うべきだと考える。「これを社会科や進路指導、あるいは広い意味での道徳教育と混同することは自戒したいと思っていた。やるからには、あくまで国語の授業として、ことばの問題として『聞き書き』を追求したい」。そして文体を一人語りで指導した。

藤本は、選択科目で文芸的創作を指導していて、高校生のことばがモノローグになっていることに愕然として、その対策として聞き書きを思いついたという。この問題意識を私は共有する。私も常々、高校生の世界が閉じていること、自閉的で「独り言」を言っているような文章になっていることが気になっていた。そこには「他者」はいない。

藤本は、インタビューには、その場にいない第三者としての「読者」が意識されることで、話し手と聞き手の関係が開かれたものになることを説明する。

そして一人語りの文章をまとめることで、他者に自己を投入させ、自己を消し、他者の語りに埋没させる。聞き手が抱いた「感情」「感想」を読者に伝えるために、「他人のことばのなかに託す」練習をさせるのだ。語り手の内的ドラマと書き手の内的心情が、別でありながら一つになる。これはドラマや文学の成立条件かもしれない。この作業において、他者に開かれた言葉を獲得できると、藤本は考えている。他者の中に自分を消すことで、他者理解と自己理解を総合的に統一する。

その成果としては生徒作品③を見ていただきたい。実に面白く、痛快な語り口調で本音が展開されている。まさにダイアローグが成立していて、語り手の心の動きが伝わってくる。

私は、高校生に一つの練習として「語り」の文体、「一人語り」の文章を書かせることの意味を大いに認めるし、その内的共鳴の強さ、深さを認めるが、ダイアローグの文体を獲得できるのは聞き書き一般に言えることで、一人語りでなければ達成できないことではないと考えている。また、藤本の実践の目的は、語り手の内面のドラマの再現にあり、その背後の社会問題の考察は副次的なものとされる。

断っておくが、藤本においても、すべてを「一人語り」の文体で書かせているのではない。一人語りの欠点は、相手の客観的な背景や、書き手の意見などを直接には表現できないことだ。だから、それは別のところにまとめて表現するように指導している。

藤本が参考にしたのは鎌田慧編『日本人の仕事』（平凡社）であり、それは庶民へのインタビュー集だ。それは「タイトル」、「略歴」、「一人語り」からなる。それをモデルにするように指導したから、生徒たちは「略歴」として語り手の経歴を客観的な説明文で最初に簡潔にまとめ、その次に一人語りの文章がおかれる。

藤本の授業にはさらに先がある。高校生たちは聞き書きが完成するとそれらを読みあった後、最後に「聞き書きを終えて」という作文を書く。そこでは取材と聞き書きを書き上げての感想、意見を書くのだ。藤本はその段階を「経験を意識化するために大切なプロセス」と考えている。

この全体の流れを踏まえれば、藤本も、客観性や事実性を「略歴」で担保し、「聞き書きを終えて」で主観的感想も担保していることがわかる。これが教育の全体性というものだろう。

藤本は、聞き書き作品としては「タイトル、略歴、一人語り」までとして、「聞き書きを終えて」は別の文章としているが、私はそれをも入れて一つの作品と考えられると思う。こうした構成を用意し、文体の使い分けをさせて、一つの作品と考えたらどうだろうか。これは一人語りの欠点を補いながら、その威力を最大限に発揮させる工夫だろう。藤本がそのようにはせず、「タイトル、略歴、一人語り」だけで作品としているのは、悪しき意味での「作品主義」ではないだろうか。

私は藤本にとっての聞き書きは文芸作品の創作を目標にした過程の一つのステップとして位置づけられているのだと思う。それは言葉の学習をするのが国語科だ、という理解にも出ているだろう。

八　問題意識を作る

私（中井）の場合は、高校生が自己理解を深め、自分のテーマを作り、それによって進路・進学についても目標を明確にすることが目的だ。自分の問題意識を作り上げるために、相手の問題意識をもらいにいくのが聞き書きの目的だ。そこでの目標は、語り手の心情や想いよりも、そこにある社会問題にしっかりと向き合うことである。

このような目的を設定しているのだから、書き手が文章から消えては始まらない。だから、取材内容の書き方では、私は「一人語り」以外の表現を指導している。

しかも、その設定されたテーマにおいて、相手の方がはるかに上なのだから、最初の段階ではインタビュー内容の全体を見渡すことすら難しい。そこでとりあえずQ＆Aの形でまとめる。その上で、相手の一つ一つのAの後に、そのAについての高校生自身の疑問や意見を、どんどん入れていくように求めている。一つ一つのAを吟味し、その後調査したり、考えたことを、どんどん追加し、そこからさらに自分の考えを広げ、深める。こうした目的のためには、Q＆Aの形がベストなのだ。

この時、その書き入れた部分をすべて合わせた内容が、とりあえずのその高校生の問題意識だと言えよう。それを最後にまとめ、それと対応するように最初に問題提起をまとめる。その際は、そのテーマ、問題が、自分にとって持つ意味を考えさせ、最後にもう一度そこに戻って考えさせる。だから私が求める構成は、冒頭に書き手の問題提起（問い）、真ん中に取材内容、最後には冒頭の問いの答えという三段構成になる。真ん中はQ＆Aの形であり、冒頭とラストは説明的文章となる。なお、インタビュー内容の途中にどんどん意見を書き込む作業を経ずに、最後だけ感想を書かせると、聞き取った内容の重さに比して、観念的で、軽いものになりがちである。

私の指導では、取材を踏み台にして、高校生自身の問題意識を作るのが目的なのであるから、私は何度も書き直し、というよりも書き足しを求める。こうした作業を重ねることで、高校生自身の問題意識がはっきりすればよいので、その時は、相手の最初のインタビュー内容は「出がらし」のようになっている。私はそれでよいと考えている。私の指導の目的はすぐれた聞き書き作品を作ることではないからだ。

九　社会科や理科のレポート

七で取り上げた藤本のように国語科の一部の先生方は、社会科の聞き書きと国語科のそれとを区別したがる。それは理科や社会科のレポートの多くで木下是雄方式が採用されていることと対応するだろう。しかし本書の序章や第三章で説明したように、そうした区別には大きな問題がある。

教育活動としては、第一段階から第二段階を経て第三段階を目指すという、全体的で総合的な形式を目指すべきだ。それは教科を問わずそうである。そしてその全体を総合するのが国語科の役割だ。

理科や社会科のレポートについてはすでに第五章で説明した。社会科や理科のレポートの多くでは、インタビューは事実の調査や確認のために行われ、そこではインタビューは手段でしかない。インタビューの場面での話し手の語り口や表情、相手の内面のドラマ。自分自身の内面のドラマ。それらは副次的なもので、書かれないことも多い。

しかし、高校生にとって他者へのインタビューの経験は重要であり、それをしっかりと受け止めさせるためにも、インタビューの場面を書かせたい。また、その問題に応じて、話し手の人生のドラマや語りを生かすなどの工夫があるとよいと思う。また聞き手の内面の葛藤も書くべきだ。そして、全体としては、私が行っているように、高校生の自己理解の深まりにもっともっと力点を置いてほしい。

十　創作風の表現――物語化

理科や社会科のレポートと国語科の表現には基本的な区別はない、と私が主張すれば、国語科の先生方からの反論にさらされるだろう。その中で最も強固な批判が、文学的表現をどうするのかというものだろう。それこそが国語科に最後に残る牙城とされるのだ。事実、国語科の一部の先生方は、聞き書きを小説や物語のように創作風に書かせたり、詩（叙事詩）として書かせている。それらはドキュメント風の文章から生まれる。つまり、客観的視点から三人称を使用し、主人公の内面のドラマを、書き手が想像力による追体験によって再現する手法だ。

これを聞き書きの学習としてはどう考え、また高校三年間の表現指導の中にどう位置づけるべきだろうか。結論から言えば、それは聞き書き学習そのものではない。第二段階の指導からは逸脱しており、聞き書き学習とは別の、その次の段階の学習として位置付けるべきだろう。表現指導全体としては、それは「創作」として位置付け、表現指導の基本の三つの段階からは傍流としてとらえるべきだということになる。

なぜか。創作は第二段階の役割である、主観を否定することが弱いからだ。創作には想像することが不可欠だが、それによって事実からの逸脱がおこりかねない。当初の先入観を壊すことよりも、それを助長する可能性すらある。話し手との対立よりも、共鳴や共感が前面に出てしまう。それは全体としては主観性を放任し、当初の先入観などを放置することになりかねない。そうした危険性を十分に理解した上で、指導する必要があるのではないか。

こうした創作風の表現には、事実とウソと真実の関係において大きな問題がある。この文学的表現は、一見社会科や理科のレポートの対極にあるようだが、実は大きな共通点を持っている。創作風、つまりドキュメント風の文章では、インタビューの現場が消えてしまうことだ。ここには、取材時の話し手の語り口もその様子もない。話し手と聞き手のやり取りもない。両者の相互関係も消えている。その意味では社会科や理科の一部のレポートによく似ている。社会科や理科のレポートでは取材は主張のため、創作風では取材は創作のための手段と化している。

教育における聞き書きの目的の一つは、高校生たちの先入観や既成概念を壊すことだ。インタビューの現場では、話し手は聞き手にとっての他者として現れ、その話はざらざらとして飲み込みにくい「異物」として現れる。ここでは話し手と聞き手の二つの視点がぶつかり合い、時に火花が散る。

ところが、創作風にすると、話し手が「話し手」としては消えてしまう。その話の内容は、あくまでもその話し手によって切り取られた事実なのだから、その話し手が消えれば、その事実は担い手を失い、抽象化し観念的になりやすいだろう。

もちろん、そうした試みを全否定しているのではない。そこには大きな意義があるが、裏面の危険性を十分に理解した上で、指導する必要があると思う。

ではこうした実践から二つ紹介する。

創作風に作品化させているのは小野田明理子。東京の私学で女子中高一貫校の女子学院の中学校で、戦争体験の聞き書きを一九八〇年から三十年以上にわたって指導してきた。中学三年生の夏の定番学習として定着し、毎年の文集が積み重なって後輩にバトンタッチされて今に至る。語り手は父母から祖父母へと移った。

この間、全員の作品を載せて本になったことが三回ある。最初が一九八五年度の文集で、『未来へのバトン―二四〇の戦争』として発行された。これが早乙女勝元氏の目にとまり、今井正監督によって映画『戦争と青春』となった。二度目が二〇〇〇年度で、『私たちの聞き書き　二十一世紀へのバトン―二三〇の戦争』だ。これは、第七回平和・協同ジャーナリスト基金賞の奨励賞を受賞した。三度目が二〇〇三年度の実践『15歳が受け継ぐ平和のバトン―祖父母に聞いた235の戦争体験』（高文研）で、小野田が退職した二〇〇四年の春に出版された。

小野田の指導の特色は、取材した話をもとにさらに想像を加えて、物語風・創作風に作品化させていることだ。「まるで自分が体験したかのような書き方にすることで、話し手の思いが書き手に乗り移ってくるのではないか」と考えた。

高校生に模範として示したのが井伏鱒二の『黒い雨』。『黒い雨』はまさに他者のノートをもとに井伏が小説化した作品だ。これによって他者から聞いた事柄をあたかも自分が体験したことのように記述する方法を学習させた。

きっかけは、人間関係の表記上の混乱を避けることだった。父や祖父や叔父といった表現が誰にとっての関係かが混乱しやすいので、語り手を固有名詞を使った三人称で「忠治は～」などと書かせてみた。これは文体としてはドキュメント風に分類されるが、それが創作へと展開されたものだ。

小野田は言う。「普通の書かせ方の場合、作品の仕上がりは語り手の話の内容に負うところが大きい。話を丁寧に聞き取って正確に記述することで作品化が可能である。一方、三人称の物語文ではこれだけの作業ではすまない。『作家的生みの苦しみ』が要求される、と言ったら良いだろうか。主人公の心情を理解するためには時代状況の正確な把握が必要であるし、その内面表現には、他の文学作品からも多くを学ばなければならない。聞き取った事柄を時間をかけて咀嚼し、自らの体験として自身の中に取り込んだ上で、書き手の身体をくぐり抜けた言葉で表現していく。この追体験的作業が作品を質の高いものにしてゆくのだろう」。

構成では、半数ほどの生徒は、作品の最後に「あとがき」や「おわりに」として、聞き書きを終えての感想を書いている。ここに直接的な形で自分の思いを書くことができる。

小野田の指導した作品を読むと、確かに心打たれるようなすぐれた作品が生まれている。それは、両親や祖父母たちの経験、特に内面のドラマを高校生が追体験したことが大きいと思う。その成果は生徒作品⑫「慟哭」（226頁参照）を読んでいただければよくわかるだろう。

ただし、その有効性と威力を十分に認めた上でだが、そこでの危険性も指摘しておきたい。それは生徒たちが事実に向き合うことがおざなりになる可能性があることである。「慟哭」に即して考えてみたい。227・228頁の傍線部分、二重傍線部分、波線部分を読んでほしい。

「魂の渇きを天皇は知ってるのか？」「彼の心は情けない思いでいっぱいだった。」「必死に考えた、生き残ったことの意味。」（傍線部）等、祖父が当時の想いを真剣に語ってくれたことが推測できる。その想いを受け止めるように、特攻隊員たちの「魂の渇き」の内容が波線部で畳みかけるような問いと答えで書かれている。そして「死に直面してもなお、生きることの意味を求め続けてゆけるものなのだろうか。（中略）最後まで、なくてはならないものは何なのか。」（傍線部）は、彼らの想いを正面から受け止めようとした重要な問題提起である。しかしその答えの提示においては、祖父の言葉の持つ意味をしっかり受け止めることはできなかったのではないか。「共通の思い」（二重傍線部）とか「純粋なものにのみ生命を捧げることの出来る心理。」（二重傍部）といった表現に疑問が残る。それは本当に「純粋なもの」と言ってよいのだろうか。祖父は本当にそう思っていたのだろうか。

ここには、インタビュー時の語り手の視点を消してしまったことの弊害が現れているのではないか。「一人語り」の場合は、相手の話したことを忠実に再現する原則があるから大きな逸脱は起こらないが、創作ではそうした逸脱やズレが広がる危険性がある。

想像を交えることは、取材や調査が不十分な場合には、書き手の先入観や既成概念でまとめることになりかねない。本来は、そうした先入観や既成概念を壊すことが、聞き書きの目的だったはずだ。

もちろん、小野田はそうした危険を防止するために、年表や関連学習を周到に準備している。しかし、想像は常に現実を逸脱する可能性をはらむのだ。その有効性と危険性の両面を意識して、その対策を講じていくことが求められるであろう。

十一　叙事詩にまとめる――韻文作品

祖父母の人生ドラマを聞き取って叙事詩にするという、高校では珍しい実践をしたのは長野県の石城正志。その実践は石城が、長野県立茅野高校の三年生文系進学コースの「国語表現」の授業で一九九九年度に行った。

その特色は叙事詩で書かせたことだ。石城が詩という形式にこだわった理由はこうだ。「調査結果をレポートすることが目的ならば、調査の方法や、調査内容の客観性・資料的価値といったことが重要になる。そのための技術も必要となる。しかし、それでは社会科になってしまう。ところが、詩という文学の形式ならば、その人がこう語ったということがあればいい、事実でなくとも思いが表現されていればいいと言いうる。さらに、生徒の主観的な思いを書き込むことも許される」。

石城は生徒の目標として詩人茨木のり子の「りゅうりぇんれんの物語」を読み聞かせ、宮本常一『忘れられた日本人』の「私の祖父」や生徒作品、さだまさしの「椎の実のママへ」を参考にさせた。

叙事詩には、生徒の思いは直接書き込めるし、ラストにまとめて書くこともできる。「りゅうりぇんれんの物語」のラストでも、ある人物に託して茨木のり子の思いが語られている。

石城は、明治三十三（一九〇〇）年から百年分の年表を作り、その中に、祖父母から聞き取った内容を書き込むように指導。さらに提出された取材メモには、石城から見てもっと詳しく聞いてほしいところに赤ペンを入れて、追加取材をさせた。その結果、生徒は、家族の歴史を日本の歴史の中で捉えることが出来たし、作品は、年号、地名、人名、出来事等が正確になり、叙事詩という名にふさわしい骨太な作品も生まれている。すぐれた例としては生徒作品⑬「出会いはベッドの上だった—憲行と雪江の物語—」（228頁参照）を見ていただきたい。

ここで、叙事詩の形式で書かせたことにはどういう効果があったのだろうか。

祖父母の人生の中にドラマが見えてきたとき、高校生たちは感動し、祖父母がはじめて畏敬すべきひとりの人間として見えてくるのだろう。また、祖父母にとっても、詳しく話すことができ、ドラマのように話が盛り上がったところは、祖父母自身が語りたかったところであり、そこにこそ伝えたい思いがあるのだろう。そこでは語り手と聞き手の心が共鳴し、それがリズムを生み、詩や独自の物語を生み出す。それがこの成功した作品によく現れている。タイトルもいいなあ。サブタイトルにあるように、これはまさしく「憲行と雪江の物語」だ。

冒頭の事故から二人の出会い、そしてかけおちに至るまでは、まるで映画のように書き込まれている。作者の中で祖父母の物語が十分に発酵し、しっかりとイメージに定着できたことを意味するだろう。平成を迎えた二人の「何でもない毎日」の様子では、祖父母が語ったことなのか作者の観察なのか判然としないほどに一体化している。「このような視点の融合を契機として祖父母の過去は孫の中に居場所を得るのだろう」と石城は述べている。

こうしたすぐれた作品を生み出す可能性やその意義を十分に認めた上でだが、ここには小野田に指摘したのと同じ危険性があることを指摘しておきたい。

石城は「事実でなくとも思いが表現されていればいい」とする。これは事実に向き合うことからの逸脱を許容する。しかし事実の上に想いは成立するのだから、事実を軽視すれば想いは現実から浮き上がってしまうだろう。もちろん石城はそうしたことへの予防をしていた。年表を作り、その中に、祖父母から聞き取った内容を書き込むように指導した。また、不十分な場合には追加取材もさせている。しかし年表に書き込まれたメモは、取材時の語り手からは離れ、バラバラの事実の記述となり、語り手の統一的な視点は失われてしまうだろう。そのために履歴書のような無味乾燥な書き方になってしまった作品もある。

聞き書きとは、「聞く」ことと、聞いた内容を「書く」ことが一体になった学習だと思う。それに対して、小野田や石城の方法は「聞く」ことの現場そのものを消してしまっており、それは本来の聞き書き学習からの逸脱ではないだろうか。やはりそれは、聞き書き学習とは別の、その発展学習として位置付けるのが適切だろう。

なお、小野田や石城の方法がインタビューの現場を消していることは、参考作品として示された井伏鱒二の『黒い雨』や茨木のり子の「りゅうりぇんれんの物語」自体が聞き書き作品ではないことに端的に示されている。それは次節で述べる。

ここで読者には注意してほしい。一般に文学的表現そのものが、聞き書きからの逸脱だと言っているわけではない。一人語りの文体は、語り手の視点に徹底的にこだわることでその現場を再現しており、聞き書きの典型と言える。

こうした一人語りと、創作風の表現とを区別したうえでだが、これらの文学的表現一般にある危険性を考えておきたい。それは、自分と他者の思いが一体化し、自他の区別がなくなり、相手が語る世界に入り込んでしまう可能性だ。その結果、事実からの逸脱がおこりかねない。そこでは社会的な事実と向き合うよりも、内面のドラマに心を奪われやすい。もちろん、万能の文体や構成などは存在しない。私の方法では、内面的ドラマの追及や追体験といった側面が弱くなる。

私が言いたいのは、文学的な手法がダメだということではない。どの文体、表現にも長所と短所がある。それをわきまえながら、聞き書き学習の本来の目的をしっかりと見据えて、一つ一つの実践の位置づけを考える必要があるということである。そして、できあがった作品の読みあいの中で、短所から来るだろう危険性についてカバーする必要があると思うのだ。

ところで、こうした危険性は、単に高校生の問題であるだけではない。本質的には、文学や詩などの創作に、常につきまとう問題ではないだろうか。

十二　創作の危うさ――事実とウソと真実

宮本常一の『忘れられた日本人』はすぐれた記録であるとともに、すぐれた文学でもある。そこに収録されている有名な「土佐源氏」を例にして、事実とウソと真実の関係を考えてみたい。「土佐源氏」は土佐の博労が自らの性の遍歴を「一人語り」で語ったものだ。そこには「宮林署の役人の嫁さん」や「庄屋（県会議員）のおかたさま」などとの性交渉があけすけに語られるが、そこにはウソがあり、多くの粉飾があることは明らかだ。宮本はそれらをわかっていながら、あえてウソや粉飾のままに「一人語り」でまとめている。そしてそれを読む私たちは大きく心動かされる。なぜだろうか。

宮林署の役人の嫁さんは博労にこう告白したとされる。

「『あんたは心のやさしいええ人じゃ、女はそういうものが一番ほしいんじゃ』といいなさった」

「（嫁さんは）身分の高い女で、わしをはじめて一人前に取り扱こうてくれた人じゃった」

庄屋（県会議員）のおかたさまとのやり取りは、次のように語られる。

「『牛のほうが愛情が深いのか知ら』といいなさった。わしはなァその時はっと気がついた。『この方はあんまりしあわせではないのだなァ』とのう」

「わしはただこういう人から、一人前に情をかけてもろうたのがうれしかった」

「どんな女でも、やさしくすればみんなゆるすもんぞな」「男がみな女を粗末にするんじゃろうのう。それで少しでもやさしうすると、女はついて来る気になるんじゃろう」「わしは女の気に入らんような事はしなかった。女のいう通りに、女の喜ぶようにしてやったのう」「わしはなァ、人はずいぶんだましたが、牛はだまさだった」「女もおなじで、かまいはしたがだましはしなかった」

そのウソの中には真実があり、それが私たちを打つのだと思う。そこには社会から疎外された者同士に通いあう想いが描かれている。男社会や家父長制の下に虐げられてきた女性と、最底辺の階層の博労。人として扱われない淋しさと悲しさが激しく響き合う。おそらく、宮本自身もそこに共鳴したのだろう。しかし、語られた内容は事実ではなく、一人の博労の夢ととらえられるべきだろう。

茨木のり子の「りゅうりぇんれんの物語」は、石城が参考作品として示した作品だ。高校生たちはこれを目標に叙事詩を書いたわけだが、この詩にも考えるべき問題がある。

この朗読のための叙事詩は、中国人の劉連仁（りゅうりぇんれん）の体験記録をもとに作られた物語詩であり、全体は約五百行にもなる大長編詩である。

劉は第二次大戦中に日本軍によって中国から強制連行され、北海道の炭坑で強制労働を課された。一九四五年七月に脱走し、十四年間も潜伏し続けた後に一九五八年に発見され、故郷に帰ることができた。

劉の体験記録とは、実は聞き書きである。劉は文字を知らないので、上海の『新民晩報』の記者・欧陽文杉が、劉の話をくわしく聞き、資料を細かく調べてまとめた。その翻訳『穴にかくれて十四年』（新読書社）が一九五九年に刊行された。茨木のり子はこの体験記に寄り添うようにして、この詩を書いた。一九六一年一月の『ユリイカ』に発表されているから、書かれたのは一九六〇年だろう。

この詩で考えたい問題の一つは、事実からの逸脱である。この詩は、劉が実際に体験した事実に即して書かれている。しかし一か所だけ事実から離れた幻想のシーンがある。劉が逃亡生活中に小川で沐浴をしていて開拓民の子供と出会う場面だ。

木洩れ陽を仰ぎながら
水浴の飛沫をはねとばしているとき
不意に一人の子供が樹々のあいだから
ちょろりと零れた　栗鼠のように
「男のくせに　なんしてお下げの髪？」
「ホ　お前　いくつだ」
日本語と中国語は交叉せず　いたずらに飛び交うばかり

これは原記録の叙述からの詩人の想像である。そして、この物語詩のラストに作者は三十五行のエピローグをつけているが、それはこの時の少年が成長し、この出会いの意味を考える内容になっている。

劉の十四年間の孤独。劉にとって日本人のすべては敵で、心許せない相手だった。しかし作者としては、劉と日本人との魂の交流をせめて一つだけは入れたかったのだろう。確かにこのシーンは事実ではない。しかし、ただのウソでもない。本人の語った記録に寄り添いながら、その延長に自然に浮かびあがってくる一つの幻想なのだ。そして私が一番心を動かされたのは、まさにこのシーンだった。

ラストのエピローグで作者は、劉たちを強制連行した側の責任を、自分もその一人である日本人としての責任を、問おうとしている。その想いを語る青年はもちろん詩人自身である。ということは「開拓民の子供」も詩人自身だということだ。

なお、このエピローグは、劉と開拓民の子供との出会いの場面が、詩人の視点から作られた幻想であることを示してもいる。読者が、想像と事実の部分を区別できるように、種明かしをしているのだとも考えられる。

以上のように、私はこの詩における想像や創作部分が悪いとは思わない。しかし、別のところに問題があると思う。劉の体験記録（聞き書き）は茨木のり子自身が聞き取ったものではないことだ。茨木はそのインタビューの現場を知らないままに「りゅうりぇんれんの物語」を書いている。その現場や本の刊行の背景には彼女の想像力が届いていないように思える。その記録は上海の『新民晩報』の記者がまとめたものだ。その記述や刊行に、当時の中国共産党のプロパガンダの意向は反映していないだろうか。

おいらが何の役にもたたないうちに
中国はすばらしい変貌を遂げていた
おいらが今　日本で見聞きし怒るものは・
かつての祖国にも在ったもの
おいらの国では歴史のなかに畳みこまれてしまったものが
この国じゃ
これから闘われるものとして
渦まいているんだな

劉がこう語ったのが事実だとしても、「中国はすばらしい変貌を遂げていた」以降の叙述の根拠を、劉はどのように入手したのだろうか。ここに中国共産党の意向の反映はないだろうか。

先に引用した部分の直前には次のようにある。

昭和三十三年三月りゅうりぇんれんは雨にけむる東京についた
罪もない　兵士でもない　百姓を
こんなひどい目にあわせた
「華人労務者移入方針」
かつてこの案を練った商工大臣が
今は総理大臣となっている不思議な首都へ

ここには茨木のり子自身の強い思いが込められているだろう。彼女は一九六〇年の日米安全保障条約（安保条約）をめぐる混乱の時に、反政府、反安保の市民デモに参加している。安保条約を国会で強行採決したのは岸信介首相。そして彼こそが、戦前の東条内閣の閣僚として「華人労務者移入方針」の責任者であり、A級戦犯の容疑者にもなり、一時政界を追放されていた、その人だ。

茨木の怒りや憤りは、まっすぐに、りゅうりぇんれんの運命への強い共感になっただろう。その逆もまた。りゅうりぇんれんの聞き書きの日本語訳の刊行は五九年、この詩は六〇年に書かれている。

しかし、当時の東西冷戦下の政治状況や、中国共産党の動向には、茨木のり子の想像力は届いていないように思う。もちろんそれを一人の詩人に求めることはできないだろう。私が問題にしたいのは、りゅうりぇんれんの体験談は詩人自身で聞き取りをしたのではないということだ。インタビューの現場やそれを取り巻く状況の意味、それを詩人はどこまで自覚していたのだろうか。

小野田が創作風の書き方の指導をした際に目標とした井伏鱒二の『黒い雨』にも同じ問題がある。『黒い雨』は、被爆者・重松静馬の『重松日記』と被爆軍医・岩竹博の『岩竹手記』を基にした作品である。ここでも、作者は自ら自身で重松らから聞き書きをしたのではなく、「日記」や「手記」からの創作をしている。ここが、小野田の生徒たちとは決定的に違うのだ。

この作品は、文学として高く評価される一方で、激しい非難を受けてもきた。これを「盗作」と告発したり（豊田清史）、「単なるリライト」（猪瀬直樹）とする意見があるのだ。もちろん擁護論もある。この『重松日記』は二〇〇一年に筑摩書房から刊行されたが、それに尽力した相馬正一（岐阜女子大学名誉教授）は『続・井伏鱒二の軌跡』（一九九六年、津軽書房刊）の「あとがき」で次のように言う。「利用している実在資料の分量から『黒い雨』を盗作呼ばわりするのであれば、井伏氏の記録文学はすべて〈盗作〉だということになる。実在の資料を前面に据えて〈事実〉と思わせながら、さりげなく創作資料をもぐり込ませて〈虚構〉を仕掛け、両者の絡み合いの渦中に読者を巧みに誘導する手法――、そこに虚実融化の秘策を巡らす井伏流記録文学の醍醐味があるのである」。

しかし教育の現場において、「虚実融化の秘策」は適切だろうか。『黒い雨』と『重松日記』を比較して、そのズレとその意味を考えさせるような授業も可能かもしれない。

十三　文学的表現の生まれる場

最後に、こうした創作風の物語や叙事詩などを書かせる実践とは逆に、事実に向き合わせようとした実践から、自然な形で物語化やドラマ化の表現が生まれたり、強い描写が出てくることも紹介したい。そこには同じ問題が顔をのぞかせている。

以下は、私（中井）が指導した「企業戦士『親父』」。作者の父は銀行の営業マン。銀行を選んだ理由、仕事の内容、苦労、信念等を聞いているが、ここでは、配属が変わった時の気持ち、辛かった時のこと、の場面を引用する。

次に、辛かった時はいつかという疑問を問いかけてみた。

「辛かったというのは自分の取ったお客さんが解約される時ですわな。理由は他社に比べて利率が悪いから。五・五％を目指して運用していても、市場全体が不景気になると当然利率が下がる。今の貯金にしたって利率は〇・〇〇何％やし、株価も買った時よりも売る時には、株価が上がってらな収益がでないわけですよ。実際にここ三年はマイナス五％だとか六％、つまり運用しても損しかしない時代だからさ。わが社は運用会社ですから運用が悪いと当然解約されますわな。それでどこに流れるかっていったら外資系。バークレイズでしたりメリルリンチ、ノーザン・スタンレーとか、少しは聞いたことあるやろ？　そういう外資系運用会社に行くわけですよ。彼らはもう百何十年とか資金運用してますから、その間に築いてきたノウハウと実績と信頼っていうのがあるんですわな。どんなにやってもプラスにならない時代もあったからね。そういう時が一番辛いわな。『取れない辛さ』っていうのがあるよね。」

自分ではどうにもならない所で起きている事の影響を受ける。この話をしているときの父の口調は少し弱かった。時折目も遠くを見るようにぼんやりとしていた。よく、辛い時には『苦虫を噛む様な〜』（注：苦虫を噛みつぶしたような、の意）という表現が使われるが、父の表情はその辛さを胸の奥に納めようとしているように見えた。

この傍線部は、辛そうな父親を見ていて、期せずして現れた描写である。父の心の動きに、息子の心も一体化して、そこからこうした表現は生まれてきている。書かずにはいられなかったのだろう。

また、父の話を関西方言のままに書いているのはなぜだろうか。インタビューの際のテープ起こしをそのままに文章にしたというだけではないだろう。父の口調、その語り口をそのまま残し、父の心の動きに寄り添いたかったのだろう。こうした欲求を意識的に追及していけば、「一人語り」の物語にもなる。


次は、茨城の程塚英雄が指導した作品で、父の戦争体験の聞き書き「陸軍病院で死んだ伯父」（生徒作品⑭ 232頁参照）である。程塚は、聞いた話をそのまま説明風かドキュメント風に書くように指導している。この作品はドキュメント風に書かれており、人称は三人称で、作者との関係のままで「父の次兄は」と書いている。

生徒作品⑭の上段から下段までの部分を読んでいただきたい。危篤でもないのに両親が呼び出され、その目の前で伯父が注射によって安楽死させられる。その説明をする場面から、文章が変わる。「のである」「のだ」といった強い断定（二重傍線部分）が繰り返され、畳み掛けるような緊迫感を生み、ラストに向かって一気に駆け抜ける疾走感がある。そして「陸軍少尉小島篤はこうして二十二歳の短い生涯を閉じた」では、それまでの「彼」「伯父」（傍線）が「陸軍少尉小島篤」（傍線）に変わる。固有名詞と軍隊における位階。

ここには、劇的なドラマのような状況を、いかにも劇的に表現したい。そうした強い欲求が感じられる。「陸軍少尉」になれたことを誇らしく思う伯父の気持ち、それを痛ましい思いで見守る家族、そうしたすべてを含めた上での戦争の矛盾を告発する気持ちなどが読み取れる。


私や程塚のこうした指導例では、事実に即した叙述を指導しているのだが、そこから自然な形でドラマ化が生まれてくる。それをどう考えたらよいだろうか。誤解のないように願いたいが、私は自分や程塚の実践がすぐれていると主張したいのではないか。文学的表現を求めていないにも関わらずそれが生まれることの意味を考えたいのだ。

ここには、高校生にそうした表現を迫るものがある。そうした表現をしないではいられないものが、そこにある。まずは、それをしっかり読みとれるようになりたい。

聞き書きは、そこで明らかになった事実の重さや激しいドラマ性で、高校生の心に衝撃を与える。そして、人は感動した時に、その感動をドラマのような迫真力で再現したいと強く願う。それは人間にある自然な欲求なのだろう。そもそも、そこからこそ文学は生まれたのではないか。

したがって、こうした表現が生まれることを喜び、評価するべきだと思う。それはインタビューが大きな感動を与えたことを立証する。それはそのインタビューの成功と聞き書きの大きな可能性を示している。

しかし、次には、その表現の吟味が必要になるだろう。感動は本人をより深く現実に向き合わせ、現実と闘っていく動機を作り、自分を変え、社会を変革していく力にもなるだろう。しかしそれが野放しのままに放置され、語り手の思いに一体化するだけならばどうだろうか。その感情に溺れてしまえば、現実から遊離した妄想に陥ることもあるだろう。その表現は事実を的確に表現しているだろうか。大げさすぎる表現はないだろうか。既成概念の当てはめに流れてはいないだろうか。

表現指導を三つの段階で指導する意味を想起されたい。先入観や既成概念を壊し、強靭な主体を作るのが目的である。そのためには、自我を甘やかすようなことがあってはならない。指導者は、文学的表現や劇的構成には、こうした両面があることを自覚しながら、その表現が意味することを慎重に見極めたいものだ。こうした作品では、高校生同士で読みあって意見交換をすることも大切だろう。

もう一つの問題は、文体の指示の仕方についてである。私や程塚は「一人語り」の文体ではなく、事実に即した叙述を指導している。私が生徒に指示したのはQ＆Aの形式であり、程塚は説明的文章（ドキュメント風を含む）の文章だった。しかし、そこから期せずしてドラマ化が生まれてくる。それならば、最初からどの文体でもよいと指示すべきではないのか。または、「一人語り」の文体や文学的表現を指示した方がいいのではないか。

私は逆だと考える。聞き書きの指導では、明確な目標とそれにふさわしい文体と構成をはっきりと示すべきなのだ。そうした明確な形式があるからこそ、そこからの逸脱に気づけるのである。大切なのは、大きな枠組みを用意しながら、そこに当初の型を壊すような表現が生まれてくることの意味を理解することだ。ここに破綻や間違いを見るよりも、豊かなものがあふれてしまった、という理解が大切だろう。こうした視点を持っているか否かで、生徒作品に対する理解の深さが変わってくるからだ。そして、こうした理解の上にだが、毎回の指導では文体や構成などはあくまでもはっきりと指示するべきだと考える。

私の指導では高校生のテーマづくりが最終目的であり、それに向けての指導になる。それにはQ&Aの形式がふさわしく、そこから始まるのが適切だと思っている。しかし、そこからの自然な逸脱は大いに歓迎し、そうした表現が生まれることを喜びたい。それが人間の豊かさであり、可能性だからだ。

ここまでずいぶん難しいことを述べてきました。これを読まれて、怖くなって、聞き書きの指導に及び腰になる方が出てきはしないかと、恐れています。しかし、本当は、この「難しさ」こそが、聞き書きの可能性の巨大さと、はてしない魅力を示しているのです。私は、人間の経験と記憶と認識の不思議さに驚き、その豊かさに感動してきました。

それを知っていただくには、まずはできる範囲で実践してみることです。あれこれ考える前に、やってみることです。そうすれば、そこから生まれた作品に圧倒されることでしょう。すべてはそこから始まります。その力に励まされて実践を続けるうちに、聞き書きの中にある豊かさに眼が開かれ、その魅力のとりことなっていくことでしょう。

あとがき　1　高校作文教育研究会のこと

本書は、高校作文教育研究会の共同研究の成果をまとめたものです。

高校作文教育研究会は一九九八年二月に会を設立しました。それ以来、全国から多くの関係者が集まって、高校段階を中心に、中学から大学までの作文指導の在り方を実践・研究してきました。国語科に限らず、理科や社会、数学や英語、保健体育などの教員も参加しています。現場も中学、高校、大学に、塾なども含まれます。

会の設立時からの中心メンバーは四人。東京の私学・正則高校は学校をあげての表現指導で有名ですが、その精力的な実践家である宮尾美徳さん。茨城県の県立高校での実践家・程塚英雄さん。彼はその教育実践で読売教育賞を受賞し、聞き書きについても多数の論考があります。茨城県立高校で長く教員をしていた古宇田栄子さん。彼女は日本作文の会の常任委員としても、中学・高校段階の表現指導の普及と深化のために努力してきました。そして国語専門塾の経営者の私（中井）。

研究会の共同代表は古宇田さんと私が務めてきました。本書が二人の共著になっているのはその責任を果たしたものとも言えます。

研究会では、テーマとして二〇〇五年には一年間集中的に「総合学習」における表現指導について、二〇〇九年からの二年間ほどは「聞き書き」（調査と取材）の研究を行ってきました（これの詳細については古宇田さんの「あとがき　2」を読んでください）。一方で、そうした研究の際に、いつも根底にあったのは高校段階での表現の指導過程の問題でした。生活体験文や自分史、調べて書く作文や聞き書き、意見文や論文（小論文も）、志望理由書などをどう関連付けて、指導していくべきなのか、という問題です。

これらの問題について喧々諤々やりあいながら、研鑽を重ねた一六年間が、私たちの会の歴史です。

研究会では、個々のメンバーの実践と考え方を尊重しますから、会として一つの答えを決めることはしません。

本書は研究会としての統一見解を書いたものではありません。本書の執筆に当たった古宇田さんと私の間でも、一致していないことは多いのです。それをムリに統一することはしていません。しかし、研究が深まると自ずとある方向に向かっていくものです。

世間に共著は多いですが、普通はバラバラに書かれた原稿を一緒にしただけの場合が多いものです。本書は違います。原稿を書いたのは古宇田さんと私ですが、その原稿内容は程塚英雄さんも入れた三人で何度も検討して書き直しを重ねてきました。古宇田さんにいたっては、第二章で六回もの書き直しに応じてくれたのです。私も、最終章の文体論では四回の書き直しをしました。程塚さんは共同研究の際も、原稿にまとめる際も、常に問題提起をし続け、厳しい批判者として参加してくれました。

そうした成果ですから、本書は、事実上は程塚さんを含めた三人の共著なのです。程塚さんは本書刊行の準備が最終段階にあった二〇一四年の春に亡くなりましたが、本書を彼に捧げるのはこのためです。彼の名前を本書に刻んでおきたかったのです。

インタビュー、取材、フィールドワークの方法論の本は多いのですが、教育現場における聞き書きについては参考になるものは少ないようです。本書では、高校段階を中心に、聞き書きの実践や理論、問題にされてきた論点などを、現時点で総合的に検討し整理しようとしました。問題のありかをはっきりとさせ、答えが出せたことはハッキリと、疑問点もどこがわからないのかを率直に書くことにしました。未来に向けて開かれた本を目指したのです。

国語科だけではなく、理科や社会、英語などの全教科横断の、つまり全校挙げての聞き書き学習を目標としています。そのために、表現指導の三年間のカリキュラムと聞き書きの位置づけを提案しました。

現場に根差した理論を提供しようとしています。初心者にもやさしく、そして熟練の人にも参考にしていただけるものを目指しました。
　その成否は、現在と未来の教育現場の方々と若者たちの判断にゆだねたいと思います。彼らに寄与するための共同研究でしたし、そのための本書なのですから。

　聞き書きの魅力については、どんなに語っても語りつくせません。本書を読まれて関心を持たれた方は、是非一度取りくんでみてください。そこから、ゆっくりと、生徒作品の読み方を深め、実践を確かなものへとしていけば良いと思います。ただし、それには学内や地域の仲間たちとの学習会が不可欠です。私たちの研究会にも参加してみてください。いつか、お会いできる日を楽しみに待っています。互いの生徒作品を持ち寄って、思いのたけを語り合いましょう。

　本書における拙稿は、『高校教育』や『作文と教育』などの雑誌に発表した論考を元にしています。大修館書店の伊藤進司さんとのタッグで本を刊行するのは二〇〇六年の『脱マニュアル小論文』以来です。今回も本書の刊行までの三年間、しっかりと支えてくださいました。また、大修館書店のPR誌『国語教室』（二〇一一年秋）に聞き書き特集を企画していただきました。本書は直接にはそこに原型を持っています。立花隆氏のインタビューや塩野米松氏との対談などはその際に掲載されたものです。
　本書の刊行までには、たくさんの方々の協力がありました。すべての方々のお名前を挙げられませんが、感謝しています。みなさんの信頼を裏切らないように努力したつもりです。

二〇一六年二月一日

中井　浩一

あとがき　2　聞き書きをテーマとした共同研究について

高校作文教育研究会では、高校段階における作文教育はどうあることが望ましいか、あるいはどのようなことが可能か、と実践と研究を重ねてきました。その中で、特に大きな魅力と計り知れない可能性を感じたのが、対面取材を基本に据えた「聞き書き」という手法でした。私たちは、会員の実践だけでなく全国で同様の試みをしている人たちに協力してもらうことで、こうした実践の方法と課題について整理してみたいと考えました。二〇〇九年から約二年間、協力してもらった実践家は十七人に及びました。その実践報告と討議内容は、連載講座「聞き書きの魅力と指導法」として全二十一回分を、『月刊国語教育』（東京法令出版）の二〇〇九年七月号から二〇一一年三月号に発表しました。

この共同研究を通して、聞き書きにはほんとうにいろいろな立場や捉え方と指導法があることを知りました。一例をあげてみます。総合学習の一環としてハンセン病元患者からの聞き取りを指導している実践者の発言です。彼は、テープ起こしについて次のように発言しました。「私は、テープ起こしの作業を大切にしている。テープ起こしは、ハンセン病に対する一定の知識がないとできない。生徒たちはテープ起こしをしながらより深く理解するとともに元患者の方々への共感を強めていく。読み手にわかりやすく伝えるために翻訳するやり方もあるが、元患者からの聞き取りの場合、語られた言葉そのものが、歴史的証言となり、事実を正確に記述するところに大きな意味があると考える。」テープ起こしは、機械的なつまらない作業という印象を覆された言葉でした。聞き書きには、聞いた話を読み手にわかるように書き表すにはどうすればよいかという問題がありますが、それと同時に、語られた言葉にどう向き合うかという問題もあることを考えさせられたのでした。そして、聞き書きについて多様な立場、指導法があるということは、聞き書きの可能性の大きさを示すものであり、それを大事にしたいと思いました。

連載で紹介した内容は多岐に及んでいましたので、それを圧縮、整理したものとして本書を計画しました。内容は、「聞き書きの基本的な指導法の解説」（第一章、第二章）と「聞き書きの今日的な意義と課題」（第三章以降）とに分けました。執筆は、前者を私が、後者を中井浩一が担当しました。

私が担当した第二章では、多様な考え方や指導法があるなかで、どのような指導の仕方が基本と言えるのかと悩みました。一番苦労したのは、構成指導・記述指導を取材（聞き取り）の前に持ってくるか後にするかということでした。初めて聞き書きを経験する生徒にとっては、まず取材相手を決めて、聞きたいことをたくさん用意して聞いてみる。次の聞き取った内容を整理する段階で構成指導・記述指導をした方が理解しやすいだろうと考えました。しかし、事前に構成や文体までを学んで取材に臨んだ方が、いい取材ができるかもしれないとも考えました。私が知る限りでは、専門学校や大学の実践ではこの後者の方法つまり事前にすべてを指導しておく方法が多いように思います。本書では、前者の方法で解説することにしましたが、どちらの方法をとるかは、生徒や学生の状況を見て判断するのがよいと思います。このように聞き書きの指導法にはいろいろあります。第二章では、授業の流れに即して、意欲の喚起、取材相手の決定、取材指導、構成指導、記述指導、推敲指導、鑑賞指導の順に詳述しましたので、生徒の状況に合わせていろいろアレンジして利用していただきたいと思います。

ここで、共同研究の成果を『月刊国語教育』に「聞き書きの魅力と指導法」として発表した時の、①題名、②掲載誌名（号数）、③実践者のお名前、④実践報告の概要、を紹介しておきたいと思います。連載時の論考は、原則として、事例の概要を実践者本人がまとめ、その討議の概要を私がまとめました。

第一回　①「ハンセン病元患者に会いに行く」　②二〇〇九年七月号　③今田和弘　④総合学習「ハンセン病と人権」の中で、ハンセン病元患者の方々に高校生たちがインタビューした実録。

第二回　①「創作風に書くことで追体験を深める」　②二〇〇九年八月号　③小野田明理子　④戦争体験の聞き書

きを創作風に書くという実践。中学三年生夏の定番学習としてすでに三〇年継続。

第三回 ①「原爆・ハンセン病・水俣病を聞き書きする旅」 ②二〇〇九年九月号 ③宮尾美徳 ④高三学習旅行の学習効果を高めるための聞き書き。

第四回 ①「大人顔負けのレポートを書く中・高校生たち」 ②二〇〇九年一〇月号 ③林　敬 ④社会科総合学習における取材レポートの目標と構成と文体。

第五回 ①「読んでおもしろい仕事の話」 ②二〇〇九年一一月号 ③藤本英二 ④言葉の学習として一人語りの文体を重視した仕事の聞き書き。

第六回 座談会「教育としての聞き書きはいかにあるべきか　第一部　文体の選択」 二〇〇九年一二月号

第七回 座談会「教育としての聞き書きはいかにあるべきか　第二部　聞き書きの多様性と可能性」 二〇一〇年一月号

第八回 ①「生徒たちは研究者の卵」 ②二〇一〇年二月号 ③川北裕之 ④理科の総合学習「環境学」におけるレポートと「学びのストーリー」の指導。

第九回 ①「教師としての力量を高める『聞き書き』体験」 ②二〇一〇年三月号 ③田中宏幸 ④教員養成段階における「聞き書き」活動の意義と方法。

第一〇回 ①「思いを受けつぐ祖父母の叙事詩」 ②二〇一〇年四月号 ③石城正志 ④祖父母の歴史や思いを叙事詩で表現する取り組み。

第一一回 ①「『自分づくり』のための聞き書き」 ②二〇一〇年五月号 ③中井浩一 ④問題意識、課題意識の深化をねらった、自分づくりのための聞き書き指導。

第一二回 ①「浅薄な認識を突き崩す聞き書き」 ②二〇一〇年六月号 ③程塚英雄 ④聞き書き指導三十五年の実践を振り返り、聞き書きの意義を語る。

第一三回 ①「聞き書きの持つ教育力」 ②二〇一〇年七月号 ③古宇田栄子 ④聞き書き指導三〇年を振り返り、その教育力と可能性を語る。

第一四回 「生徒作品　戦争体験編　事実の力、描写の力」 二〇一〇年八月号

第一五回 「生徒作品　職業編　『しごと』の話を聞く――一人語りの文体とインタビュー型の文体」 二〇一〇年九月号

第一六回 ①「戦争と平和、そして生き方を学ぶ聞き書き学習」 ②二〇一〇年一〇月号 ③中村惠子　中田範子 ④京都八ヶ峰中学校の、学校を挙げて行われた戦争体験の聞き書き学習。地域学習であり集団制作である。

第一七回 ①「今も新しい丸尾実践と小沢解説」 ②二〇一〇年一一月号 ③丸尾寿郎　小沢俊郎 ④六〇〜八〇年代、都立豊多摩高校で学年を挙げて取り組まれた調

べ学習と戦争体験の聞き書き。

第一八回 ①「改めて描写が果たす役割を考える」 ②二〇一〇年一二月号 ③佐藤修二 佐藤淑子 ④場面描写に聞き取りを重ねた佐藤修二実践、主張の根拠とともに心の揺れを描写させた佐藤淑子実践。

第一九回 ①「宮本常一の聞き書きに学ぶ」 ②二〇一一年一月号 ③宮本常一 ④民俗学者宮本常一は、若いころ十二年間小学校に勤務、熱心に聞き書きを指導。当時の文集「とろし」と宮本の著作『忘れられた日本人』を分析。

第二〇回 座談会「教育における聞き書きの役割 第一部 聞き書きの特性」 二〇一一年二月号

第二一回 座談会「教育における聞き書きの役割 第二部 文体は認識のかたち」 二〇一一年三月号

最後に、本研究のために実践を提供し協力してくださった方々と、生徒作品の掲載を承諾してくださった作者と語り手の皆様方に厚くお礼申し上げます。また、ご批判、ご助言、はげましをくださった元琉球大学教授太田昭臣先生、沖縄大学教授梶村光郎先生に厚く感謝申し上げます。いただいたご批判、ご助言を生かしてさらに研究、実践を深めていきたいと思います。一緒に研究を進めて来られたのに二〇一四年春、故人となられた程塚英雄先生、長期連載の便宜を図り絶えず励ましてくださった『月刊国語教育』元編集長青木陽子さん、本書の原稿が書き上がるのを辛抱強く待ってくださった大修館書店の伊藤進司さんに心よりお礼申し上げます。

なお、本書には生徒作品が多数掲載されていますが、作者名、作品中の人名等は一部仮名にしてあります。

二〇一六年二月一日

古宇田栄子

●ブックガイド

（1）聞き書き一般

本書では、「聞き書き」を「一人語り」の文体に限定せず、もっと広く、人に取材、インタビューをし、その内容を文章にまとめたもの一般として考える。その時、そうした意味での「聞き書き」の参考文献は無数にあることになろう。本書で触れたものに限定してそれを挙げておく。

①「一人語り」の文体による聞き書きの典型としては、矢沢永吉の**『成りあがり』**（角川文庫）、**『マルカムX自伝』**（河出書房）、塩野米松**『木のいのち木のこころ―天・地・人』**（新潮文庫）。

②民俗学関係としては、柳田国男**『遠野物語』**（岩波文庫）、宮本常一**『忘れられた日本人』**（岩波文庫）。

③政治学者の御厨貴による「オーラル・ヒストリー」の提唱については、御厨貴**『オーラル・ヒストリー　現代史のための口述記録』**（中公新書）。実際の作品は**『宮澤喜一回顧録』『武村正義回顧録』**（いずれも岩波書店）など。

④ルポルタージュ、ノンフィクション分野では、本多勝一**『中国の旅』『ルポルタージュの方法』**（いずれも朝日文庫）、立花隆**『宇宙からの帰還』**（中公文庫）。

（2）教育としての聞き書きについて

「聞き書き」一般の参考文献は無数にあるが、教育としての聞き書きとなった途端、参考になるものが少なくなる。入手しやすいものになると限られる。それを挙げておく。

①立花隆**『二十歳のころ』**（新潮文庫、後にランダムハウス講談社文庫）。この中の「立花ゼミ秘伝・取材の極意」は具体的な指針として参考になる。

②作家の塩野米松は高校生の「聞き書き甲子園」を十年以上にわたって企画・運営してきた。高校生が森や海・川の名人を訪ねて「聞き書き」する。その文集は購入できるし、塩野が高校生に聞き書きのノウハウを説いた**『塩野米松流　聞き書き術』**はホームページで公開されていて参考になる。本書141頁参照。

③理科や社会のレポートに関しては、木下是雄**『理科系の作文技術』**（中公新書）は必読書だ。大学や高校の先生方の指導の多くは、自覚と無自覚の差はあっても、この本の考え方に依拠していると思われる。『理科系の作文技術』は「理科系の」とされたが、木下は文系の大学生向けの**『レポートの組み立て方』**（ちくま学芸文庫）で、文系でも同じであることを主張している。

④高校現場発、「一人語り」形式の実践報告では、藤本英二**『聞かしてぇーな仕事の話―聞き書きの可能性』**（青

木書店）がある。仕事の聞き書きだが、なによりも生徒作品が生き生きしているのが魅力的だ。高校の授業で参考作品として使うことを薦めたい。インタビューの構造や、「一人語り」の文体についての考察も参考になる。藤本が参考にした鎌田慧編**『日本人の仕事』**（平凡社）は、高校生たちに示す参考作品としても使えると思う。

⑤**『15歳が受け継ぐ平和のバトン―祖父母に聞いた235の戦争体験』**（高文研）。これは東京の私学・女子学院中学校での戦争体験の聞き書き集（指導は小野田明理子ら）。二〇〇三年度の中学三年生全員の作品が掲載されている。この実践は女子学院では、一九八〇年から三十年以上にわたって継続され、語り手は父母から祖父母の世代へと移った。創作風に作品化させているのが特徴。

⑥「聞き書き」は、高校生の「表現」指導の全過程の中にきちんと位置づけておきたい。経験文から始まり、聞き書き（調べること）、総合的なレポートや論文までの発展を、生徒作品に即して具体的に示したのが中井浩一**『脱マニュアル小論文』**（大修館書店）。

⑦古宇田栄子**「聞き書きの魅力と指導法」**（『月刊国語教育』東京法令出版　二〇〇九年七月号～二〇一一年三月号）。高校作文教育研究会の共同研究の報告で、「聞き書き」の様々な方法と考え方を、中学から高校、大学の現場における多様な実践に即して研究した内容である。理科や社会科のレポートから、「一人語り」の文学的作品、物語化された作品まで、それぞれの文体と構成、その意義や課題を考えている。関心のある方にはぜひ読んでほしい（「あとがき2」参照）。

[編著者紹介]

中井浩一（なかい・こういち）
1954年東京都生まれ。京都大学卒業後、大手予備校講師などを経て、現在国語専門塾鶏鳴学園塾長。高校作文教育研究会共同代表。国語教育、作文教育の研究を独自に続ける傍ら、90年代から進められている教育改革についての批評活動をしている。主な著書に、『高校が生まれ変わる』（講談社）、『徹底検証・大学法人化』、『大学入試の戦後史』、『被災大学は何をしてきたか』（以上3点、中央公論新社）、『脱マニュアル小論文』（大修館書店）、『日本語論理トレーニング』（講談社）などがある。

古宇田栄子（こうた・えいこ）
1948年茨城県生まれ。茨城大学人文学部卒業。37年間、公立高校に勤務。日本作文の会常任委員。高校作文教育研究会共同代表。著書に『国語・文学と平和』（共著、桐書房）、『家庭のくずれと子どもの自立』（共著、民衆社）、『なぜ生活綴方を選んだか』（共著、明治図書）、連載「聞き書きの魅力と指導法」（『月刊国語教育』2009年7月号〜2011年3月号）などがある。

「聞き書き」の力——表現指導の理論と実践

NDC 375／xii, 283p／21cm

初版第1刷——2016年6月1日

著　者——中井浩一・古宇田栄子
発行者——鈴木一行
発行所——株式会社大修館書店
〒113-8541　東京都文京区湯島2-1-1
電話　03-3868-2651 販売部／03-3868-2290 編集部
振替　00190-7-40504
[出版情報] http://www.taishukan.co.jp

装丁者——鳥居　満
印刷所——壮光舎印刷
製本所——ブロケード

ISBN978-4-469-22243-2　Printed in Japan